Caro aluno, seja bem-vindo!

A partir de agora, você tem a oportunidade de estudar com uma coleção didática da SM que integra um conjunto de recursos educacionais impressos e digitais desenhados especialmente para auxiliar os seus estudos.

Para acessar os recursos digitais integrantes deste projeto, cadastre-se no *site* da SM e ative sua conta.

Veja como ativar sua conta SM:

1. Acesse o *site* <www.edicoessm.com.br>.
2. Se você não possui um cadastro, basta clicar em "Login/Cadastre-se" e, depois, clicar em "Quero me cadastrar" e seguir as instruções.
3. Se você já possui um cadastro, digite seu *e-mail* e sua senha para acessar.
4. Após acessar o *site* da SM, entre na área "Ativar recursos digitais" e insira o código indicado abaixo:

XSHRX - 9RZNN - HDXFN - 699TU

Você terá acesso aos recursos digitais por 12 meses, a partir da data de ativação desse código.

Ressaltamos que o código de ativação somente poderá ser utilizado uma vez, conforme descrito no "Termo de Responsabilidade do Usuário dos Recursos Digitais SM", localizado na área de ativação do código no *site* da SM.

Em caso de dúvida, entre em contato com nosso **Atendimento**, pelo telefone **0800 72 54876** ou pelo *e-mail* atendimento@grupo-sm.com ou pela internet <www.edicoessm.com.br>.

Desejamos muito sucesso nos seus estudos!

Requisitos mínimos recomendados para uso dos conteúdos digitais SM

Computador	Tablet	Navegador
PC Windows • Windows XP ou superior • Processador dual-core • 1 GB de memória RAM **PC Linux** • Ubuntu 9.x, Fedora Core 12 ou OpenSUSE 11.x • 1 GB de memória RAM **Macintosh** • MAC OS 10.x • Processador dual-core • 1 GB de memória RAM	**Tablet IPAD IOS** • IOS versão 7.x ou mais recente • Armazenamento mínimo: 8GB • Tela com tamanho de 10" **Outros fabricantes** • Sistema operacional Android versão 3.0 (Honeycomb) ou mais recente • Armazenamento mínimo: 8GB • 512 MB de memória RAM • Processador dual-core	**Internet Explorer 10** **Google Chrome 20** ou mais recente **Mozilla Firefox 20** ou mais recente Recomendado o uso do Google Chrome Você precisará ter o programa Adobe Acrobat instalado, *kit* multimídia e conexão à internet com, no mínimo, 1Mb

Para Viver Juntos

HISTÓRIA

ENSINO FUNDAMENTAL 7º ANO

7

Ana Lúcia Lana Nemi
Bacharela e Licenciada em História pela Universidade de São Paulo (USP).
Mestra em História Social pela USP.
Doutora em Ciências Sociais pela Universidade de Campinas (Unicamp).
Pós-doutora em História pela USP.
Professora do curso de História da Universidade Federal de São Paulo (Unifesp).

Muryatan Santana Barbosa
Bacharel em História pela USP.
Mestre em Sociologia pela USP.
Professor de História em curso pré-vestibular e escolas das redes pública e particular.

São Paulo,
3ª edição
2014

Para Viver Juntos – História 7
© Edições SM Ltda.
Todos os direitos reservados

Direção editorial	Juliane Matsubara Barroso
Gerência editorial	Angelo Stefanovits
Gerência de processos editoriais	Rosimeire Tada da Cunha
Coordenação de área	Valéria Vaz
Edição	Maria Cristina Frota, Olívia Pavani Naveira, Lizete Mercadante
Assistência de produção editorial	Alzira Aparecida Bertholim Meana, Flávia R. R. Chaluppe, Silvana Siqueira
Preparação e revisão	Cláudia Rodrigues do Espírito Santo (Coord.), Eliana Vila Nova de Souza, Fátima Cezare Pasculli, Fernanda Oliveira Souza, Izilda de Oliveira Pereira, Maíra de Freitas Cammarano, Rosinei Aparecida Rodrigues Araujo, Valéria Cristina Borsanelli, Marco Aurélio Feltran (apoio de equipe)
Coordenação de *design*	Erika Tiemi Yamauchi Asato
Coordenação de arte	Ulisses Pires
Edição de arte	Alexandre Pereira, Angelice Moreira, Elizabeth Kamazuka Santos, Felipe Repiso, Luis Frederico Lida Kinoshita, Melissa Steiner Rocha Antunes, Ulisses Pires
Projeto gráfico	Erika Tiemi Yamauchi Asato, Aurélio Camilo
Capa	Erika Tiemi Yamauchi Asato, Aurélio Camilo sobre ilustração de Estúdio Colletivo
Iconografia	Andréa Bolanho, Daniela Baraúna, Jaime Yamane, Karina Tengan, Odete Pereira, Priscila Ferraz, Roberta Freire, Sara Alencar, Tempo Composto Ltda.
Tratamento de imagem	Claudia Fidelis, Ideraldo Araújo, Robson Mereu
Editoração eletrônica	Adriana Domingues de Farias, Editorial BM, Select Editoração
Fabricação	Alexander Maeda
Impressão	Eskenazi Indústria Gráfica Ltda.

Dados Internacionais de Catalogação na Publicação (CIP)
(Câmara Brasileira do Livro, SP, Brasil)

Nemi, Ana Lúcia Lana
  Para viver juntos : história, 7º ano : ensino fundamental /
Ana Lúcia Lana Nemi, Muryatan Santana Barbosa. — 3. ed.
— São Paulo : Edições SM, 2014. — (Para viver juntos ; v. 7)

  Bibliografia.
  ISBN 978-85-418-0637-4 (aluno)
  ISBN 978-85-418-0615-2 (professor)

  1. História (Ensino fundamental) I. Barbosa,
Muryatan Santana. II. Título. III. Série.

14-06754   CDD-372.89

Índices para catálogo sistemático:
1. História : Ensino fundamental 372.89
3ª edição, 2014

Edições SM Ltda.
Rua Tenente Lycurgo Lopes da Cruz, 55
Água Branca 05036-120 São Paulo SP Brasil
Tel. 11 2111-7400
edicoessm@grupo-sm.com
www.edicoessm.com.br

APRESENTAÇÃO

Muitas pessoas associam História a objetos que podem ser apreciados em museus, a grandes construções da Antiguidade ou a acontecimentos distantes e sem nenhuma relação com o mundo contemporâneo. Apesar da importância dos museus e das informações que temos sobre diferentes povos, o estudo dessa ciência também está relacionado ao nosso tempo.

Para entender o mundo atual, é fundamental conhecer a História da humanidade, suas diferentes sociedades e o modo como elas se relacionavam e se relacionam – aquelas que não mais existem, bem como aquelas das quais herdamos conhecimentos, valores e crenças.

O que motivou determinada sociedade e seus agentes a impor o seu modo de vida e a sua visão de mundo a outros povos? Quem se beneficiou dessas mudanças? Nesta coleção, você vai perceber como ações de diferentes pessoas e povos, em diferentes lugares e tempo, influenciaram e continuam influenciando o presente.

Mais do que isso, você vai compreender que cada um de nós constrói a sua própria história e a história de seu tempo. Todos podem e devem atuar na sociedade de forma crítica e responsável.

Você vai se surpreender com os conteúdos de cada capítulo e, além das consultas ao livro, poderá encontrar mais informações acessando a página desta coleção na internet.

Cada página é um convite à sua participação e ao seu envolvimento na busca por um conhecimento inclusivo, voltado para a construção de uma sociedade sustentável, justa e democrática.

Os autores

CONHEÇA SEU LIVRO

Um breve texto trata dos elementos centrais dos conteúdos que serão estudados no capítulo, mostrando a articulação entre eles.

Cada capítulo é iniciado com uma grande imagem que motiva o debate sobre assuntos relacionados aos conteúdos que serão estudados.

O que você vai aprender
Apresenta, de forma resumida, os principais conteúdos do capítulo.

Converse com os colegas
Traz questões para você e seus colegas conversarem, com base na imagem, sobre assuntos atuais que podem ser pensados historicamente.

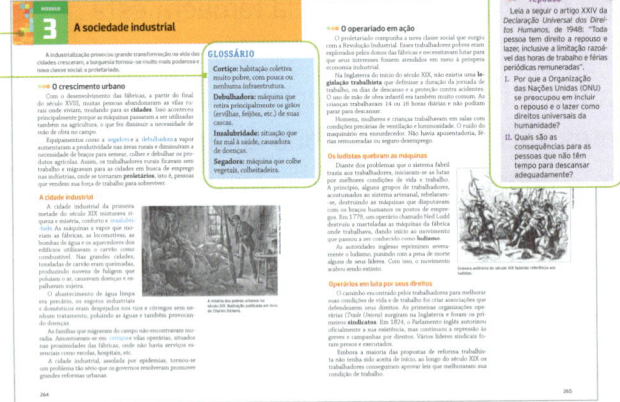

Os capítulos estão divididos em módulos. Em cada módulo, além do texto principal, há imagens variadas relacionadas aos conteúdos.

Glossário
Palavras de compreensão mais difícil e termos incomuns estão destacados e são esclarecidos no **glossário**.

Boxe de valor
Nessa seção são apresentados temas para você discutir com os colegas. Esses temas visam relacionar o assunto tratado no texto principal à realidade em que você vive.

Há, ainda, boxes que trazem assuntos complementares e interessantes sobre os conteúdos desenvolvidos no texto.

Ao final de cada módulo, na seção **Verifique o que aprendeu**, são propostas algumas perguntas que retomam os principais conteúdos estudados.

Aprender a...
Apresenta técnicas e procedimentos para que você possa realizar atividades práticas, como interpretar letras de música, analisar uma obra cinematográfica, ler uma linha do tempo, analisar mapas e gráficos, entre outras.

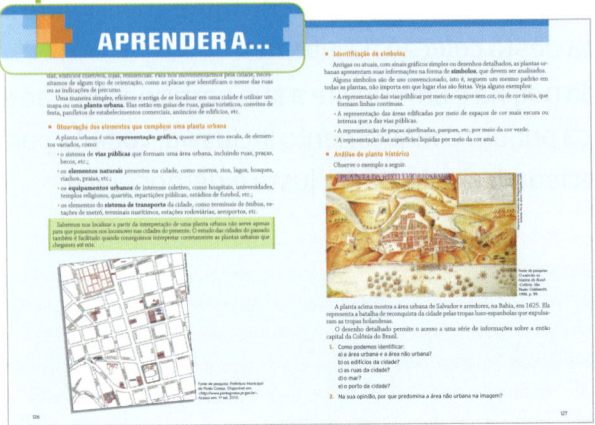

4

Dossiê
Aprofunda um tema tratado no capítulo de forma interessante e instigante.

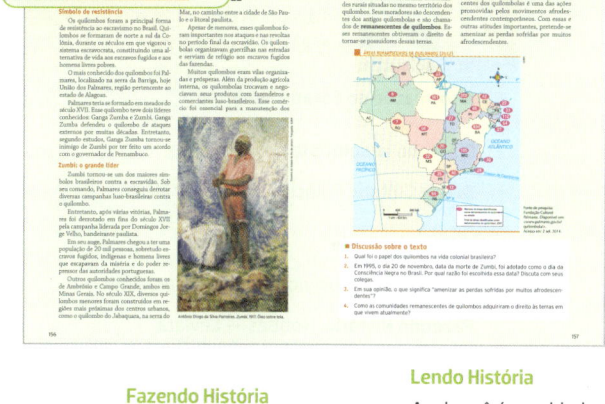

Arte e Cultura
Aqui você vai apreciar e interpretar imagens de produções artísticas do período histórico estudado no capítulo ou que esteja relacionado a ele.

Fazendo História
Um momento para ler, interpretar e analisar diferentes fontes históricas.

Lendo História
Aqui você é convidado a ler e interpretar textos retirados de diferentes fontes, como jornais, revistas, livros, *sites*, depoimentos e memórias.

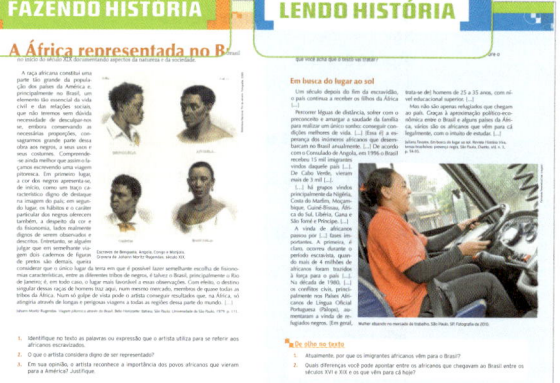

Questões globais
O capítulo é encerrado com novas atividades, que possibilitam aprofundar seus conhecimentos sobre os temas estudados nos diferentes módulos.

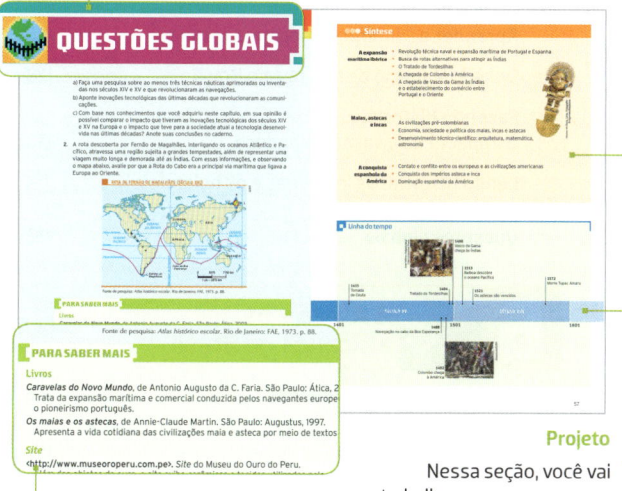

Síntese
Relaciona os principais conceitos vistos, compondo um resumo do capítulo.

Linha do tempo
Apresenta as datas e os fatos mais importantes abordados no capítulo, possibilitando uma visão geral do período estudado.

Projeto
Nessa seção, você vai trabalhar em grupo com os colegas para desenvolver projetos relacionados aos assuntos estudados.

Para saber mais
Aqui você encontra sugestões de leitura de livros e de *sites* para aprofundar os conhecimentos sobre os temas estudados.

5

SUMÁRIO

1 As monarquias absolutistas e o Mercantilismo — 8

1. A formação do Estado Moderno — 10
2. O Estado absolutista — 14
- Arte e Cultura: Palácio Nacional de Mafra — 18
3. O Mercantilismo — 20
- Dossiê: Um dia na vida do rei em Versalhes — 24
- Fazendo História: Hobbes — Leviatã — 26
- Lendo História: O toque das escrófulas — 27
- Questões globais — 28

2 As Grandes Navegações — 30

1. A expansão marítima ibérica — 32
- Aprender a... Ler documentos históricos escritos — 40
2. Maias, astecas e incas — 42
- Arte e Cultura: O Império dourado inca — 46
3. A conquista espanhola da América — 48
- Dossiê: A dura vida em alto-mar — 52
- Fazendo História: Encontro entre europeus e indígenas — 54
- Lendo História: Discutindo a chegada de Cabral ao Novo Mundo — 55
- Questões globais — 56

3 Os povos indígenas no Brasil — 58

1. O povo de Pindorama — 60
- Arte e Cultura: Os artefatos indígenas — 64
2. O encontro entre dois mundos — 66
3. Os indígenas brasileiros hoje — 70
- Aprender a... Ler e interpretar gráficos — 74
- Dossiê: O trabalho na sociedade indígena — 76
- Fazendo História: Os indígenas segundo os europeus — 78
- Lendo História: Mato Grosso do Sul concentra assassinatos de indígenas — 79
- Questões globais — 80

4 Metrópoles e Colônias na América — 82

1. As Colônias americanas — 84
2. A colonização das terras espanholas — 88
- Aprender a... Realizar uma entrevista — 92
3. A colonização portuguesa — 94
- Arte e Cultura: Fortes litorâneos — 98
4. A cristianização na América portuguesa — 100
- Dossiê: Piratas e corsários — 104
- Fazendo História: Justificativas para a dominação — 106
- Lendo História: Os verdadeiros peregrinos — 107
- Questões globais — 108

5 A colonização da América portuguesa — 110

1. A economia do açúcar — 112
- Arte e Cultura: Engenhos de açúcar no pincel de Frans Post — 116
2. As invasões holandesas — 118
3. A dinâmica da economia colonial — 122
- Aprender a... Interpretar plantas urbanas — 126
- Dossiê: Maurício de Nassau e o Brasil — 128
- Fazendo História: O impacto da invasão holandesa — 130
- Lendo História: Os indígenas e os holandeses — 131
- Questões globais — 132

6 A África e os africanos no Brasil — 134

1. A África antes dos europeus — 136
2. A escravidão — 140
3. O trabalho escravo no Brasil — 144
- Aprender a... Analisar uma escultura — 148
4. Os laços entre os africanos e os afro-brasileiros — 150
- Arte e Cultura: A presença afro-brasileira — 154
- Dossiê: Os quilombos e seus remanescentes — 156
- Fazendo História: A África representada no Brasil — 158
- Lendo História: Em busca do lugar ao sol — 159
- Questões globais — 160

7 A idade do ouro no Brasil — 162

1. Os bandeirantes — 164
2. Ouro e diamantes — 168
3. O ouro em Minas Gerais — 172
- Arte e Cultura: O estilo barroco — 176
4. Uma sociedade urbana — 180
- Dossiê: As irmandades religiosas — 184
- Fazendo História: Duas visões sobre a expansão territorial — 186
- Lendo História: A extração de ouro em Serra Pelada — 187
- Questões globais — 188

Projeto:
Relatos: testemunhos da história — 190

8 A crise do Antigo Regime — 192

1. As Revoluções Inglesas — 194
2. As ideias iluministas — 198
3. A independência dos Estados Unidos — 202
- Arte e Cultura: A arte neoclássica — 206
4. Como organizar uma nova nação — 210
- Aprender a... Compreender um código de leis — 214
- Dossiê: A educação e a ciência iluminista — 216
- Fazendo História: Escravidão: teoria e prática — 218
- Lendo História: Mal do século — 219
- Questões globais — 220

9 A Revolução Francesa e a Era Napoleônica — 222

1. O caminho para a Revolução — 224
2. O processo revolucionário — 228
- Aprender a... Interpretar charges e caricaturas — 232
3. A Era Napoleônica — 234
4. A organização do país — 238
- Arte e Cultura: Arte e política — 242
- Dossiê: A guilhotina: um símbolo contraditório — 244
- Fazendo História: A Marselhesa — 246
- Lendo História: "Secularismo: Para Vivermos Melhor Juntos" — 247
- Questões globais — 248

10 Ideias, tecnologia e revolução — 250

1. Reação absolutista e resistência — 252
- Arte e Cultura: A arte romântica — 256
2. A Revolução Industrial na Inglaterra — 260
3. A sociedade industrial — 264
- Dossiê: Entre a doença e a saúde — 268
- Fazendo História: A sociedade inglesa na visão de Charles Dickens — 270
- Lendo História: Crime e desajustados — 271
- Questões globais — 272

Projeto:
A história contada pelos objetos — 274

Referências Bibliográficas — 276

Os Estados nacionais modernos, que vinham se formando desde o final da Idade Média, adquiriram características absolutistas no século XVII. Muitos soberanos europeus passaram a controlar a elaboração e a execução das leis. Essa sociedade, chamada de sociedade do Antigo Regime, era extremamente hierarquizada e desigual.

As monarquias absolutistas e o Mercantilismo

CAPÍTULO 1

O QUE VOCÊ VAI APRENDER

- A formação do Estado Moderno
- A sociedade no Antigo Regime
- O Absolutismo
- O Mercantilismo

CONVERSE COM OS COLEGAS

1. Nas cidades existem parques e praças. Esses locais são públicos, isto é, podem ser frequentados por todos. Em geral, a manutenção dos parques, que consiste em consertar bancos e brinquedos, aparar a grama e podar as plantas, é de responsabilidade da administração pública municipal, que usa para isso parte dos impostos pagos pela população.
    a) Na cidade onde você mora existem praças e parques públicos?
    b) Você costuma frequentá-los?

2. A imagem ao lado é uma fotografia de 2007 que mostra um grande parque construído em meados do século XVIII, próximo à cidade italiana de Nápoles. Ele integra o Palácio Real de Caserta, que aparece ao fundo, uma das maiores residências reais da Europa. Repare no longo caminho cercado de arbustos e árvores. Ao centro, há uma extensa cascata.
    a) Em sua opinião, esse parque era aberto ao público no século XVIII?
    b) Quem você supõe que frequentava esse parque naquela época?

3. O Palácio Real de Caserta tem cerca de 1200 cômodos, decorados com mármore, ouro e cristais. Apesar de custeado com os impostos pagos pelos súditos, o palácio era de uso exclusivo do rei de Nápoles e dos nobres de sua corte. Que tipo de regime político dava ao governante o poder de gastar o dinheiro público em obras caras e luxuosas para seu uso exclusivo?

Em primeiro plano, vistas de trás, as esculturas que compõem a fonte de Vênus e Adônis. Ao fundo, o Palácio Real de Caserta, Nápoles.

MÓDULO 1

A formação do Estado Moderno

Na Europa feudal os nobres tinham autonomia para governar seus feudos sem a interferência direta dos reis. Com o aumento da atividade comercial e a necessidade de se manter grandes exércitos, as relações se modificaram: os senhores feudais, os servos e os burgueses, todos se transformaram em súditos do reino.

Moedas, pesos e medidas

No feudalismo, as transações comerciais eram dificultadas por causa das várias moedas que circulavam pelas feiras e mercados e porque cada negociante adotava uma convenção diferente para pesos e medidas. Com a centralização do poder político, cada rei impôs um único sistema de pesos e medidas e uma só moeda para o comércio realizado dentro dos feudos que estivessem sob o seu comando. E com isso a confiança e o apoio dos burgueses foram conquistados, já que comprar, vender e transportar mercadorias ficou mais fácil e seguro.

Moeda de ouro, de 1475, com a efígie dos reis espanhóis Fernando e Isabel. A união dos reinos de Aragão e Castela criou um grande Estado na península Ibérica.

O grande exército real

O rei também passou a cobrar impostos e taxas sobre as mercadorias negociadas dentro de seus domínios. Os recursos acumulados permitiram a organização do exército e da marinha. Dessa forma, o rei conseguiu vencer as despreparadas tropas feudais, subjugando, assim, os senhores que se opusessem a ele.

Militarmente fortes, os monarcas e seus assessores montaram uma estrutura burocrática para controlar o reino: fiscais, arquivistas e principalmente juízes, uma vez que a justiça saiu das mãos dos senhores feudais e passou a ser monopólio real. Aos poucos, o Estado Moderno foi se consolidando em torno do poder do rei, cada vez mais centralizado e forte. O sistema político que sustenta o poder absoluto dos reis é chamado de **Absolutismo**.

Carlos V, feito imperador em 1519, comandou um vasto território na Europa e além-mar, terras que lhe foram entregues principalmente por herança. Começou a governar aos 16 anos, em 1516, quando recebeu o trono da Espanha por ocasião da morte de seu avô Fernando, e permaneceu no poder até 1556. Ticiano. *Carlos V em Mühlberg*, 1548. Óleo sobre tela.

A sociedade do Antigo Regime

O fortalecimento do poder dos reis modificou a forma de organização social dos novos Estados europeus. O caráter estamental dessas sociedades já não era tão rígido, e a partir de então o clero, a nobreza e o povo passaram a obedecer ao rei.

Os nobres e o clero

A nobreza de origem feudal manteve seus privilégios no Estado absolutista, como o direito à posse e à exploração econômica das terras, fonte de sua riqueza. Conservou igualmente sua posição social. Contudo, perdeu o poder político e o militar. Aqueles que não se submetiam às decisões reais sofriam punições que incluíam até a pena de morte.

O Estado absolutista pretendia enfraquecer a influência da Igreja católica sobre os súditos, mas encontrou a resistência papal. Na Inglaterra, o rompimento entre o papa e o rei foi inevitável. Em outros países, como Portugal, Espanha e França, clero e Estado se aliaram para dividir o controle do reino.

O povo

O povo no Estado absolutista era composto de grupos muito diferentes. Havia burgueses ricos, que dominavam o grande comércio e as manufaturas. Os artesãos e pequenos comerciantes, reunidos em corporações de ofício, possuíam alguns bens e certa estabilidade econômica.

Os camponeses cultivavam as terras da nobreza e viviam com dificuldade. Alguns migravam para as cidades, onde formavam um grupo mais pobre: trabalhadores empregados em tarefas temporárias e mal remuneradas.

Uma sociedade de privilégios

A nobreza e o clero, mesmo sem poder político e militar, mantinham muitos privilégios sociais e econômicos, como o direito de ocupar altos cargos no governo e a isenção de impostos. Já os plebeus, ricos ou pobres, não possuíam privilégios e eram obrigados a sustentar o Estado com trabalho e pagamento de impostos.

Os estamentos

Numa sociedade estamental, a posição social das pessoas é determinada pelo nascimento. Isso vale também para os direitos e deveres de cada um. Na Idade Média, a sociedade era estamental, portanto, os filhos de nobres continuavam a ser nobres e os filhos de camponeses eram sempre camponeses.

No final da época medieval essa regra já não era tão rígida: um camponês podia se dedicar ao comércio, enriquecer e se tornar um burguês. E o burguês que caísse nas graças de um nobre, ou do rei, podia receber um título da nobreza e gozar dos privilégios que essa condição lhe daria.

Família de camponeses retratada por Louis Le Nain. *A charrete*, 1641. Óleo sobre tela.

Teorias em defesa do Absolutismo

No início da Idade Moderna, alguns pensadores que concordavam com o fato de os reis exercerem um poder absoluto criaram teorias para explicar esse novo sistema político. O francês Jacques-Bégnine Bossuet e o inglês Thomas Hobbes são os principais teóricos do Absolutismo.

O direito divino dos reis

O bispo católico Jacques-Bégnine Bossuet (1627-1704), educador dos jovens membros da família real francesa, defendia a ideia de que o poder dos reis era uma dádiva de Deus.

Retrato de Bossuet, pintado por Hyacinthe Rigaud em 1702. Óleo sobre tela.

Isso quer dizer que, para Bossuet, a monarquia absoluta era vontade de Deus: "O rei é rei porque assim Deus quis". Desse modo, nenhuma autoridade, fosse ela laica ou religiosa, poderia contestar esse direito divino. Ir contra o rei era ir contra Deus. A própria Igreja devia, assim, submeter-se à vontade do rei.

Segundo o bispo francês, o poder absoluto não representava um regime de injustiças e arbitrariedades, pois o rei, agindo sob a proteção divina, estaria livre de errar ou ser injusto.

Contrato com o soberano

O inglês Thomas Hobbes (1588-1679), filósofo e educador de nobres, também era a favor do poder absoluto dos reis. Contudo, ao contrário de Bossuet, Hobbes não acreditava que o poder real se originava do direito divino. Para ele, a submissão dos súditos ao rei se dava por um **contrato**, necessário para garantir a paz e o bem-estar de todos. Sem um governo forte, os homens se deixariam levar pelo egoísmo natural e viveriam em lutas constantes.

O papel do rei seria, assim, fundamental para garantir a segurança e o bem-estar de seus súditos. Suas ideias foram divulgadas principalmente por meio do livro *Leviatã*, publicado em 1651. Nesse livro, Thomas Hobbes defende a ideia de que o rei salvou a civilização da barbárie e, portanto, todos devem prestar-lhe obediência.

GLOSSÁRIO

Barbárie: o oposto de civilização; costumes grosseiros, ignorância, estupidez.

Laica: não ligada a nenhuma religião, mas tolerante a todas elas.

Um rei, uma lei

A formação dos Estados nacionais levou à criação de um conjunto de leis para o reino, em vez de diferentes leis locais, definidas pelo senhor de cada região.

I. Converse com seus colegas sobre a importância de um sistema único de leis para a existência de um país.

Verifique o que aprendeu

1. Que papel desempenhavam os reis no feudalismo?
2. O que é uma sociedade estamental?
3. Quais eram os grupos sociais privilegiados na época moderna?
4. Quem eram os dois principais teóricos do Absolutismo?

ATIVIDADES

1. Explique a relação existente entre a centralização do poder nas mãos do rei e o fortalecimento da burguesia comercial.

2. Compare as teorias políticas de Jacques-Bégnine Bossuet e Thomas Hobbes, destacando as diferenças entre elas.

3. O texto a seguir é um fragmento da obra *Leviatã*, de Thomas Hobbes. Trata-se de uma definição do que seria para o autor a essência do Estado Moderno. Leia-o e responda às questões.

> Um pessoa de cujos atos uma grande multidão, mediante pactos recíprocos uns com os outros, foi instituída por cada um como autora, de modo a ela poder usar a força e os recursos de todos, da maneira que considerar conveniente, para assegurar a paz e defesa comum.
>
> Àquele que é portador dessa pessoa se denomina soberano, e dele se diz que possui poder soberano.
>
> Thomas Hobbes. *Leviatã ou Matéria, forma e poder de um estado eclesiástico e civil*. 3. ed. São Paulo: Abril Cultural, 1983. p. 106.

a) Em dupla, procurem decifrar onde estaria a essência do Estado e anotem suas conclusões.

b) Como o autor define "soberano" e "súdito"?

4. A imagem abaixo representa o desembarque de tropas espanholas em uma ilha do arquipélago dos Açores em 1582, até então uma possessão portuguesa. Analise os elementos representados e responda às questões propostas.

a) Quais forças armadas da atualidade se relacionam com as posições militares ali representadas? Justifique.

b) Após analisar a imagem, quem você acredita ter vencido a batalha, Portugal ou Espanha? Justifique sua resposta.

Desembarque de tropas espanholas na baía de Mós, arquipélago dos Açores, 1582.

c) Troque ideias com um colega sobre a presença de tropas espanholas na imagem e a maneira como estão representadas. Pensem no que vocês já aprenderam a respeito da formação do Estado Moderno, principalmente da necessidade que os reis tinham de manter exércitos permanentes, e respondam: sem um poder forte e centralizado na pessoa do rei, seria possível manter um exército tão organizado assim? Justifiquem suas respostas com base nas informações que vocês já têm sobre o assunto.

MÓDULO 2

O Estado absolutista

O Absolutismo foi adotado por várias monarquias europeias no período entre os séculos XVI e XIX. No início da implantação das monarquias absolutistas na Europa, dois reinos são considerados exemplares: Inglaterra e França.

••• A Inglaterra

No século XV, a Inglaterra esteve envolvida numa disputa pelo poder real. O rei Henrique VI, da família Lancaster, não conseguia impor sua vontade para a nobreza. Muitos senhores eram aliados da poderosa família York, que contestava a legitimidade do rei. Em 1455, os York resolveram tomar o trono à força, iniciando uma guerra que dividiu ainda mais a nobreza inglesa.

Após muitas batalhas, assassinatos, coroações e deposições de reis, em 1485 a guerra chegou ao fim com a vitória de Henrique Tudor, coroado Henrique VII. O novo rei uniu as duas famílias ao se casar com Elizabeth de York, criando uma nova dinastia, chamada **Tudor**. Os trinta anos de guerra haviam enfraquecido os nobres de ambos os lados, permitindo que os Tudor implantassem o Absolutismo na Inglaterra.

O Absolutismo da Era Tudor

Henrique VIII, filho de Henrique VII, consolidou o Absolutismo inglês ao romper com o papa em 1534 e criar sua própria Igreja, chamada **anglicana**, com os mesmos princípios católicos, mas deixando de reconhecer a autoridade papal. Após assumir o posto de chefe dessa nova Igreja, o monarca logo confiscou as terras de bispados e mosteiros e as vendeu aos burgueses e nobres, fortalecendo os cofres reais. Dessa forma, a influência política da Igreja católica foi anulada.

Elizabeth I, filha de Henrique VIII, manteve a política absolutista do pai e incentivou a **navegação** e o **comércio**. Foi sob seu reinado que a Inglaterra se tornou uma potência marítima: os ingleses seguiram as rotas comerciais de espanhóis e portugueses e, em 1585, estabeleceram também a sua colônia na América. A Coroa inglesa doou as terras americanas a *Sir* Walter Raleigh, que podia explorá-las como quisesse. O símbolo desse poderio naval foi a vitória sobre a armada espanhola conhecida como Invencível Armada quando esta, em 1588, tentou invadir a Inglaterra.

> **Duas rosas em guerra**
>
> As famílias York e Lancaster tinham como símbolo uma rosa, variando apenas a cor: os Lancaster eram representados por uma rosa **vermelha**, e os York, por uma rosa **branca**. Por essa razão, a guerra que travaram ficou conhecida como **Guerra das Duas Rosas**.
>
> Com o fim da guerra, Henrique VII adotou uma rosa branca e vermelha, chamada Rosa Tudor, simbolizando a união das duas famílias.

A rosa dos York.

A rosa dos Lancaster.

A rosa bicolor dos Tudor.

A França

Durante a Guerra dos Cem Anos (1337-1453), uma parte da nobreza feudal francesa se uniu ao rei contra os invasores ingleses. A vitória da França fortaleceu ainda mais essa união, ampliando o poder real. Dois monarcas destacaram-se no início da implantação do Absolutismo na França: Francisco I, que reinou de 1515 a 1547, e seu filho Henrique II, rei de 1547 a 1559.

Uma Igreja católica e nacional

Francisco I conseguiu limitar a influência política da Igreja católica na França sem aderir ao protestantismo. Sua estratégia foi obter do papa, em 1516, o poder de nomear bispos e outras autoridades eclesiásticas, criando, na prática, uma **Igreja nacional** sob seu controle.

A nobreza francesa foi convencida a unir-se ao rei na luta contra inimigos externos e internos. No exterior, Francisco I combateu os poderosos reis Habsburgo, que, dominando a Alemanha, a Espanha e a Flandres, ameaçavam o reino francês por todos os lados. Na França, perseguiu os **huguenotes**, como eram chamados os protestantes franceses.

Para sustentar as guerras, a Coroa aumentou a arrecadação de impostos. Os recursos vieram do estímulo ao comércio, à manufatura e à exploração da América por navegadores e negociantes franceses.

GLOSSÁRIO

Eclesiástico: que se refere ao clero, à Igreja.

As guerras religiosas

Henrique II continuou a política centralizadora e guerreira de seu pai, ampliando a luta contra os protestantes.

Os sucessores de Henrique II permitiram que os católicos continuassem as perseguições e os massacres contra os huguenotes. O mais sangrento foi o **Massacre de São Bartolomeu**, na madrugada de 24 de agosto de 1572, em Paris, dia de São Bartolomeu, que matou milhares de protestantes. Veja imagem ao lado.

Os conflitos religiosos tumultuavam a economia da França e o poder da monarquia. Muitos burgueses protestantes deixaram o país para viver no exterior por causa dessas divisões religiosas.

A partir de 1586, os huguenotes, a **Liga Católica**, formada por radicais ligados aos espanhóis, e o rei enfrentaram-se em guerra aberta. A derrota da Liga Católica, em 1598, e a conciliação entre a Coroa e os huguenotes permitiram que o poder real se consolidasse na França.

Massacre de protestantes nas ruas de Paris na noite de São Bartolomeu. Detalhe de pintura de François Dubois, século XVI.

Os Bourbon e o auge do Absolutismo

Henrique de Navarra, membro da família Bourbon, era um huguenote que se converteu ao catolicismo por conveniências políticas e foi coroado rei da França, em 1594, com o nome de Henrique IV. Ele conseguiu ampliar o poder real ao derrotar a Liga Católica e pacificar o país por meio do **Édito de Nantes**, de 1598, que garantiu a liberdade religiosa aos protestantes. Apesar disso, em 1610, Henrique IV foi assassinado por um fanático católico.

Luís XIII, seu filho, nomeou para o governo o cardeal Richelieu, que adotou a política da **razão de Estado**. Essa política defendia que as necessidades do Estado e do rei eram superiores à moral e aos princípios dos homens. Richelieu, hostil aos huguenotes, aliou-se aos protestantes alemães na luta contra os Habsburgo.

Cardeal Richelieu em triplo retrato pintado por Philippe Champagne em 1642. Óleo sobre tela.

O Rei Sol

O auge do Absolutismo na França e na Europa aconteceu de 1643 a 1715 no reinado de Luís XIV, filho de Luís XIII. Adepto da teoria do **direito divino**, Luís XIV construiu ao longo de sua vida uma imagem sobre-humana, o que lhe dava uma aura de santidade e o colocava acima dos outros homens, mesmo dos nobres. Era por isso chamado de **Rei Sol**, o astro-rei que ilumina o mundo.

Luís XIV ordenou que se fizesse um enorme palácio nas proximidades de Paris, em Versalhes, onde viveria cercado pela mais alta nobreza francesa.

Em Versalhes, cada momento da vida do rei era motivo para um ritual. Os nobres esqueciam suas ambições de poder para disputar um lugar nesses rituais. Mas essa não foi a única maneira que o monarca encontrou para conquistar o apoio da nobreza: muito dinheiro também foi distribuído em forma de pensões, presentes e empréstimos.

Incentivo à manufatura e ao comércio

Nem só de rituais de corte viveu o Rei Sol. Como seus antecessores, ele armou um exército poderoso e envolveu-se em muitas guerras, transformando a França em uma potência militar. Para pagar despesas tão grandes, Luís XIV investiu no desenvolvimento da manufatura e do comércio. Com isso, a França tornou-se produtora e exportadora de artigos de luxo, de alto preço, como porcelanas, tapetes e tecidos valiosos.

Verifique o que aprendeu

1. Qual é a origem da dinastia Tudor da Inglaterra?
2. Que atividades econômicas foram favorecidas pela rainha Elizabeth I?
3. O que foi o Massacre de São Bartolomeu?
4. Por que Luís XIV era chamado de Rei Sol?

ATIVIDADES

1. Qual foi a atitude comum tomada pelos Estados nacionais da Inglaterra e da França em relação ao recém-descoberto continente americano?

2. Sobre as políticas religiosas adotadas pela França e pela Inglaterra no século XVI, responda.
   a) O que havia em comum entre as duas políticas?
   b) Em quais aspectos elas se diferenciaram?

3. A França da atualidade é famosa pelos produtos de luxo que fabrica, como perfumes, vinhos, roupas, cosméticos. Em que período de sua história a França começou a produzir e exportar mercadorias de luxo? Por que o governo francês da época incentivou essas atividades?

4. Observe as imagens abaixo. A primeira é um retrato oficial do rei francês Luís XIV; a segunda, uma caricatura do mesmo monarca. Analise os elementos de ambas as imagens e responda às questões.

À esquerda, *Luís XIV em vestes reais*, óleo sobre tela de Hyacinthe Rigaud, 1701; à direita, *O que faz o rei*, caricatura de W. M. Chackeray, 1840.

   a) Descreva como Luís XIV está representado na imagem A, prestando atenção em suas roupas, ornamentos, acessórios, etc.
   b) Descreva os três elementos que compõem a imagem B.
   c) Caracterize a aparência do rei sem suas roupas cerimoniais na imagem B.
   d) Compare as figuras A e B. Que efeito o uso das roupas cerimoniais provoca na aparência do rei?
   e) Converse com um colega sobre as duas maneiras como o rei Luís XIV foi representado nas imagens acima: a pintura oficial, do início do século XVIII, e a caricatura do século XIX. Reflitam sobre por que era importante para um rei absolutista ser retratado da forma como ele aparece na figura A. Será que na época de Luís XIV seria possível representar um rei por meio de uma caricatura? Anotem as conclusões.

ARTE e CULTURA

Palácio Nacional de Mafra

Dom João V, de Portugal, ordenou a construção do Real Convento de Mafra em 1711. O conjunto arquitetônico, hoje conhecido como Palácio Nacional de Mafra, corresponde ao Paço Real, à basílica, ao convento franciscano e à biblioteca.

Considerado o mais importante monumento do barroco português, o palácio apresenta uma longa fachada que tem como ponto central a basílica e laterais delimitadas por duas torres.

Atualmente, o local é aberto à visitação pública. O acervo da biblioteca conta com cerca de 40 mil livros, e as demais dependências do palácio exibem numerosas obras artísticas encomendadas pelo rei dom João V e seus sucessores.

O Palácio Nacional de Mafra (na fotografia) foi inspirado no edifício espanhol Convento do El Escorial, do século XVI. Ambas as construções visavam abrigar uma ordem religiosa e o palácio real. Essa era uma característica comum às monarquias ibéricas, pois o poder exercido pelos monarcas estava vinculado à Igreja como instituição. Fotografia de 2010.

A basílica é o edifício central do conjunto arquitetônico. Suas linhas, inspiradas na arquitetura barroca praticada em Roma, expressam a grande ligação da monarquia portuguesa ao clero católico. Durante o reinado de dom João V houve uma ampliação enorme do número de ordens religiosas em Portugal e nas colônias. Nessa basílica eram realizadas as principais cerimônias da realeza, como batizados, casamentos e funerais dos membros da família real. Por isso, Mafra passou a ser considerado um símbolo do poder real durante o barroco português. Fotografia de 2009.

Desde o Renascimento as coleções de livros, manuscritos ou impressos passaram a ser uma paixão de reis, nobres, clérigos e de famílias ricas. Também eram colecionados obras de arte (pinturas e esculturas), animais exóticos empalhados, peças antigas, como moedas, armas e todo tipo de registro da antiguidade de um reino. A partir do século XVIII essas coleções foram classificadas e separadas de acordo com a natureza dos objetos, dando origem aos museus e às bibliotecas. A biblioteca de Mafra é uma das maiores e mais importantes de Portugal. Fotografia de 2009.

Uma das práticas mais valorizadas pelas cortes do Antigo Regime era a caça. Desde a Idade Média, bosques e florestas eram reservados aos membros das famílias reais e das elites nobres para essa prática de alta distinção social. A Sala de Caça do Palácio Nacional de Mafra reúne diversos exemplares de chifres e cabeças de animais caçados pelo rei e seus cortesãos. Como se pode notar, até o lustre é feito de chifres e cabeças de animais. Fotografia de 2009.

■ Atividades

1. Do conjunto arquitetônico do palácio, quais são as áreas relacionadas respectivamente ao poder da Igreja e ao poder real?
2. A Sala de Caça do Palácio Nacional de Mafra indica o prestígio dessa atividade na realeza do século XVIII. Como a prática da caça é vista nos dias de hoje?

MÓDULO 3

O Mercantilismo

Entre os séculos XVI e XVIII, desenvolveu-se na Europa um conjunto de práticas econômicas denominadas Mercantilismo. Uma de suas principais características era a intervenção do Estado na economia, visando ao enriquecimento do reino pelo acúmulo de metais preciosos.

••• O ideal metalista

No início da Idade Moderna, os europeus davam imenso valor ao **ouro** e à **prata**. As moedas cunhadas com esses metais eram aceitas por todas as pessoas e serviam para pagar qualquer tipo de mercadoria ou serviço. Um Estado só podia se considerar seguro se possuísse ouro e prata suficientes para custear exércitos e navios de guerra e pagar a importação de alimentos e produtos vindos do Oriente.

Para acumular metais preciosos, só havia dois meios: possuir e explorar grandes minas ou manter um saldo positivo na **balança comercial**, isto é, obter mais metais com a exportação de mercadorias do que o valor que era gasto comprando produtos importados.

Com o objetivo de estimular a produção nacional para obter **superávits** comerciais, os reis estimulavam a produção local de gêneros para serem exportados, principalmente manufaturas. Outra medida adotada foi criar barreiras tarifárias que dificultavam a entrada (importação) de produtos estrangeiros no país. Isso funcionava como um mecanismo de proteção para a produção nacional.

> **GLOSSÁRIO**
>
> **Superávit:** saldo positivo gerado pela arrecadação de receita maior do que as despesas.

Busca de áreas coloniais para explorar

Com todas as nações buscando exportar mais do que importar, as transações comerciais tornaram-se difíceis. A manutenção e a exploração das **colônias** foram uma maneira de manter a balança de comércio favorável em meio à enorme competição que havia entre os países europeus.

Algumas colônias possuíam minas de ouro e prata, enquanto outras produziam mercadorias raras e valorizadas na Europa, como o açúcar, o tabaco e o algodão. Os territórios coloniais deviam comprar aquilo de que necessitavam apenas da sua metrópole, garantindo os lucros dos mercadores metropolitanos. Ao mesmo tempo, a produção da colônia ia toda para a metrópole e de lá era vendida.

Moeda de ouro com flor-de-lis, século XVI.

Moeda comemorativa do casamento de Filipe II da Espanha e Maria I da Inglaterra, 1554.

As companhias de comércio

As **companhias de comércio** desempenharam um papel importante na economia mercantilista, contribuindo para a expansão comercial e marítima da época moderna. A maioria surgiu de uma associação de investidores burgueses que reuniam capital, construíam, compravam ou alugavam embarcações e contratavam pessoas para navegar e negociar as mercadorias.

A principal característica da maioria dessas empresas era o **monopólio comercial** que recebiam do Estado, isto é, o direito exclusivo de comercializar determinados produtos ou de atuar em áreas específicas. A ideia era garantir lucros para os comerciantes e incentivar o investimento, já que pelo princípio do monopólio não havia concorrência.

Companhias portuguesas

Portugal também possuía companhias de comércio. Em 1649, foi criada em Lisboa a Companhia Geral de Comércio do Brasil. A Companhia fornecia mão de obra escrava e equipamentos aos colonos e era responsável pelo transporte seguro do açúcar para a Europa.

As Companhias das Índias

As **Companhias das Índias Orientais** foram as mais importantes companhias de comércio, sobretudo as criadas por Inglaterra (1600) e Holanda (1602). Essas companhias tinham a missão de explorar as terras da Ásia, chamada de Índias Orientais. A América era conhecida como Índias Ocidentais.

Em sua tarefa de exploração, as Companhias das Índias tinham função muito maior do que a simples atividade comercial: faziam acordos diplomáticos com os governantes do Oriente e mantinham nos oceanos navios de guerra prontos a defender suas rotas e posições. Muitas vezes, construíam fortalezas em portos estratégicos e fundavam cidades que serviam de base para suas atividades na Ásia.

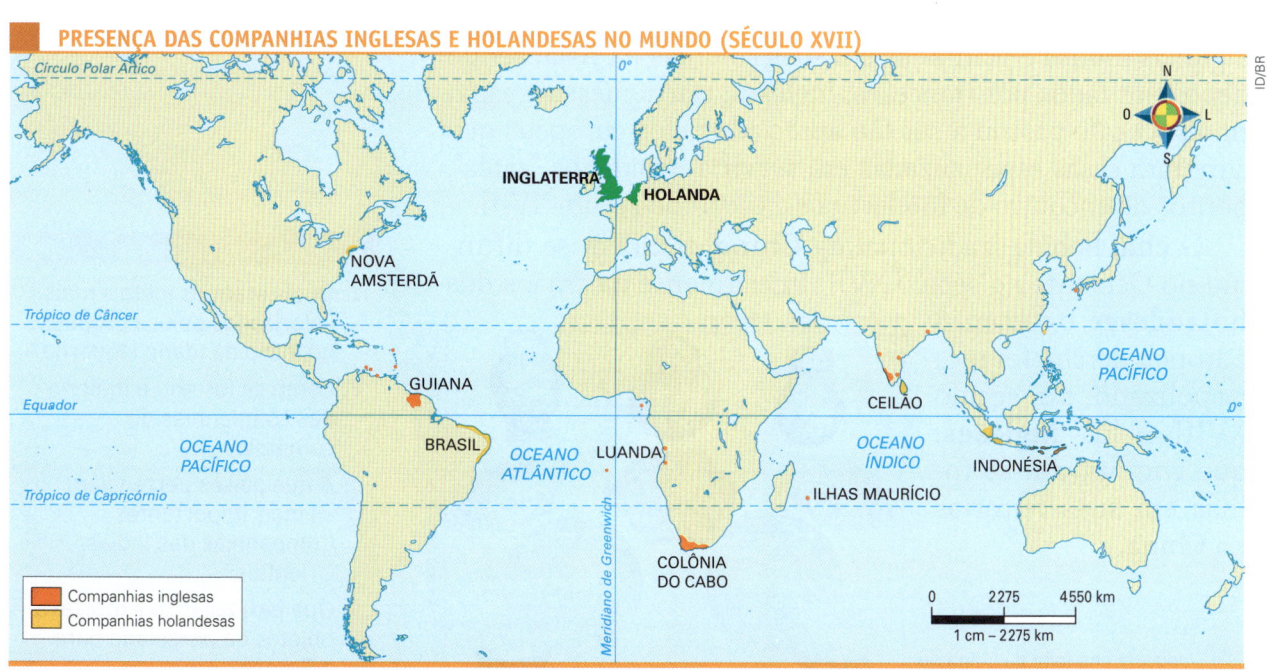

PRESENÇA DAS COMPANHIAS INGLESAS E HOLANDESAS NO MUNDO (SÉCULO XVII)

Fonte de pesquisa: *Atlas Verbo de História universal*. Lisboa-São Paulo: Verbo, 1997. p. 74-75.

●●● Os cobiçados produtos coloniais

O monopólio comercial das companhias de comércio assegurava a essas empresas um enorme lucro. Produtos tradicionalmente consumidos na Europa, como os pescados e o vinho, passaram a ser comprados e vendidos por essas empresas. E também as mercadorias raras e caras vindas do Oriente, como a pimenta, a seda e o açúcar, só podiam ser compradas dessas companhias.

As Grandes Navegações iniciadas no século XVI também revelaram ao Ocidente produtos até então desconhecidos. Alguns passaram a ser consumidos em larga escala, como o chocolate, o café e o chá, mudando hábitos e trazendo grandes lucros a todos os envolvidos em seu comércio.

Bebidas vindas das Índias

O **chocolate**, originário da América, foi levado para a Espanha no século XVI, tornando-se uma bebida exclusiva da corte. O cacau em pó era dissolvido em água, sem a adição de leite ou de açúcar.

No século seguinte, o ato de beber chocolate foi levado para outros países da Europa, transformando-se em um hábito elegante, praticado por aristocratas e ricos burgueses. Acreditava-se que a bebida era uma grande fonte de energia para o corpo.

O **café**, originário da Etiópia e popular no mundo muçulmano desde a Idade Média, começou a despertar o interesse dos europeus a partir do século XVII. Era considerado uma bebida estimulante.

Os árabes escondiam dos ocidentais a técnica de cultivar o café. Contudo, os holandeses conseguiram contrabandear algumas mudas e plantá-las em suas colônias na Ásia, sendo depois imitados por franceses, ingleses, portugueses e espanhóis. O café passou a ser tão apreciado pelos europeus que surgiram casas especializadas em servir a bebida, os "cafés", pontos de encontro de intelectuais a partir do século XVIII.

O **chá**, bebida tradicional da **China**, também se difundiu no Ocidente no século XVII. Inicialmente nas mãos dos **holandeses**, o comércio europeu do chá foi monopolizado no século XVIII pelos **ingleses**, que compravam as folhas em suas feitorias na China.

Jogo de chá feito na China no período de Yongzheng, 1723-1735.

Novas mercadorias

Além das bebidas, o tabaco e a porcelana são outros exemplos de mercadorias que foram trazidas para a Europa pelas companhias de comércio.

O **tabaco** é originário da América, e sua produção foi durante muito tempo monopólio dos portugueses e espanhóis. Acreditava-se que o tabaco tinha propriedades medicinais.

A **porcelana**, feita na China sob encomenda dos europeus, era muito valorizada em países como Inglaterra, França e Portugal, tanto que esses países passaram também a fabricá-la.

Peças de serviço de chá chinesas. Dinastia Ming, século XVII.

Verifique o que aprendeu ●●●

1. Quais eram os metais mais valorizados pelos europeus no início da Idade Moderna?
2. Como se formou a maioria das companhias de comércio?
3. A que países pertenciam as mais importantes Companhias das Índias Orientais?
4. Que país asiático exportava objetos de porcelana para a Europa?

ATIVIDADES

1. Leia com atenção o texto a seguir.

   > Defende o acúmulo de divisas em metais preciosos pelo Estado por meio de um comércio exterior de caráter protecionista. Alguns princípios básicos [...] são: 1) o Estado deve incrementar o bem-estar nacional, ainda que em detrimento de seus vizinhos e colônias; 2) a riqueza da economia nacional depende do aumento da população e do incremento do volume de metais preciosos no país; 3) o comércio exterior deve ser estimulado, pois é por meio de uma balança comercial favorável que se aumenta o estoque de metais preciosos; 4) o comércio e a indústria são mais importantes para a economia nacional que a agricultura.
   >
   > Paulo Sandroni. *Dicionário de economia do século XXI*. 3. ed. revisada. Rio de Janeiro: Record, 2007. p. 534.

   a) Que nome se dá ao conjunto de práticas econômicas descrito acima?
   b) Quais são os quatro princípios básicos desse conjunto de práticas econômicas?
   c) Em dupla, conversem sobre a relação existente entre o fortalecimento do Estado absolutista e a implantação desse conjunto de práticas econômicas.

2. Explique por que o ouro e a prata eram metais tão cobiçados pelos europeus no início da Idade Moderna.

3. Em 1619, a Companhia das Índias Orientais holandesa fundou na Indonésia a cidade de Batávia, atual Jacarta. A imagem abaixo representa a planta dessa cidade em 1681. Observe os elementos que a compõem e responda às questões propostas.

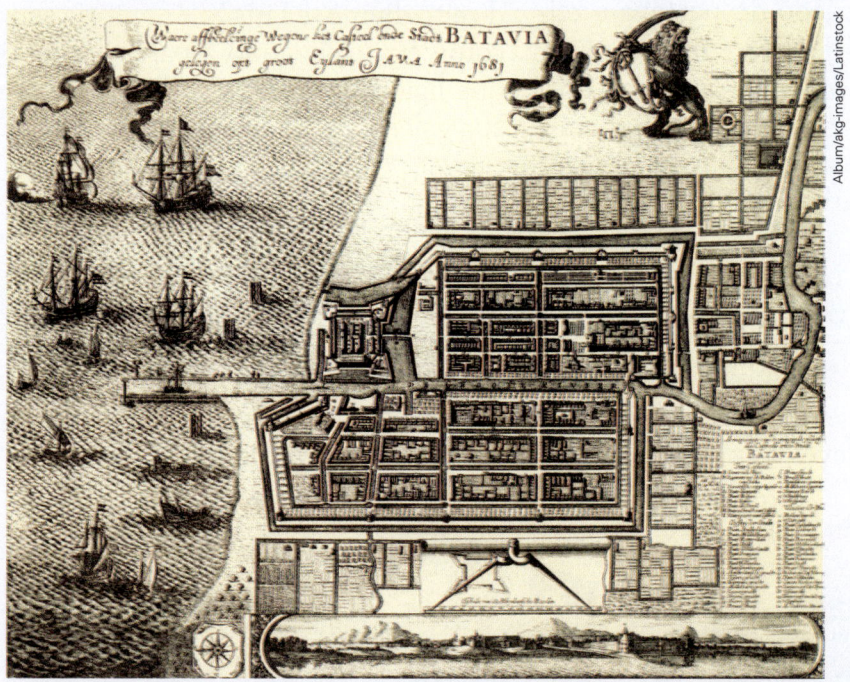

   a) Que tipo de meio de transporte está representado na imagem?
   b) Por que esse tipo de transporte era fundamental para uma cidade fundada por uma companhia de comércio?
   c) A cidade de Batávia, representada no centro da imagem, aparece dotada de ruas retas. Está cercada por muralhas protetoras e cortada por canais de navegação que lembram Amsterdã, principal cidade da Holanda. Com base na imagem acima, como você descreveria a atuação da Companhia das Índias Orientais holandesa na Ásia?

DOSSIÊ

Um dia na vida do rei em Versalhes

O dia de Luís XIV no Palácio de Versalhes, habitado por milhares de pessoas, como nobres, funcionários do Estado e serviçais, era marcado por uma etiqueta muito rígida. Nos períodos em que estava no palácio, o rei executava os mesmos atos, cumpria a mesma agenda, sempre nas mesmas horas. A regularidade era tanta que era possível acertar o relógio apenas observando o que o rei fazia ou onde estava.

Mas não é apenas a rotina monótona e pontual que chama a atenção no dia do monarca. Luís XIV transformou os atos mais banais do cotidiano, como acordar, comer ou passear, em cerimônias presenciadas por dezenas de pessoas previamente escolhidas, quase sempre membros da alta nobreza francesa. Ser admitido nessas cerimônias era sinal de grande prestígio na corte e na sociedade, e as pessoas tentavam por todos os meios conseguir um convite. O fato é que, ao longo do dia, cerimônias não faltavam.

O acordar real

Às sete e meia da manhã Luís XIV, que dormia em um quarto separado da rainha, era acordado pelo primeiro-camareiro (*premier valet*), que dormia aos pés de seu leito. Todos os dias esse criado despertava o rei com a mesma frase: "Senhor, é hora".

Somente aos nobres era permitida a entrada no quarto do rei. Uns poucos membros da alta nobreza aproximavam-se para banhar, pentear e barbear o soberano. Feito isso, um número maior de aristocratas, algumas dezenas de nobres, participava da solene cerimônia de vestir Luís XIV.

A obrigação de assistir à missa

Após fazer a primeira refeição (*déjeuner*), composta de pratos leves como caldo de galinha acompanhado de pão, o rei assistia à missa pontualmente às dez horas.

As missas diárias eram uma obrigação para um monarca que baseava seu poder no direito divino, e Luís XIV cumpria seu dever com zelo, utilizando a passagem exclusiva que ligava o aposento (*appartement*) real à sua galeria particular na capela do palácio.

Hora de governar

Às onze horas da manhã começava a reunião do Conselho. Era o momento em que o rei recebia seus ministros e passava-lhes as ordens e instruções sobre os assuntos do Estado. Luís XIV concedia também audiências a súditos que tivessem algum assunto oficial a tratar com ele.

A encenação do "jantar"

À uma hora da tarde, encerravam-se os assuntos oficiais para mais uma refeição real, o "jantar" (*petit couvert*). O monarca comia em seu quarto, sentado à mesa ricamente montada para ele, cercado pela mais alta nobreza, homens e mulheres. Os nobres apenas assistiam, de pé, ao rei comer sozinho. Tratava-se de

O quarto do rei Luís XIV no Palácio de Versalhes. Fotografia de 2011.

um espetáculo, não de uma refeição festiva e coletiva. Serviçais ofereciam-lhe uma grande variedade de alimentos, entre sopas, patês, carnes assadas, legumes. Luís XIV adorava ervilhas, mas desestimulava o consumo do peixe, prato quase exclusivo da época da Quaresma e demais dias de jejum católico. As carnes de cordeiro e de porco também eram pouco consumidas em Versalhes.

O rei sai do palácio

Às duas da tarde chegava a hora do lazer. O rei saía do palácio para caçar ou passear. Era um dos momentos em que as pessoas da corte podiam se aproximar do rei para pedir-lhe um favor ou obter um privilégio.

Luís XIV amava caçar cervos nas florestas. Ser escolhido para acompanhar o rei em uma caçada era uma das maiores honras que um súdito poderia ter.

Quando não saía para caçar, o Rei Sol apreciava passear pelos imensos jardins de Versalhes, repletos de fontes monumentais, estátuas, canteiros de flores e um canal de navegação para barcos de recreio. Muitas vezes, servia-se um pequeno lanche em meio às flores e aos espelhos d'água.

Jogos e danças

Às sete horas, o rei recebia os nobres em seu aposento para jogos e danças de salão, que divertiam a corte no começo da noite. O jogo envolvia apostas de altas somas de dinheiro, o que podia provocar a falência dos jogadores sem sorte. O rei muitas vezes emprestava dinheiro a nobres arruinados, aumentando seu poder sobre eles. Toda essa diversão era regada a bebidas refrescantes e petiscos.

A grande ceia

Quando os relógios de Versalhes marcavam dez horas da noite, iniciava-se a grande ceia real (*grand couvert*). O rei agora não estava só à mesa; ao seu lado sentavam a rainha, seus filhos e netos. Mas apenas Luís XIV usava pratos de ouro, exclusivos da realeza. A família real servia-se em pratos de prata dourada. A nobreza apenas assistia à encenação, de pé. O cardápio era ainda mais variado. Por fim, eram servidos frutas, tortas, compotas e confeitos de açúcar que pareciam joias.

Velando o sono real

Terminada a ceia, chegava a hora de o rei recolher-se ao seu quarto e dormir. Às onze da noite, Luís XIV dava boa-noite à maioria dos cortesãos, que deixavam o aposento real. Ficavam apenas a mais alta nobreza e os preferidos do monarca, que iriam assistir à solene cerimônia do deitar-se, o *grand coucher*. Após uma prece feita junto com seu confessor, o rei era despido e deitava-se. Os últimos nobres se retiravam e Luís XIV finalmente repousava, apenas para recomeçar tudo no dia seguinte.

Fachada do Palácio de Versalhes. Fotografia de 2011.

■ Discussão sobre o texto

1. Discuta com seus colegas sobre a função política da rígida etiqueta da corte de Versalhes.
2. Por que a nobreza francesa se submetia à etiqueta imposta por Luís XIV, assumindo uma posição de clara inferioridade em relação ao monarca?

FAZENDO HISTÓRIA

Hobbes – *Leviatã*

Publicado em 1651, o livro *Leviatã*, de Thomas Hobbes, apresenta ideias que defendem o poder absoluto dos reis.

Na capa da publicação, o gigante Leviatã é representado como um monstro cujo corpo é formado por diversas cabeças que simbolizam os súditos e a submissão ao rei. O ser imaginário empunha uma espada e um cajado como símbolos do domínio sobre o poder civil e religioso.

Para Hobbes, o soberano não pode ser contrariado, punido, destituído ou morto, pois tudo o que faz é consequência da autoridade delegada pelos súditos.

Dos direitos dos soberanos por instituição

Detalhe do frontispício do livro de Thomas Hobbes, *Leviatã*, 1651.

Diz-se que um Estado foi instituído quando uma multidão de homens concordam e pactuam, cada um com cada um dos outros, que a qualquer homem ou assembleia de homens a quem seja atribuído pela maioria o direito de representar a pessoa de todos eles (ou seja, de ser o seu representante), todos sem excepção, tanto os que votaram a favor dele como os que votaram contra ele, deverão autorizar todos os actos e decisões desse homem ou assembleia de homens, tal como se fossem os seus próprios actos e decisões, a fim de viverem em paz uns com os outros e serem protegidos dos restantes homens.

[...] pertence à soberania o direito de fazer a guerra e a paz com outras nações e Estados. Quer dizer, o de decidir quando a guerra corresponde ao bem comum e qual a quantidade de forças que devem ser reunidas, armadas e pagas para esse fim, e de levantar dinheiro entre os súbditos, a fim de pagar as suas despesas.

Thomas Hobbes. *Leviatã*. 1651. Disponível em: <http://www.arqnet.pt/portal/teoria/leviata_18cap.html>. Acesso em: 12 ago. 2014.

1. Para Hobbes, o que garantia a paz e a proteção de todos?
2. Os súditos podiam contrariar o desejo real de iniciar uma guerra e elevar os impostos? Justifique sua resposta.

LENDO HISTÓRIA

Antes de ler
- Reflita sobre a crença em milagres. Essa crença é comum nos dias atuais?
- Pesquise em um dicionário o significado da palavra *escrófula*.

O texto a seguir aborda um aspecto da crença existente no século XVII de que o toque das mãos do rei sobre o doente curava a escrofulose, uma enfermidade que afeta os gânglios do pescoço.

O toque das escrófulas

Na monarquia francesa do século XVII, o toque das escrófulas assumiu definitivamente um lugar entre as pompas solenes com que se cerca o esplendor do soberano. Luís XIII e Luís XIV cumprem-no regularmente nas grandes festas, Páscoa, Pentecostes, Natal ou Ano-Novo às vezes nos dias da Candelária, Trindade, Assunção, Pentecostes, Todos os Santos. Quando a cerimônia acontece em Paris, o preboste-mor [juiz com funções policiais] manda anunciá-la alguns dias antes, ao som de trompas e por meio de cartazes; conservamos alguns desses avisos do tempo de Luís XIV; encontrar-se-á um logo abaixo, igual aos que amiúde os desocupados daquele tempo liam nos muros de sua cidade. A cena passa-se em lugares diferentes, conforme as necessidades do momento; em Paris, costuma realizar-se na grande galeria do Louvre ou, mais raramente, numa sala baixa do mesmo palácio; em outras localidades, dá-se em salas ou pátios de castelos, em parques, em claustros ou em igrejas. Vem muita gente, e o ambiente fica abafado; assim, a cerimônia é fatigante, sobretudo para um rei-criança, como Luís XIII no começo de seu reinado; mas o soberano, exceto se está seriamente indisposto, não poderia faltar a esse dever de seu cargo; sacrifica-se pela saúde de seus súditos. Só em tempo de epidemia não se recebem os doentes, por medo de propagar o contágio, que poderia atingir o rei.

Marc Bloch. *Os reis taumaturgos*: o caráter sobrenatural do poder régio, França e Inglaterra. São Paulo: Companhia das Letras, 1993. p. 240.

Luís XIV, usando seus trajes cerimoniais, toca os doentes ajoelhados diante dele, em posição que lembra a adoração aos santos. Pintura de Jean Jouvenet. *Luís XIV curando a escrófula*, 1690.

De olho no texto

1. Qual o assunto central do texto?
2. Relacione a tradição do toque das escrófulas com a teoria do direito divino dos reis.
3. O que ocorreu com a cerimônia do toque durante o século XVII, auge do Absolutismo francês?
4. Em sua opinião, por que Luís XIV, o Rei Sol, que passava a maior parte do tempo em Versalhes, isolado do povo, manteve a prática de tocar os escrofulosos?

QUESTÕES GLOBAIS

1. Relacione as teorias de Jacques-Bégnine Bossuet com o governo do rei francês Luís XIV.

2. A imagem ao lado representa Henrique IV, rei da França, ao lado de duas figuras femininas que simbolizam a Paz (à esquerda) e a Religião (à direita). A Religião segura o texto do Édito de Nantes. Analise a imagem e responda às questões propostas.
   a) Como a Paz se coloca em relação ao rei?
   b) Como o rei se coloca em relação à Religião?
   c) Que eventos históricos inspiraram o artista na criação desse quadro?
   d) Qual mensagem a composição desse quadro constrói?

Musée National du Château de Pau. Fotografia: ID/BR

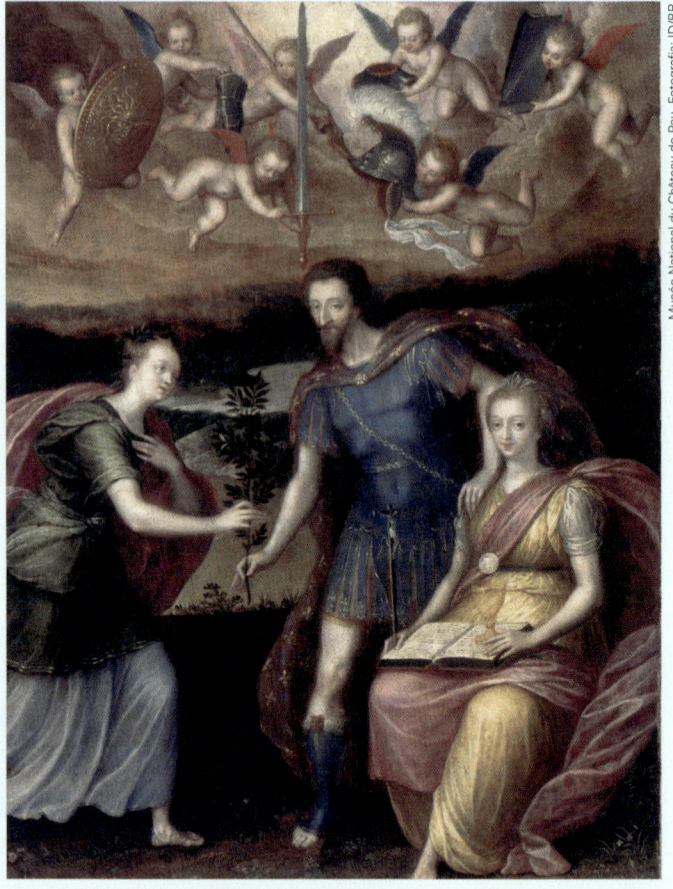

Henrique IV apoiando-se na religião para dar paz à França, século XVI. Óleo sobre madeira, autor desconhecido.

3. Com base no que você estudou no capítulo, responda às questões.
   a) Defina o que é monopólio comercial.
   b) Descreva a importância dessa prática para a política mercantilista.

PARA SABER MAIS

Livros

A megera domada, de William Shakespeare. São Paulo: Dimensão, 1997.
Ficção adaptada que narra a relação entre a bela e teimosa Catarina e seu pretendente, Petrúcio. O cenário é a Itália do século XVI.

Bach, de Ann Rachlin e Susan Hellard. São Paulo: Callis, 2010.
Narra a infância do compositor do período barroco Sebastian Bach. Nascido em 1685, tornou-se um nome importante na cultura nos séculos posteriores.

O máscara de ferro, de Alexandre Dumas. São Paulo: Objetiva, 2003.
Adaptação do romance do autor Alexandre Dumas que relata as aventuras dos três mosqueteiros, os guardas reais Athos, Porthos e Aramis, durante o início do século XVII.

Site

<http://www.culturaonline.pt/museusmonumentos/palacios/pages/pn_mafra.aspx>. *Site* do Palácio Nacional de Mafra.
Acervo e história do palácio português em estilo barroco. Além das pinturas, a coleção do Paço Real contém mobiliário, ourivesaria, cerâmica, escultura e metais dos séculos XVIII e XIX.
Acesso em: 13 ago. 2014.

●●● Síntese

A formação do Estado Moderno
- Unificação de pesos e medidas e uso da mesma moeda
- Organização de exércitos em caráter permanente
- Estado burocratizado
- Nobreza e clero têm privilégios concedidos pelo rei
- Teóricos e pensadores reafirmam o caráter divino ou necessário do poder real

O Estado absolutista
- França e Inglaterra: Estados absolutistas exemplares
- Guerra das Duas Rosas: início da dinastia Tudor
- Rompimento do rei da Inglaterra com a Igreja católica, fundando a Igreja anglicana
- Guerra dos Cem Anos: poder real na França mais forte
- Elizabeth I incentiva o comércio e as navegações
- Luís XIV consolida o Absolutismo

O Mercantilismo
- Acúmulo de metais preciosos (ouro e prata)
- Defesa do superávit comercial
- Exploração de colônias
- Monopólio comercial

■ Linha do tempo

SÉCULO XVI (1501) — **SÉCULO XVII** (1601–1701)

- **1516** — Francisco I da França obtém do papa o direito de nomear bispos
- **1534** — Henrique VIII da Inglaterra rompe com o papa e cria a Igreja anglicana
- **1572** — Massacre de São Bartolomeu
- **1598** — Henrique IV da França proclama o Édito de Nantes
- **1600** — Fundação da Companhia das Índias Orientais inglesa
- **1602** — Fundação da Companhia das Índias Orientais holandesa
- **1643** — Coroado Luís XIV, rei da França
- **1651** — Thomas Hobbes publica *Leviatã*
- **1682** — Corte francesa se muda para o Palácio de Versalhes

As navegações transoceânicas foram resultado de transformações econômicas, sociais e políticas na Europa, aliadas a um grande avanço na tecnologia náutica.

A expansão ultramarina revelou um continente ainda desconhecido pelos europeus e interligou a Europa à Ásia, à América e à África.

As Grandes Navegações

CAPÍTULO 2

Cena do filme *1492: a conquista do paraíso*, representando o desembarque dos europeus em terras americanas.

O QUE VOCÊ VAI APRENDER

- A expansão marítima portuguesa
- A descoberta da Rota do Cabo
- A chegada dos espanhóis à América
- As três grandes sociedades nativas da América

CONVERSE COM OS COLEGAS

Desde a Pré-História os seres humanos navegam, povoando até ilhas distantes dos continentes. No decorrer desse longo período, as técnicas de navegação e de construção naval foram se aprimorando. Isso permitiu o transporte de cada vez mais pessoas em viagens cada vez mais longas, alcançando, por fim, outros continentes e circum-navegando o planeta.

1. A imagem ao lado reproduz uma cena do filme chamado *1492: a conquista do paraíso*, do diretor estadunidense Ridley Scott, lançado em 1992. Ela encena como teria sido a chegada dos europeus à América em outubro de 1492, um dos grandes feitos das navegações humanas de todos os tempos. Como o filme representa esse acontecimento?

2. As navegações permitem que povos distantes entrem em contato. Nem sempre, porém, esse contato ocorre de forma pacífica. Na História, muitas vezes as navegações resultaram em guerras e massacres. Em sua opinião, como seria possível evitar essas guerras?

MÓDULO

1 A expansão marítima ibérica

Iniciada no século XIV, a dinastia de Avis fortaleceu o pequeno reino português, que se lançou ao mar em busca de riquezas, colaborando assim para a interligação de todos os oceanos do planeta.

O fortalecimento de Portugal

No final do século XIV, a maior parte da nobreza lusa queria unir Portugal ao reino vizinho de Castela. Porém, em 1385, os portugueses que não aprovavam a união conseguiram impor a coroação de um novo rei, dom João I. Isso acabou garantindo a independência do reino de Portugal.

A dinastia de dom João I, chamada Avis, tinha o apoio dos comerciantes, por isso os reis dessa dinastia incentivavam a exploração da atividade comercial. Eles entendiam que a expansão do comércio era a melhor forma de obter riquezas e prestígio para o reino. Essa união de interesses entre comerciantes e a Coroa foi responsável por um grande crescimento econômico que levou Portugal a tornar-se a maior potência europeia daquele período.

O comércio com o Oriente

Na Europa, o comércio mais lucrativo no início do século XV era o dos luxuosos produtos orientais. Desde as Cruzadas, mercadorias como seda, marfim e especiarias (pimenta, cravo, canela, noz-moscada, gengibre, entre outros), vindas das atuais Índia, Sri Lanka, Malásia e Indonésia, eram cada vez mais procuradas.

Nessa época, árabes e italianos dominavam esse comércio. Os árabes traziam as mercadorias até o mar Mediterrâneo, de onde os genoveses e venezianos as distribuíam por toda a Europa. Como eram os únicos fornecedores, cobravam preços altíssimos e obtinham grandes lucros. Quem desejasse quebrar esse monopólio teria de encontrar um caminho direto para o Oriente.

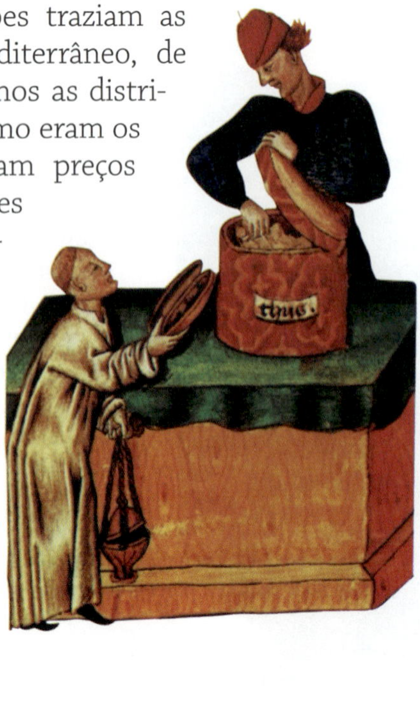

Religioso comprando incenso. Na Europa medieval e moderna, o incenso era usado como aromatizante e como medicamento antisséptico. Iluminura do século XV.

Em: *Tractatus de Herbis*. Biblioteca Estense, Modena, Itália. Fotografia: ID/BR

GLOSSÁRIO

Monopólio: direito exclusivo de exploração, compra ou venda de certo produto.

Por que as especiarias valiam tanto?

Na Idade Média, eram praticamente desconhecidas as maneiras de conservar os alimentos, principalmente carnes e pescados.

No verão, peixes e carne de animais eram salgados ou enrolados em folhas de fumo, o que evitava que se deteriorassem muito rápido.

A pimenta servia como conservante natural e disfarçava o gosto dos alimentos malconservados.

A imagem abaixo é um detalhe de iluminura feita no século XV. Ela representa a cidade de Veneza, no século XIII. Essa cidade marítima no norte da atual Itália era, juntamente com Gênova, o centro comercial e financeiro do mar Mediterrâneo.

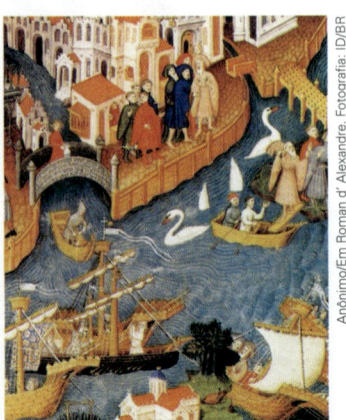

Partida de Marco Polo de Veneza. Miniatura c. 1180.

Anônimo/Em Roman d' Alexandre. Fotografia: ID/BR

O pioneirismo português

Portugal possuía uma forte tradição marítima, fator fundamental para o esforço das navegações oceânicas. Desde o século XII, seu extenso litoral abrigava uma importante atividade pesqueira. Além disso, Lisboa tornou-se o ponto de encontro dos navegadores do mar Mediterrâneo e norte da Europa.

A importância da tecnologia

Para navegar em alto-mar, sem a referência da terra e enfrentando grandes ondas, os navegadores lusos uniram as técnicas usadas por outros povos a suas invenções próprias.

Adotaram o astrolábio árabe e a bússola, inventada pelos chineses e trazida à Europa pelos mouros.

Aperfeiçoaram as embarcações chamadas naus e caravelas. As primeiras eram maiores e mais lentas, e as segundas, menores e mais ágeis. Desenhavam também os portulanos, mapas náuticos detalhados, que permitiam uma navegação mais precisa.

Os portugueses aliaram o conhecimento técnico ao seu interesse pelos lucros do rico comércio com o Oriente e lançaram-se ao mar, dando início à expansão marítima.

A expansão pela África e ilhas atlânticas

A expansão marítima portuguesa iniciou-se com a conquista da cidade árabe de Ceuta, no norte da África, em 1415. Em seguida, os portugueses passaram a navegar para o sul, fundando feitorias comerciais conforme avançavam pelo litoral africano. Além do ouro explorado na costa da Mina, na atual Gana, da África também eram levados para Portugal pimenta, marfim e tecidos de algodão.

Os lusos ocuparam ainda as ilhas atlânticas da Madeira, dos Açores e de Cabo Verde. Nessas ilhas não havia especiarias, mas nelas os portugueses passaram a produzir o raro e cobiçado açúcar.

> **GLOSSÁRIO**
>
> **Astrolábio:** instrumento que mede a distância entre as estrelas e o horizonte, permitindo a localização dos navegantes em alto-mar e o cálculo da distância percorrida.
>
> **Bússola:** instrumento de localização que indica o Norte magnético da Terra.
>
> **Feitoria:** posto comercial fortificado onde se faziam trocas com a população local e se guardavam as mercadorias antes de serem enviadas para a Europa.

CARTAS E PORTULANOS

Os portulanos eram mapas náuticos que registravam muitas informações. Entre elas estavam os contornos do litoral e a localização dos portos e de rotas comerciais, assim como a indicação da existência de povos hostis ou de ocupação estrangeira nos territórios representados.

A partir do século XIX, convencionou-se chamar de portulano toda carta marítima datada até o século XVI.

Detalhe da *Carta de Cantino*, a mais antiga carta náutica portuguesa de que se tem notícia, datada do século XVI.

●●● A Rota do Cabo

Os produtos da África traziam lucros para Portugal, mas as mercadorias do Oriente eram muito mais lucrativas. Por isso, os portugueses percorreram a costa africana tentando encontrar uma passagem marítima para o Oriente.

Após várias tentativas, em 1488 Bartolomeu Dias atingiu o extremo sul da África e, ultrapassando o cabo da Boa Esperança, chegou ao oceano Índico. Os portugueses sabiam que esse oceano banhava as Índias. Tinham descoberto o caminho por onde chegariam ao Oriente, de onde vinham as lucrativas especiarias.

A chegada às Índias

Em 1498, o sonho português se realizou com Vasco da Gama, que, comandando três embarcações, ultrapassou o cabo da Boa Esperança e navegou até a cidade de Calicute, na Índia. Os portugueses chamaram esse caminho de **Rota do Cabo**.

Vasco da Gama voltou para Lisboa com muitas informações sobre o Oriente e trouxe uma grande quantidade de pimenta, que foi vendida pela Coroa com lucros altíssimos.

Animado pelos ganhos gerados pela viagem de Vasco da Gama, em 1500 o rei português enviou à Índia uma grande frota com 13 embarcações, comandada por Pedro Álvares Cabral.

A frota de Cabral fez outro caminho, sem contornar a África. Tomou posse de uma nova terra a oeste do oceano Atlântico, coberta por densas florestas e habitada por pessoas de pele avermelhada. Era o litoral do que hoje é o Brasil.

Cabral registrou o fato e seguiu para as Índias, chegando a Calicute. Essa grande esquadra também trouxe muitas especiarias para Portugal, confirmando o sucesso da Rota do Cabo.

Astrolábio esférico, feito provavelmente na Índia islâmica no século XIV.

O samorim e as especiarias

Vasco da Gama procurou o samorim, senhor de Calicute, na Índia, para comprar especiarias, oferecendo-lhe em troca objetos de pouco valor, como faziam com tribos africanas em um primeiro contato. A resposta por carta do samorim ao rei português foi precisa: "Na minha terra há muita canela, cravo, gengibre e pedras preciosas. O que eu quero de vocês é ouro, prata e coral".

Diante disso, Portugal armou a grande esquadra de Cabral para atender ao samorim e a outros senhores do Oriente e trazer para a Europa as cobiçadas especiarias.

Representação de Vasco da Gama apresentando-se ao samorim em Calicute, nas Índias, em 20 de maio de 1498. José Velloso Salgado. Xilogravura colorizada, c. 1890.

Panorama da cidade de Calicute. Em: *Civitates orbis terrarum*, editado por Braun e Hogenberg, Colônia, Alemanha, 1572.

A disputa pelo rico comércio com as Índias

O uso da Rota do Cabo permitiu que os portugueses levassem para a Europa, sem intermediários, as especiarias e os produtos de luxo do Oriente.

As frotas lusitanas partiam de Lisboa e voltavam abarrotadas de mercadorias, que eram vendidas por toda a Europa. Os lucros eram altíssimos, chegando a 6000%. Em decorrência desse comércio, Portugal firmou-se como a grande potência econômica da época.

Contudo, os portugueses não eram os únicos europeus que cobiçavam quebrar o monopólio de árabes e italianos no comércio com o Oriente. A Coroa portuguesa enfrentou em fins do século XV uma rival à sua altura: a Espanha, que também procurava um caminho marítimo para as Índias.

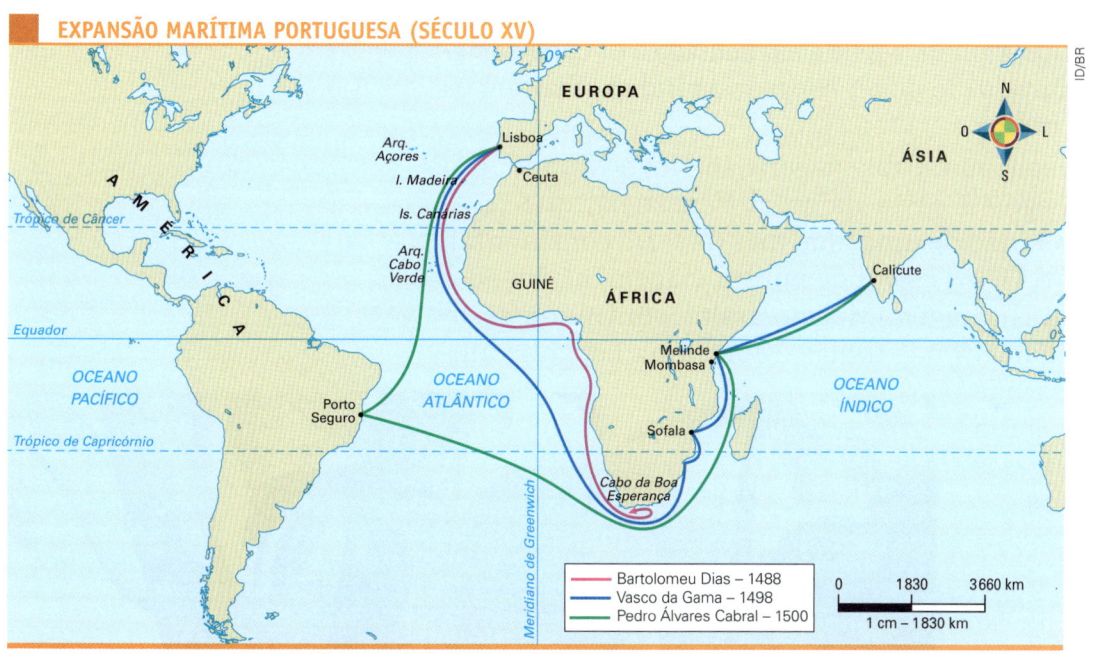

EXPANSÃO MARÍTIMA PORTUGUESA (SÉCULO XV)

Fonte de pesquisa: *Atlas histórico escolar*. Rio de Janeiro: FAE, 1973. p. 92.

O ORIENTE DE MARCO POLO

Na segunda metade do século XIII, o comerciante veneziano Marco Polo viajou até a China, percorrendo as rotas terrestres dominadas pelos árabes. Ele viveu no Oriente por mais de 17 anos, servindo ao imperador chinês. Quando voltou a Veneza, Marco Polo relatou o que viu no *Livro das maravilhas*. Os europeus ficaram encantados com as histórias contadas por Polo e passaram a imaginar um Oriente cheio de riquezas e fartura imensa que desejavam conhecer.

Marco Polo na corte de Kublai Khan. Ilustração do *Livro das maravilhas*, de Marco Polo, século XV.

Os espanhóis no Novo Mundo

No final do século XV, a Coroa espanhola também estava interessada em participar do comércio das especiarias.

Para alcançar as Índias, decidiram financiar o projeto do genovês Cristóvão Colombo. O navegador acreditava que a Terra era redonda; portanto, ele poderia chegar às Índias navegando pelo oceano Atlântico sempre na direção oeste.

A chegada à América

Colombo organizou sua expedição rumo às Índias composta de apenas três embarcações. Após dois meses de viagem, em 12 de outubro de 1492, chegou às ilhas do mar do Caribe.

O navegador encontrou uma terra habitada por pessoas muito diferentes daquelas que conhecia na Europa. Os nativos andavam nus, tinham a pele avermelhada e os cabelos negros e lisos. Convencido de ter chegado às Índias, chamou os habitantes de **índios**.

Colombo realizou outras viagens ao Novo Mundo. Em uma delas, chegou à costa da atual Venezuela, que reconheceu tratar-se não de uma ilha, mas de terra continental, que chamou de *Tierra Firme*. Em outra viagem, alcançou o litoral da atual Nicarágua. Mesmo assim, continuou certo de que desembarcava nas Índias. Morreu na Espanha ainda acreditando que a rota que seguira para oeste o tivesse levado às Índias.

> **Os cálculos de Colombo**
>
> Para traçar sua rota de viagem, Colombo fez seus cálculos baseado no tamanho da Terra. Acreditava que ela fosse menor do que realmente é. Por isso, pensava que sua rota fosse mais curta do que se contornasse a África para chegar ao Oriente.
>
> Os cálculos utilizados por Colombo para traçar a rota para as Índias estavam errados e, ao contrário do que imaginava, ele nunca chegou ao Oriente.

Representação da cena do primeiro contato de Cristóvão Colombo com os habitantes da América. Litografia de D. K. Bonatti, 1827.

A divisão do mundo pelas Coroas ibéricas

Com a chegada dos espanhóis à América, as disputas entre Portugal e Espanha aumentaram. Os portugueses precisavam garantir o domínio das rotas do Atlântico, e as duas Coroas desejavam assegurar a posse das terras recém-descobertas ou a descobrir.

Diante da falta de um acordo diplomático, o assunto foi levado ao papa Alexandre VI, o líder da Igreja católica e o único com autoridade para resolver o impasse entre as Coroas.

O papa tinha ligações com os reis espanhóis e acabou favorecendo-os em sua decisão. A bula papal *Inter Coetera* modificava tratados anteriores entre as Coroas ibéricas. Ela determinava a divisão do mundo por uma linha imaginária: caberiam à Espanha as terras a oeste dessa linha, e as situadas a leste seriam de Portugal. Os portugueses, sentindo-se prejudicados, não aceitaram a divisão e exigiram a revisão da decisão do papa.

O Tratado de Tordesilhas

A solução para o conflito viria no ano seguinte, em 1494, com a assinatura do **Tratado de Tordesilhas**. Esse tratado alterava a bula *Inter Coetera*, estendendo mais para oeste a linha que dividia, entre os dois Estados ibéricos, as terras por conquistar.

Com a nova partilha, as terras localizadas a leste da linha de Tordesilhas pertenceriam a Portugal; as dispostas a oeste da mesma linha seriam da Espanha. Essa divisão, no entanto, mais tarde seria desrespeitada, com os portugueses avançando os limites impostos pela linha.

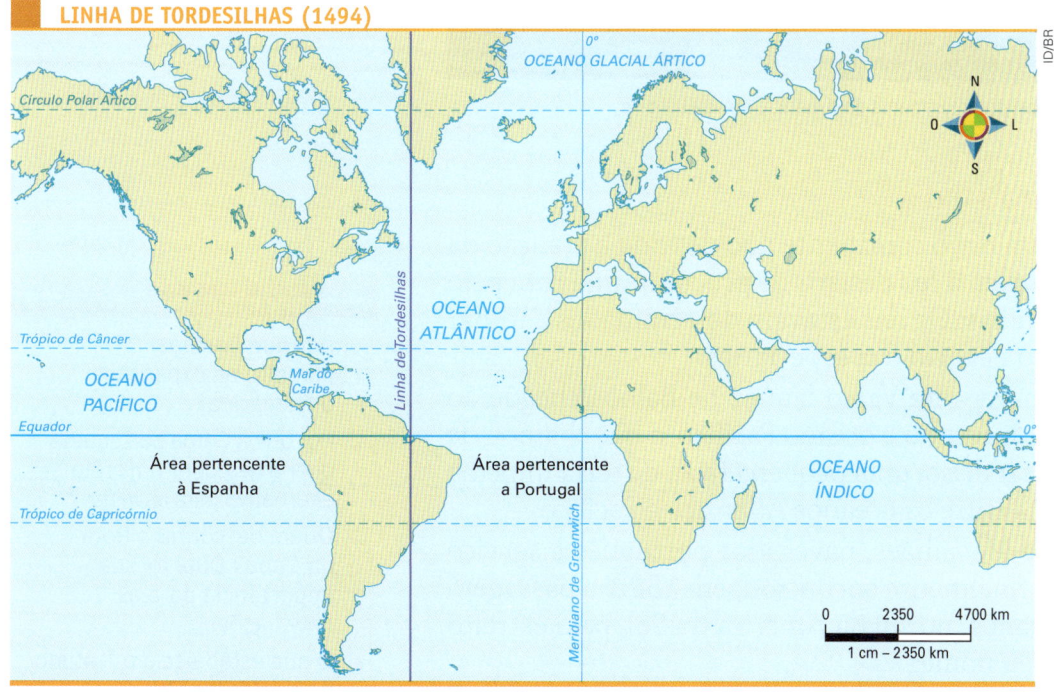

LINHA DE TORDESILHAS (1494)

Fonte de pesquisa: *Atlas histórico escolar*. Rio de Janeiro: FAE, 1973. p. 88.

••• O reconhecimento da América

Américo Vespúcio era um navegador italiano que, em 1501, foi contratado pelo rei português para chefiar uma expedição que tinha como objetivo reconhecer as terras encontradas por Pedro Álvares Cabral.

Ao retornar à Europa, Vespúcio declarou que tinha navegado ao longo de uma extensa costa. Escreveu a um amigo florentino que havia um continente desconhecido entre a Europa e a Ásia.

A notícia logo se espalhou pela Europa, e muitos referiram-se ao Novo Mundo como as terras do Américo. Em 1507, um cartógrafo alemão publicou um mapa no qual já aparecia o novo continente com o nome de **América**.

Américo Vespúcio navegando pelos mares da América, em gravura de Théodore de Bry, 1589.

Da América para a Índia

A chegada a um novo continente não desviou a atenção da Coroa espanhola nem a fez desistir de procurar uma rota pelo Ocidente até as Índias. Os reis estavam determinados a tomar parte do lucrativo negócio das especiarias.

Em 1513, o navegante Vasco Núñez de Balboa chegou ao atual Panamá e dali avistou o oceano Pacífico, a que chamou de **Mar do Sul**. Apesar disso, uma pequena faixa de terra impedia a ligação marítima entre os oceanos Atlântico e Pacífico.

Foi Fernão de Magalhães, navegador português a serviço da Espanha, que finalmente encontrou, em 1520, a passagem entre os dois oceanos, no sul da América do Sul, pelo estreito que hoje leva o seu nome.

A primeira volta ao mundo havia sido realizada.

Verifique o que aprendeu •••

1. Por que Portugal foi pioneiro na expansão ultramarina?
2. Por que a Coroa portuguesa queria descobrir uma rota alternativa para as Índias?
3. Quem descobriu a Rota do Cabo? Qual foi sua importância para as navegações?
4. O que estabelecia o Tratado de Tordesilhas?

ATIVIDADES

1. A imagem ao lado representa o porto de Lisboa no século XVI.
   a) Observe e descreva o que mais chamou a sua atenção na imagem.
   b) Que atividade econômica se destacava na cidade de Lisboa no século XVI?

   Théodore de Bry. Porto de Lisboa no século XVI, 1589. Gravura colorida.

2. Com base no que você aprendeu, elabore um parágrafo utilizando as palavras a seguir.

   pimenta – Calicute – lucros – África

3. Leia, a seguir, o trecho de uma carta escrita no século XV pelo viajante e espião português Pero de Covilhã ao rei dom João II. Por ordem do rei de Portugal, Covilhã e o amigo Afonso de Paiva viajaram pela costa africana rumo à Índia em busca de informações sobre o comércio na região e as condições de navegação.

   > "O grosso das especiarias sai de Calicute para o Cairo, cruzando o Mar Vermelho. E do Cairo segue para Veneza. Se um dia quisermos tomar para nós este comércio, bastará impedir o acesso dos navios mouros ao Mar Vermelho."
   >
   > Disponível em: <www.vidaslusofonas.pt/pero_da_covilha.htm>. Acesso em: 12 ago. 2014.

   a) De qual assunto Pero de Covilhã trata no texto?
   b) O que o autor do texto sugere ao rei?
   c) Em dupla, discutam o que significaria para Portugal atender às sugestões de Covilhã.

4. No século XVI, um quintal (cerca de 43,5 quilos) de cravo-da-índia custava 2 ducados (moeda portuguesa) nas ilhas Molucas; 14 ducados em Málaca; 50 ducados em Calicute; e 213 ducados em Londres.
   a) Em dupla, pesquisem em um mapa do mundo a localização das ilhas Molucas, de Málaca (um dos estados da Malásia), de Calicute e de Londres. Imaginem o trajeto entre as ilhas Molucas e Londres, passando pelos demais lugares citados.
   b) Qual é a conclusão da dupla sobre a diferença de preço do cravo-da-índia nos quatro lugares citados?

5. Discuta com um colega qual foi a importância da Rota do Cabo para Portugal. Em seguida, registre as conclusões a que vocês chegaram.

APRENDER A...

Ler documentos históricos escritos

Os historiadores utilizam grande variedade de fontes para estudar o passado. Com elas, podemos saber como viveram as pessoas e as sociedades em diferentes épocas e lugares. As fontes do conhecimento histórico incluem códigos de leis, roupas, edifícios, obras de arte, utensílios de uso cotidiano, brinquedos, estradas, etc. Uma parcela importante do material disponível para pesquisa é composta pelos documentos escritos.

Para obter informações em um documento escrito é necessário seguir algumas regras. Na página seguinte, você conhecerá quais são essas regras e como utilizá-las.

Leia abaixo dois trechos de um mesmo documento.

Quinta, 11 de outubro

Eu – diz ele –, porque nos demonstraram grande amizade, pois percebi que eram pessoas que melhor se entregariam e converteriam à nossa fé pelo amor e não pela força, dei a algumas delas uns gorros coloridos e umas miçangas que puseram no pescoço, além de outras coisas de pouco valor, o que lhes causou grande prazer e ficaram tão nossos amigos que era uma maravilha. Depois vieram nadando até os barcos dos navios onde estávamos, trazendo papagaios e fio de algodão em novelos e lanças e muitas outras coisas, que trocamos por coisas que tínhamos conosco, como miçangas e guizos. [...] pareceu que era gente que não possuía praticamente nada. Andavam nus como a mãe lhes deu à luz; inclusive as mulheres, embora só tenha visto uma robusta rapariga. E todos os que vi eram jovens, nenhum com mais de trinta anos de idade; muito benfeitos, de corpos muito bonitos e cara muito boa; os cabelos grossos, quase como o pelo do rabo de cavalos, e curtos [...]. Não andam com armas, que nem conhecem, pois lhes mostrei espadas, que pegaram pelo fio e se cortaram por ignorância. Não têm nenhum ferro; as suas lanças são varas sem ferro, sendo que algumas têm no cabo um dente de peixe [...]. Todos, sem exceção, são de boa estatura, e fazem gesto bonito, elegantes. [...]

Domingo, 16 de dezembro

Creiam Vossas Majestades – diz o Almirante – que estas terras são tão boas e férteis, sobretudo as desta ilha Espanhola, que não há ninguém capaz de exprimir em palavras e que só pode acreditar quem já viu. E estes índios são dóceis e bons para receber ordens e fazê-los trabalhar, semear e tudo mais que for preciso, e para construir povoados, e aprender a andar vestidos e a seguir nossos costumes.

Cristóvão Colombo. *Diários da descoberta da América*: as quatro viagens e o testamento. Porto Alegre: L&PM, 2007. p. 44; 46-47; 79-80.

Cristóvão Colombo, século XVI. Óleo sobre tela.

- **Identificação do documento**

1. Em primeiro lugar, identifique o autor do documento.
2. Depois busque informações sobre o autor. Procure saber qual era a sua profissão, local de nascimento, o que realizou. Pesquise também como era a época e o local em que ele viveu.
3. Identifique a data ou a época em que o documento foi escrito.
4. Procure saber o local onde o documento foi escrito. Quando se tratar de um material impresso, identifique também o local de publicação.

> Essas informações revelam a **origem** do documento. Conhecendo detalhes sobre o autor, a época e o lugar onde o documento se originou, pode-se entender melhor **por que** ele foi escrito.

- **Análise do texto**

Agora é hora de extrair as informações que o texto histórico oferece. Para isso, é necessário ler o documento com muita atenção. Aproveite a leitura para verificar se há alguma palavra ou termo cujo significado você desconhece. Se houver, tire suas dúvidas de vocabulário em um dicionário ou enciclopédia.

Durante a leitura, cumpra as seguintes tarefas.

5. Identifique o tipo de documento que você está lendo (por exemplo, o documento pode ser uma carta, um diário pessoal, uma notícia de jornal, um livro, etc.).
6. Faça uma lista das coisas ou pessoas sobre as quais o autor escreve.
7. Identifique o tema central do documento, isto é, principal fato ou pessoa sobre os quais o autor escreve.
8. Identifique a maneira pela qual o autor se refere aos assuntos ou personagens sobre os quais ele escreve, ou seja, quem ele elogia e quem ele critica, o que ele acha bom ou ruim. Dê atenção especial aos adjetivos empregados, pois é com eles que o autor informa o que considera positivo ou negativo.

> Esta atividade ensina você a identificar o que é realmente importante para o entendimento do documento histórico, anotando as principais informações que ele oferece, definindo os temas tratados e a opinião do autor.

- **Finalização**

Utilizando as informações que você obteve, escreva em um ou dois parágrafos uma conclusão, considerando principalmente a origem do documento, o seu tema central e a maneira como o autor trata o tema.

Ilustrações: América do Sul (detalhes). 1582. Mapa do Atlas de Juan Martinez. Fotografia: The Bridgeman Art Library/Keystone

MÓDULO 2

Maias, astecas e incas

A América que os europeus encontraram no final do século XV era habitada por mais de 60 milhões de pessoas. Destacavam-se três grandes civilizações: os maias, os astecas e os incas.

Os maias

Os maias viviam na península de Yucatán, situada ao sul do México, e espalharam-se pelos territórios atuais da Guatemala, de Honduras, Belize e El Salvador.

Por volta do século IV a.C. passaram a se organizar em cidades independentes que muitas vezes guerreavam entre si. As principais cidades eram **Palenque**, **Tikal** e **Uxmal**.

A maior autoridade local era, ao mesmo tempo, líder político, militar e religioso. Os nobres e os sacerdotes o auxiliavam a governar. Viviam na zona urbana juntamente com os artesãos, comerciantes e militares.

A principal atividade econômica era a **agricultura**, sendo o milho a base da alimentação. Os camponeses formavam a maior parte da população.

Profundos conhecedores de matemática e astronomia, os maias construíram observatórios astronômicos para estudar os corpos celestes. Baseados nesses estudos desenvolveram um calendário que previa as estações do ano, podendo assim estabelecer as épocas de semeadura, de cultivo e das colheitas.

Os maias elaboraram um tipo de escrita hieroglífica bastante complexa. Até hoje ela não está totalmente decifrada, pois foi baseada numa complicada combinação de figuras.

Quando os espanhóis chegaram à região ocupada pelos maias, essa civilização já estava em decadência. É possível que esse declínio tenha sido causado por problemas ambientais que afetaram a produtividade agrícola.

Fonte de pesquisa: *Atlas histórico*. Madri: SM, 2005. p. 72-73.

O CALENDÁRIO MAIA

Os maias elaboraram um calendário solar complexo, que previa as estações do ano e os auxiliava na agricultura.

Esse calendário era dividido em um ano de 365 dias, distribuídos em 18 meses com 20 dias. Sobravam 5 dias, que eram considerados "dias de desgraça", nos quais eram feitos sacrifícios aos deuses.

Os maias registraram em hieróglifos o seu conhecimento em astronomia. Os livros por eles escritos ficaram conhecidos pelo nome da cidade em que são conservados. Na imagem, página do *Código Maia de Dresden,* s/d.

Os astecas

O povo asteca é originário do norte do atual México. Inicialmente viviam da caça e da coleta de frutos e outros alimentos de origem vegetal ou animal e eram nômades. No século XIV dirigiram-se para o sul, entrando em contato com povos que praticavam a agricultura e construíam cidades.

Devido à sua superioridade militar, os astecas dominaram essas populações, permitindo que mantivessem os mesmos governantes e tradições, desde que lhes pagassem tributos.

Em pouco tempo, os astecas formaram um grande império na parte central do México. A capital era **Tenochtitlán**, localizada na atual Cidade do México. Eram governados por um imperador que tinha poder absoluto, sendo auxiliado por nobres, sacerdotes e guerreiros.

Assim como na sociedade maia, nobres, sacerdotes e altos funcionários tinham prestígio e poder. O restante da sociedade era formado pelos artesãos, comerciantes e agricultores.

Os camponeses formavam a grande maioria da população. Eles eram obrigados a entregar ao Estado parte de tudo o que produziam, além de prestar serviço militar e trabalhar na construção e manutenção das obras públicas. Havia também pessoas escravizadas, que, em geral, eram prisioneiros de guerra.

A **agricultura** passou a ser a base da economia asteca. A terra pertencia ao Estado, que distribuía lotes entre os camponeses. As colheitas eram repartidas conforme o trabalho de cada agricultor.

Os astecas foram grandes arquitetos, matemáticos e astrônomos. Preservavam as edificações construídas pelos povos dominados e erguiam outras baseadas em técnicas já existentes, como as pirâmides escalonadas.

A origem do chocolate

O deus asteca Quetzalcóatl era representado por uma serpente coberta por plumas. Os astecas acreditavam que Quetzalcóatl trouxera do céu as sementes de cacau para a terra, com as quais faziam uma bebida amarga, o *xoclatl*. Festejavam as colheitas com rituais que envolviam sacrifícios humanos, oferecendo às vítimas taças de *xoclatl*, bebida considerada refinada, consumida apenas pelos ricos e poderosos. O cacau era tão importante que era usado também como uma espécie de moeda de troca. Os europeus acrescentaram leite e açúcar ao cacau, inventando uma bebida próxima do que hoje chamamos de chocolate.

A pirâmide do Sol em Teotihuacán, México, era usada como altar para rituais religiosos. Com 365 degraus, em determinada hora do dia os raios solares incidem sobre um degrau diferente a cada dia do ano. Fotografia de 2009.

••• Os incas

Entre os séculos XIII e XIV, os incas formaram um vasto império que se estendeu da região do atual Equador até o Chile. Dominaram mais de cem povos que habitavam a cordilheira dos Andes, impondo sua língua, leis e crenças religiosas. O auge do Império inca ocorreu no final do século XV.

O poder político e religioso concentrava-se em um soberano, o inca, que controlava os governadores e os chefes locais. Ele era considerado um descendente do Sol, a principal divindade cultuada pelos incas. A capital do império era Cuzco, no atual Peru, centro administrativo e religioso.

Um vasto império

Para melhor administrar o império, foi construída uma rede de caminhos com mais de 40 mil quilômetros. Neles havia postos de envio e recebimento de mensagens que facilitavam a comunicação, o controle militar, o comércio e a cobrança de impostos.

Como nas outras civilizações pré-colombianas, a agricultura era a base da economia inca, destacando-se o cultivo do milho e da batata. A maioria da população vivia nas aldeias e só ia à cidade para tratar de negócios.

A terra pertencia ao Estado, que a dividia em lotes, entre as famílias camponesas. Nessas terras podiam cultivar o necessário para a sua sobrevivência. Porém, eram obrigadas a cultivar os lotes do governo e dos sacerdotes, trabalhar na construção de obras públicas e participar das guerras. Essas obrigações eram chamadas de **mita**.

Na região dos Andes, as áreas de cultivo eram poucas por causa do relevo acidentado. Os incas resolveram esse problema cultivando as encostas das montanhas em degraus, criando verdadeiros terraços, ampliando as áreas de cultivo. Essa técnica agrícola inca é utilizada ainda hoje pelas populações andinas.

Civilizações e conhecimento

Ao chegarem à América, os europeus encontraram povos com amplos conhecimentos de matemática, arquitetura e astronomia.

I. Discuta com os colegas se havia razões para que os europeus se sentissem superiores aos povos não europeus.

Verifique o que aprendeu •••

1. Quais foram as três grandes civilizações encontradas pelos espanhóis no continente americano?
2. Como esses povos se organizavam sob o ponto de vista social, econômico e político?
3. Para que os incas construíram terraços nas encostas das montanhas?

A CIDADE PERDIDA

Os incas construíram a cidade de Machu Picchu, próxima a Cuzco, no alto de uma montanha. Um caminho de poucos quilômetros ligava as duas cidades.

O local foi estrategicamente escolhido, pois quem está no sopé da montanha onde está Machu Picchu não consegue ver a cidade. Assim, acredita-se que ela foi um posto avançado na defesa da cidade sagrada de Cuzco. Outros creem que ela tinha funções religiosas.

Após a conquista espanhola, Machu Picchu foi abandonada e recoberta pela vegetação. Só em 1911 um arqueólogo descobriu a cidade "perdida" e preservada.

Ruínas da cidade de Machu Picchu, no Peru. Fotografia de 2011.

ATIVIDADES

1. Observe a fotografia de 2010, retratando as ruínas de Palenque, cidade na península de Yucatán, México.

   Ruína de um palácio de Palenque. Fotografia de 2010.

   a) Descreva os elementos representados na imagem.
   b) Identifique o observatório astronômico da cidade. Que elementos contribuem para identificar essa edificação?

2. Os maias tinham um sistema de escrita que ainda não foi totalmente decifrado. No entanto, há outras fontes históricas que podem ajudar os historiadores a conhecer o passado dessa civilização. Quais são essas fontes?

3. Observe a imagem de um asteca, representado ao lado.
   a) O que o asteca está fazendo?
   b) Qual é a condição social desse asteca?
   c) Na hierarquia social, que posição esse trabalhador ocupava?
   d) Nas civilizações maia e inca existiam pessoas em condição social como a sugerida pela imagem? Justifique.

   Indígena asteca. *Códice Florentino*, México, século XVI.

4. Como era a relação dos astecas com outros povos americanos com quem tinham contato?

5. Os incas criaram um sistema sofisticado de comunicação por caminhos terrestres e construíram pontes suspensas. Qual era o objetivo desse sistema de comunicação?

6. O centro do Império inca situava-se em uma grande cadeia de montanhas. Como esse povo pôde cultivar alimentos em uma região de relevo tão íngreme?

7. O tabaco, a batata, o milho e o tomate são plantas nativas da América levadas para a Europa pelos conquistadores. Hoje, elas estão difundidas em todo o mundo. Pesquise ou pergunte a pessoas mais velhas quais usos esses vegetais têm no mundo moderno. Dê exemplos.

ARTE e CULTURA

O Império dourado inca

Nos Andes, todos os anos milhares de pessoas se reúnem para celebrar a Festa do Sol, em 24 de junho. O evento perpetua as tradições do patrimônio histórico e cultural do Império incaico e homenageia o deus Sol *Inti*.

De acordo com a crença inca, o ouro representava o "suor do deus Sol", e a prata, "as lágrimas da deusa Lua". Essa crença explica a presença desses metais em objetos do cotidiano e de uso religioso em todo o império. Além da habilidade em lidar com a joalheria, os incas incorporaram dos povos subjugados as técnicas de fabricação e manuseio de peças feitas a partir de fios, madeira e cerâmica.

A Festa do Sol em Cuzco sofreu algumas modificações desde que foi iniciada pelos incas. Hoje o caráter turístico e folclórico se sobrepõe à característica religiosa inicial. Já nos pequenos povoados afastados, localizados entre montanhas, a festa é celebrada durante toda a madrugada com a intenção de reverenciar as mesmas crenças dos antepassados.

Vaso cerimonial em ouro incrustado com turquesas. Encontrado em Chanchán, produzido entre os anos de 700-1100. Essa peça está preservada atualmente no Museu do Ouro, em Lima, Peru.

Museu do Ouro, Lima. Fotografia: Bridgeman/Keystone

Museo de América, Madri. Fotografia: Bridgeman/Keystone

Kero (espécie de taça inca) de cerâmica em forma de jaguar. O *kero* era utilizado para beber a *chicha*, uma bebida alcoólica muito popular entre os incas. Sempre deveria ser servido aos pares e era usado em cerimônias religiosas. Essa peça foi produzida no século XV e se encontra atualmente no Museu da América, em Madri, Espanha.

Poncho inca do sul do Peru, produzido entre 1430-1532. A peça está atualmente no Real Museu de Etnologia, em Berlim, Alemanha. O poncho é uma capa quadrada de lã com uma abertura para ser vestida pela cabeça. Ainda hoje, trata-se de um tipo de traje muito utilizado entre os habitantes da região andina.

Kero em madeira produzido entre os séculos XVII e XVIII. A peça se encontra no Museu do Brooklyn, em Nova York, Estados Unidos.

Brinco em ouro e turquesa. Catálogo da exposição *O ouro dos deuses, o ouro dos Andes*, realizada em Metz, França, 1994.

■ Atividades

1. Quais são as peças retratadas nesta seção que pertencem a acervos de instituições europeias?
2. Formule uma hipótese para justificar a ida dessas peças a países tão distantes do local de origem.
3. Você concorda que as tradições incaicas ainda permanecem? Justifique.

47

MÓDULO 3 — A conquista espanhola da América

Os primeiros contatos dos espanhóis com as populações ameríndias foram amistosos. Inicialmente, os conquistadores foram recebidos com festa e presentes. Alguns deles chegaram a ser confundidos com deuses.

●●● O ouro na América

As diferenças entre as culturas e os interesses de ameríndios e espanhóis se tornaram cada vez mais evidentes. Em pouco tempo, a relação amistosa desapareceu.

Para os conquistadores, os nativos viviam em uma sociedade "inferior" à sua. Essa "inferioridade" era um dos argumentos dos espanhóis para considerar a América sua propriedade. Passaram então a se apossar das riquezas e a impor seus valores cristãos. Eles se sentiam na obrigação de "salvar as almas" dos ameríndios, convertendo-os ao catolicismo.

Na Europa, muitas lendas contavam que na América existia um lugar chamado **Eldorado**, onde haveria ouro em abundância. Esse tipo de história alimentava a cobiça dos europeus.

Não demorou para que os espanhóis percebessem que havia ouro e prata em algumas regiões do Novo Mundo. Além de roubar as peças produzidas por esses povos, apossaram-se das jazidas, controlaram a exploração e enviaram os metais preciosos para a Europa.

Além disso, também obrigaram os nativos a trabalhar na extração de metais e nas plantações, submetendo-os a péssimas condições de vida. A exploração da mão de obra, as guerras e as epidemias (causadas por doenças trazidas pelos europeus) dizimaram grande parte da população ameríndia.

Faca incaica em ouro e turquesa usada em cerimonial de sacrifício. c. 1100-1400 d.C.

O navegador espanhol Núñez de Balboa recebendo presentes dos indígenas americanos. Detalhe de ilustração de Théodore de Bry, 1594.

Hernán Cortés no México

Hernán Cortés, um nobre espanhol que havia participado da ocupação da ilha de Cuba, liderou as tropas que conquistaram os territórios controlados pelos astecas.

Cortés partiu de Cuba em 1519, com o objetivo de se apoderar das minas de ouro localizadas nas terras continentais, de cuja existência soubera pelos ameríndios das ilhas do Caribe.

Ao chegar à costa do atual México, o conquistador foi acolhido pelos nativos como um deus, tendo recebido muitos presentes em ouro e prata do imperador asteca, Montezuma. A confirmação da existência dos desejados metais em terras mexicanas levou Cortés a tentar a tomada das minas pela força.

As estratégias de Cortés

Como os astecas eram grandes guerreiros e contavam com maior número de combatentes, Cortés aproveitou-se da insatisfação dos povos dominados pelos astecas e aliou-se a eles. Os aliados, além de lutar ao lado do conquistador, passavam informações de como os astecas agiam, pensavam e guerreavam, dando grande vantagem aos espanhóis. Como resultado, os astecas foram massacrados.

Em apenas dois anos, Cortés venceu os astecas e se apossou de suas minas de ouro e prata. O México tornou-se definitivamente território espanhol.

A visão de Las casas

O frei espanhol Bartolomé de las Casas denunciou, no século XVI, maus-tratos, torturas e abusos de poder cometidos pelos conquistadores. Leia um trecho de seus relatos: "Oh, quantos órfãos foram feitos, quantos [pais] tirou de seus filhos, quantos privou de suas mulheres, quantas mulheres deixou sem maridos [...]. Quantos privou de sua liberdade, de quantas angústias e calamidades padeceu tanta gente!".

Bartolomé de las Casas. *Tratados*. Tradução do autor. México DF: FCE, 1997. v. 1. p. 93.

Bartolomé de las Casas em retrato de autor desconhecido, século XVI, óleo sobre tela.

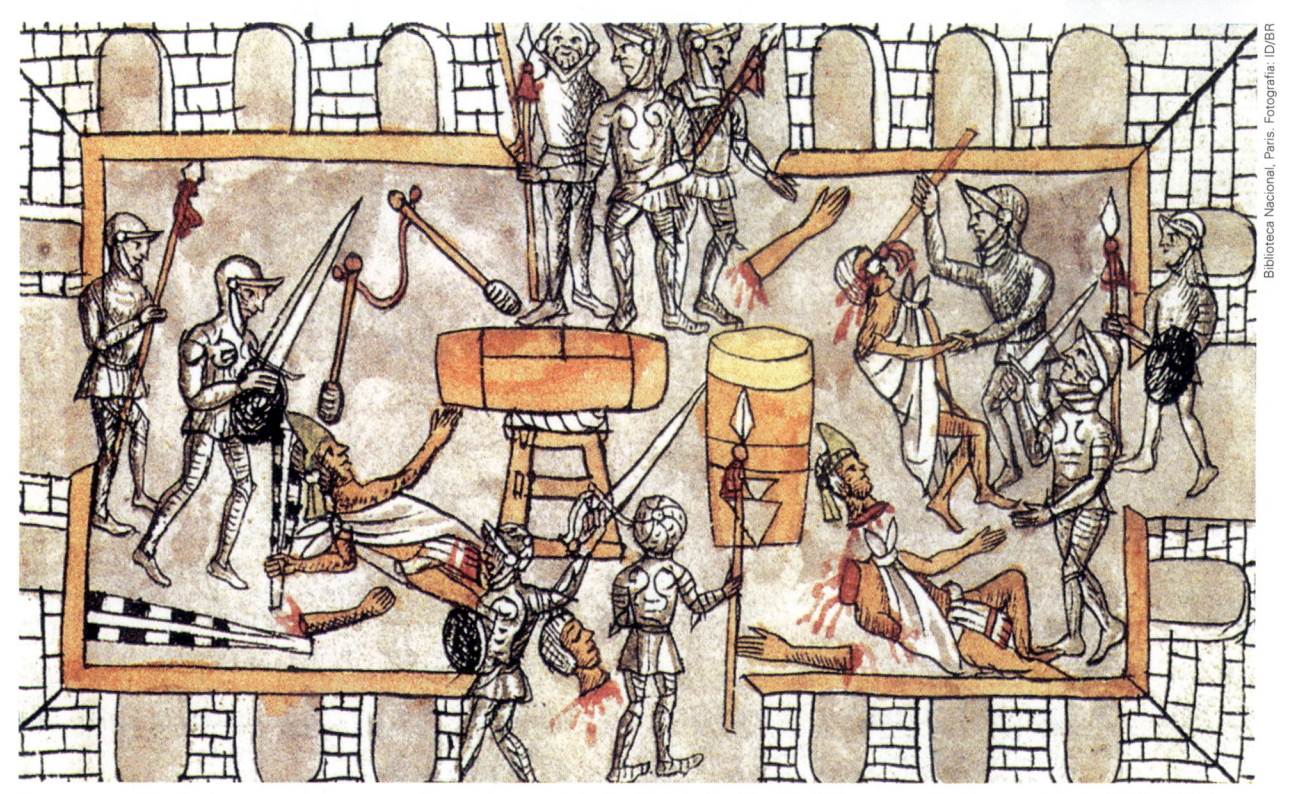

Uma representação do massacre do povo asteca pelo conquistador Hernán Cortés. *História manuscrita da conquista do México*, 1580. Biblioteca Nacional da França, Paris.

A conquista do Império inca

Em 1513, os indígenas do atual Panamá contaram aos espanhóis que mais ao sul do continente havia uma terra muito rica em ouro, banhada pelo mar do Sul, o oceano Pacífico.

Fascinado pela ideia de encontrar esse ouro, o conquistador Francisco Pizarro organizou várias expedições, até encontrar, em 1527, sinais do Império inca.

Mesmo sendo recebidos cordialmente pelo imperador inca Atahualpa, os espanhóis entraram em guerra com a pretensão de dominar a capital do império e mataram o imperador.

No processo de conquista, os espanhóis foram beneficiados pela insatisfação dos povos dominados pelos incas. Assim, no momento da chegada de Pizarro, uma guerra civil dividia os ameríndios. Os espanhóis aproveitaram-se então das divergências internas e aliaram-se aos inimigos dos incas.

Pizarro dá sinal de ataque contra Atahualpa na Praça Central de Cajamarca. Ilustração do *Atlas da América do Sul*, 1827.

A resistência indígena

Os incas não compreendiam a obsessão dos europeus por ouro e prata, que eram usados como enfeite pelos indígenas, mas não tinham valor como moeda. A ganância pelo ouro fazia os conquistadores quebrarem acordos e promessas, confundindo ainda mais os nativos. As armas europeias também eram desconhecidas pelos ameríndios e lhes causavam espanto.

Mesmo assim a **resistência** inca foi forte e se prolongou por cerca de quarenta anos. Expulso de Cuzco, o governo inca instalou-se em Vilcabamba, onde resistiu até 1572, quando foi capturado e morto o último imperador, Tupac Amaru.

Verifique o que aprendeu

1. Como os espanhóis foram recebidos inicialmente na América?
2. Quais eram as riquezas mais cobiçadas pelos espanhóis?
3. Quem foi Hernán Cortés? Qual foi sua ação na conquista da América?
4. Por que os incas não conseguiram impedir o avanço espanhol?

ATIVIDADES

1. Leia o texto e responda às questões a seguir.

   > **O choque de duas civilizações**
   >
   > Impacientes por se tornarem ricos, os marinheiros de Colombo não se conformaram com os presentes em ouro e prata dados pelos pacíficos habitantes dos trópicos e começaram a saquear as aldeias indígenas. [...]
   >
   > A avidez por ouro era incompreensível para os americanos. O Imperador Montezuma, o "Tlatoani" dos Astecas, não entendeu o desprezo do conquistador Cortez [Hernán Cortés] pelas plumas de aves, mantas e comestíveis enviados aos espanhóis, nem entendeu por que preferiam os vasilhames de ouro em lugar dos alimentos que ali estavam.
   >
   > Enrique Peregalli. *A América que os europeus encontraram*. São Paulo: Atual, 1997. p. 4.

   a) Quais eram, segundo o texto, os objetivos dos conquistadores espanhóis em relação à América?

   b) Como os americanos viam o comportamento dos conquistadores?

   c) Em dupla, escrevam um parágrafo explicando o título do texto acima.

2. Observe a imagem de uma cena de batalha do manuscrito *Lienzo de Tlaxcala*, do século XVI.

   a) Identifique os grupos que estão representados nesta imagem.

   b) Que elementos presentes na imagem ajudaram você na identificação dos dois grupos em combate?

   c) Qual dos grupos está em maior número?

   d) Qual dos grupos parece estar obtendo mais sucesso na batalha? Por quê?

   e) Com base no que você estudou, quais foram os prováveis fatores que contribuíram para que um dos grupos levasse vantagem em relação ao outro?

   Representação da batalha de Xochipilla, século XVI.

3. Leia o que escreveu Francisco de Jerez, cronista do século XVI.

   > "Se os romanos subjugaram tantas províncias, foi com maior ou igual número de homens, em territórios conhecidos, contando com os suprimentos habituais e com capitães e exércitos remunerados. Nossos espanhóis [...] jamais passaram de duas ou três centenas, ou mesmo menos. [...] E, em todas as ocasiões em que viajaram, não foram nem remunerados, nem forçados, mas foram por vontade própria e por sua própria conta."
   >
   > Matthew Restall. *Sete mitos da conquista espanhola*. Rio de Janeiro: Civilização Brasileira, 2006. p. 67.

   a) Pesquise no dicionário as palavras cujo significado você não conhece.

   b) De acordo com o cronista, qual era a diferença entre as legiões romanas e os conquistadores da América?

   c) Com base em seus conhecimentos de História, que motivos você acredita que os espanhóis teriam para viajar para a América, num tempo em que as viagens ultramarinas eram arriscadas e perigosas?

4. Faça um texto comparando a conquista espanhola do México e do Peru.

DOSSIÊ

A dura vida em alto-mar

Enfrentar os perigos no mar considerado tenebroso, no século XV, era um dos maiores desafios dos navegantes. Apesar de a utilização da caravela, do astrolábio e da bússola ter trazido mais segurança às viagens, os navegadores precisavam enfrentar outros tipos de problemas.

A partida de uma embarcação para as Índias era um acontecimento que mobilizava gente de todas as camadas da sociedade lusitana. Fidalgos deixavam Portugal para assumir postos de comando nas colônias; padres jesuítas partiam com a missão de catequizar povos de terras distantes; muitas pessoas pobres deixavam o reino na esperança de enriquecer.

Contudo, de acordo com o que sabemos por meio dos diários de bordo e cartas dos viajantes, a vida a bordo não era nada fácil. Além dos muitos riscos envolvidos, como o naufrágio e o ataque de piratas e corsários, o longo percurso – que podia durar até sete meses – era marcado por péssimas condições de alimentação, saúde e higiene.

Entre os viajantes, os pobres eram aqueles que enfrentavam as maiores adversidades. Sem recursos para financiar seus víveres, embarcavam levando apenas um barril de água. Como não tinham condições de pagar pelo seu alimento, dependiam do que lhes fosse concedido da despensa real ou de favores dos viajantes com melhores condições financeiras.

Uma alimentação precária

Entre os alimentos disponíveis, predominavam os biscoitos, seguidos de carne e peixe salgados, farinha, cebola, alho, lentilha, sal, azeite, mel, ameixas, amêndoas, mostarda, água e vinho. Contudo, como essa carga geralmente era de má qualidade e mal acondicionada, logo estragava, principalmente quando se atingiam as regiões quentes e úmidas dos trópicos.

Assim, ainda nos primeiros meses de viagem, boa parte dos alimentos já havia acabado. O que ainda restava na despensa ficava infestado de larvas ou mofado, os biscoitos tinham enegrecido e adquirido sabor muito amargo, e a água tornara-se esverdeada e fedorenta. Nos paióis, locais onde as provisões eram guardadas, proliferavam ratos e baratas, que dividiam com os seres humanos as já precárias reservas. Contudo, quando a situação se tornava crítica, os insetos viravam alimento, assim como os objetos feitos de couro e até mesmo as velas de sebo.

Muitas doenças a bordo

Os enfermos eram sempre muito numerosos. As péssimas condições de higiene favoreciam a proliferação de parasitas e toda espécie de infecções de pele. Doenças ligadas à má alimentação, como a disenteria, debilitavam ainda mais os viajantes e chegavam a causar a morte de até metade deles. Pessoas moribundas ou infectadas com algumas doenças muito temidas – como a peste bubônica – não raramente eram atiradas ao mar, assim como os corpos das pessoas que faleciam durante a viagem.

Como dificilmente havia médicos a bordo, os doentes eram tratados por barbeiros, sangradores e sacerdotes. Em geral, o tratamento se limitava a sangrias, vomitórios e lavagens intestinais.

A presença feminina

A maioria dos viajantes era masculina, mas a presença de mulheres não era rara. Viúvas empobrecidas e jovens solteiras, esperançosas de casar com algum rico fidalgo em terras distantes, arriscavam-se nas aventuras marítimas. Todavia, suas presenças eram consideradas "suspeitosas" pelas autoridades e sacerdotes, que as acusavam de tumultuar o ambiente da nau e causar a indisciplina e a perdição dos homens que seguiam viagem. Acusavam-nas, até, de provocar naufrágios, uma vez que seu mau comportamento despertava a ira e a punição de Deus.

Rosa dos ventos.

■ Discussão sobre o texto

1. Forme um grupo com seus colegas e discuta as seguintes questões.
    a) Quais eram as motivações que levavam muitos europeus a enfrentar viagens perigosas para se fixar em continentes tão distantes?
    b) As migrações populacionais são bastante intensas na atualidade. Quais semelhanças e diferenças você estabelece entre os deslocamentos de população no século XVI e os de hoje?

2. Faça um desenho em seu caderno representando a vida durante uma viagem transoceânica a bordo de uma nau ou caravela, nos anos 1500. Em seguida, escreva um texto narrando como transcorreu a viagem.

FAZENDO HISTÓRIA

Encontro entre europeus e indígenas

1. Observe as imagens e considere o que você aprendeu neste capítulo.

Desembarque de Cristóvão Colombo na ilha que ele batizou de São Salvador. Detalhe de gravura de Théodore de Bry, 1596.

Cortés recebe, em nome do rei da Espanha, presentes enviados por Montezuma. Pintura em couro, de autor anônimo, século XVI.

a) Identifique os dois momentos históricos representados nas imagens. Registre em que épocas eles aconteceram.

b) Como você descreve a relação entre os espanhóis e os nativos americanos representada nas imagens? Justifique.

c) Os autores das imagens demonstram que visão da relação entre europeus e indígenas em suas obras? Justifique.

2. Observe a imagem ao lado e responda.
   a) Quantas embarcações compunham a armada de Pedro Álvares Cabral em 1500?
   b) Das embarcações que deixaram Lisboa, quantas retornaram a Portugal?
   c) O que aconteceu com as embarcações que não chegaram ao destino final?

3. Resolva as questões.
   a) Identifique cada fonte histórica que você analisou, citando autores, quando identificados, datas, etc.
   b) Podemos considerar essas fontes documentos históricos? Justifique.

Armada de Pedro Álvares Cabral em 1500. *Livro das Armadas*, 1558-1564. Academia de Ciências de Lisboa, Portugal.

LENDO HISTÓRIA

Antes de ler

- Você já ouviu opiniões diferentes sobre um mesmo assunto? Qual era o assunto? E quais eram as opiniões?
- O que a legenda da imagem abaixo diz sobre o objetivo da viagem de Pedro Álvares Cabral?

Discutindo a chegada de Cabral ao Novo Mundo

Texto A

Nenhum documento coeso permite avançar que Pedro Álvares Cabral partira de Lisboa com a intenção de descobrir novas terras. A intencionalidade da descoberta não encontra fundamento em nenhuma das testemunhas, a começar pela Carta de Pero Vaz de Caminha [...]. A armada partiu de Lisboa com destino à Índia e não a descobrir terras a ocidente do Atlântico. Nem os fragmentos do regimento régio, nem os das instruções complementares entregues a Pedro Álvares Cabral se referem a essa missão.

Joaquim Romero de Magalhães e Susana Münch Miranda. Apresentação. Em: *Os primeiros 14 documentos relativos à armada de Pedro Álvares Cabral*. Lisboa: CNCDP, 1999. p. 13.

Texto B

[...]

A conclusão lógica, a meu ver, é que a arribada [alteração da rota] foi proposital, intencional, para reconhecer a terra suspeitada em Portugal e convenientemente situá-la para apoio na rota da Índia e não um encontro casual quando a armada passava ao largo da costa.

Max Justo Guedes. *O descobrimento do Brasil*. Rio de Janeiro: Diretoria do Patrimônio Histórico e Cultural da Marinha, 1998. p. 37.

Como se pode observar, os pesquisadores de História têm diferentes opiniões sobre a chegada de Cabral às terras que formaram o Brasil. Muitos defendem que a chegada de sua esquadra ao nosso litoral ocorreu por acaso, durante viagem à Índia, enquanto outros defendem a ideia de que a vinda dos portugueses foi intencional, com o objetivo de garantir a posse de terras que suspeitavam existir.

Pero Vaz de Caminha lendo para oficiais. Sua carta não deixa clara qual era a intenção da esquadra de Cabral. Francisco Aurélio de Figueiredo e Melo. *Leitura da carta de Caminha*, século XIX.

De olho no texto

1. Procure no dicionário as palavras cujo significado você não conhece.
2. Qual é o tema discutido em ambos os textos?
3. Identifique a ideia que o autor de cada texto defende sobre o tema discutido.
4. A chegada dos portugueses à América é um tema polêmico. Com base nos textos acima, explique qual é a polêmica que divide os historiadores em torno desse assunto.

QUESTÕES GLOBAIS

1. A introdução e o aprimoramento de técnicas náuticas durante os séculos XIV e XV foram tão importantes que revolucionaram as navegações. Essas técnicas foram essenciais para que os europeus pudessem cruzar os oceanos. A expansão da navegação facilitou não só o comércio, mas também as comunicações, abreviando as distâncias entre o Ocidente e o Oriente.

   a) Faça uma pesquisa sobre ao menos três técnicas náuticas aprimoradas ou inventadas nos séculos XIV e XV e que revolucionaram as navegações.

   b) Aponte inovações tecnológicas das últimas décadas que revolucionaram as comunicações.

   c) Com base nos conhecimentos que você adquiriu neste capítulo, em sua opinião é possível comparar o impacto que tiveram as inovações tecnológicas dos séculos XIV e XV na Europa e o impacto que teve para a sociedade atual a tecnologia desenvolvida nas últimas décadas? Anote suas conclusões no caderno.

2. A rota descoberta por Fernão de Magalhães, interligando os oceanos Atlântico e Pacífico, atravessa uma região sujeita a grandes tempestades, além de representar uma viagem muito longa e demorada até as Índias. Com essas informações, e observando o mapa abaixo, avalie por que a Rota do Cabo era a principal via marítima que ligava a Europa ao Oriente.

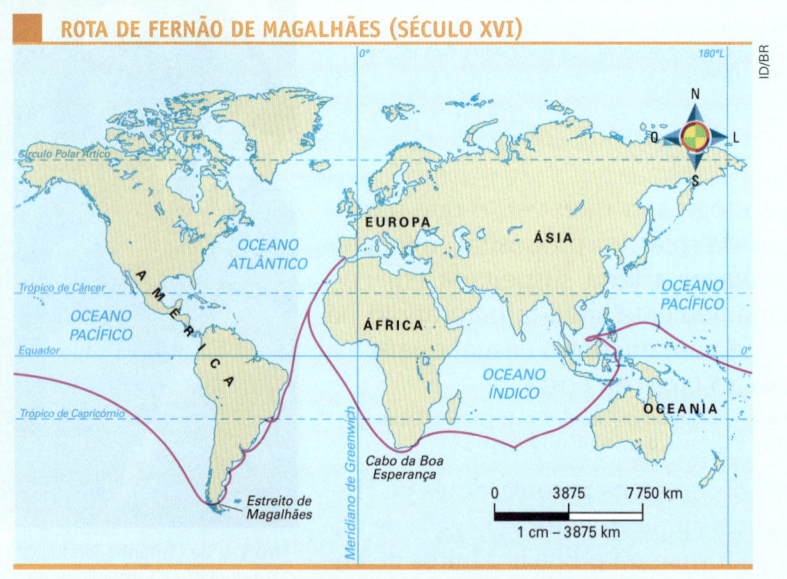

ROTA DE FERNÃO DE MAGALHÃES (SÉCULO XVI)

Fonte de pesquisa: *Atlas histórico escolar*. Rio de Janeiro: FAE, 1973. p. 88.

[PARA SABER MAIS]

Livros

Caravelas do Novo Mundo, de Antonio Augusto da C. Faria. São Paulo: Ática, 2003.
   Trata da expansão marítima e comercial conduzida pelos navegantes europeus, destacando o pioneirismo português.

Os maias e os astecas, de Annie-Claude Martin. São Paulo: Augustus, 1997.
   Apresenta a vida cotidiana das civilizações maia e asteca por meio de textos e ilustrações.

Site

<http://www.museoroperu.com.pe>. *Site* do Museu do Ouro do Peru.
   Além dos objetos de ouro, o *site* exibe cerâmicas e tecidos utilizados pelos antigos peruanos antes da chegada dos europeus. Página em espanhol. Acesso em: 12 ago. 2014.

●●● Síntese

A expansão marítima ibérica
- Revolução técnica naval e expansão marítima de Portugal e Espanha
- Busca de rotas alternativas para atingir as Índias
- O Tratado de Tordesilhas
- A chegada de Colombo à América
- A chegada de Vasco da Gama às Índias e o estabelecimento do comércio entre Portugal e o Oriente

Maias, astecas e incas
- As civilizações pré-colombianas
- Economia, sociedade e política dos maias, incas e astecas
- Desenvolvimento técnico-científico: arquitetura, matemática, astronomia

A conquista espanhola da América
- Contato e conflito entre os europeus e as civilizações americanas
- Conquista dos Impérios asteca e inca
- Dominação espanhola da América

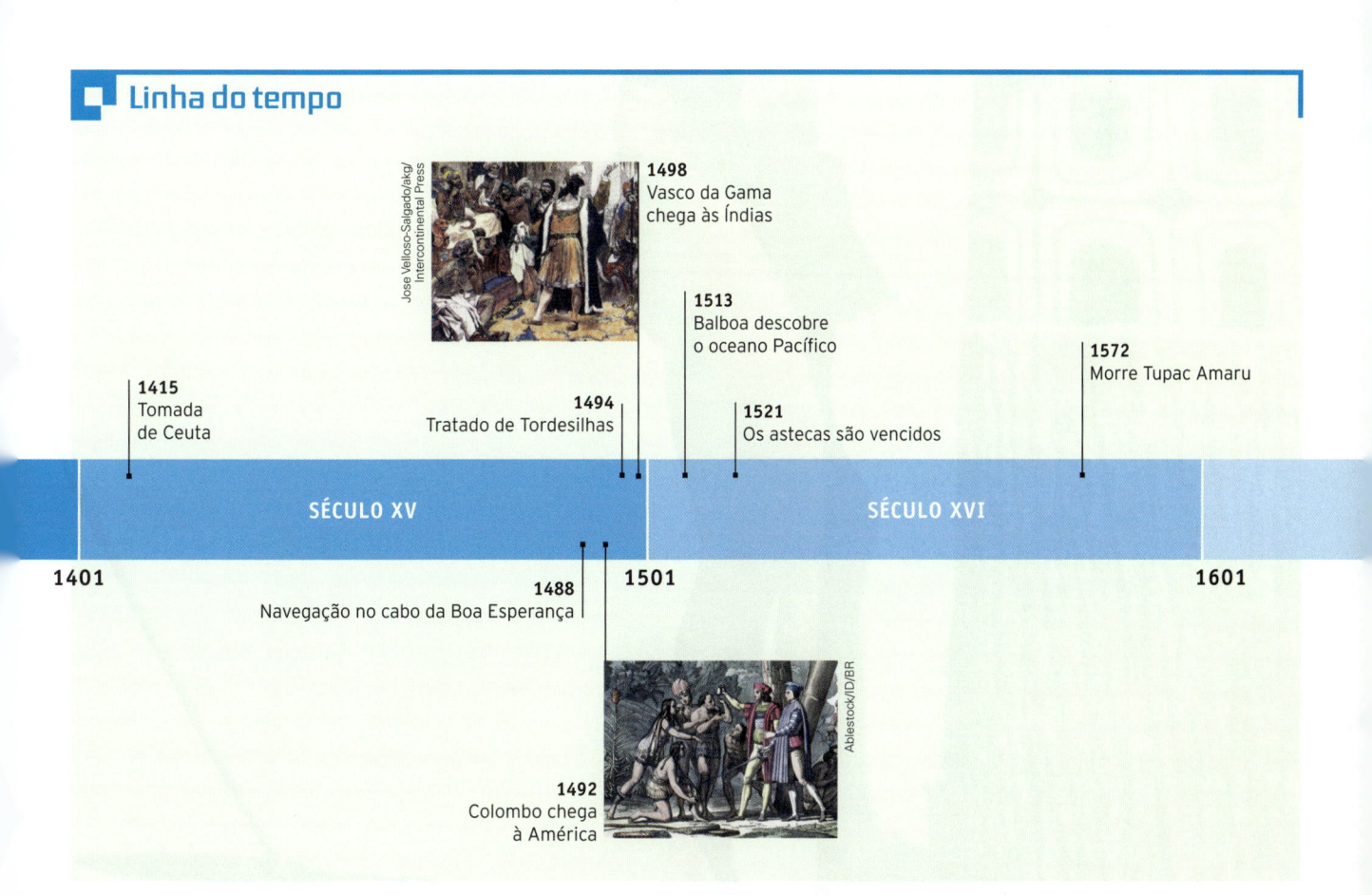

Museu do Ouro, Lima. Fotografia: Bridgeman/Keystone

Linha do tempo

- 1415 — Tomada de Ceuta
- 1488 — Navegação no cabo da Boa Esperança
- 1492 — Colombo chega à América
- 1494 — Tratado de Tordesilhas
- 1498 — Vasco da Gama chega às Índias
- 1513 — Balboa descobre o oceano Pacífico
- 1521 — Os astecas são vencidos
- 1572 — Morre Tupac Amaru

SÉCULO XV | SÉCULO XVI

1401 — 1501 — 1601

Jose Velloso-Salgado/akg/Intercontinental Press
Ablestock/ID/BR

57

Quando os portugueses chegaram às terras que, mais tarde, comporiam o território brasileiro, depararam com uma enorme diversidade de povos indígenas. Grande parte deles foi dizimada pelas doenças trazidas da Europa, pela escravidão à qual foram submetidos ou pela violência imposta pelo colonizador. Contudo, grupos nativos remanescentes buscam, hoje, se organizar para defender seus direitos e preservar sua cultura e seus costumes.

Os povos indígenas no Brasil

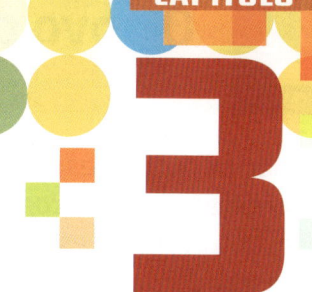

CAPÍTULO 3

O QUE VOCÊ VAI APRENDER

- Os povos que habitavam o litoral do atual Brasil
- O contato entre indígenas e portugueses
- Como os povos indígenas preservam sua cultura

CONVERSE COM OS COLEGAS

Todas as sociedades humanas conhecidas criaram formas de festejar acontecimentos considerados importantes. Com os povos indígenas não é diferente, como no caso do Kuarup, cerimônia religiosa dedicada aos mortos.

O Kuarup retratado nessa fotografia de 2003 ocorreu na aldeia Yawalapiti, no Parque Indígena do Xingu, no Mato Grosso. Foi realizada em homenagem a Orlando Villas Boas, indigenista que foi um dos idealizadores do parque e seu primeiro presidente, na década de 1960.

Para o Kuarup, os indígenas ornamentam toras de madeira, que são fincadas no solo e simbolizam os mortos.

Em torno desses troncos ocorrem danças e cantos em honra dos mortos. Homens de vários povos viajam até a aldeia onde ocorre o Kuarup para participar de lutas rituais que lembram competições esportivas.

1. Observe a imagem e diga o que mais chama sua atenção.
2. Quais são as cerimônias praticadas na cultura da qual você faz parte? Há alguma que se assemelhe ao Kuarup?

Cerimônia do Kuarup, em homenagem a Orlando Villas Boas, realizada no Parque Indígena do Xingu.

MÓDULO 1

O povo de Pindorama

Quando os portugueses chegaram à América, em 1500, havia mais de mil povos, com diferentes línguas e costumes, vivendo no território que hoje é o Brasil. Alguns deles encontravam-se espalhados pelo litoral e testemunharam a chegada dos portugueses.

●●● Os Tupi ocupam o litoral

O litoral atlântico sul-americano era ocupado por povos seminômades que viviam da caça, da pesca, da coleta e da agricultura. Formavam o grupo indígena mais numeroso e falavam línguas do tronco linguístico **tupi-guarani**. Eles chamavam as terras onde viviam de *Pindorama*, "terra das árvores altas", ou "terra das palmeiras".

Estudiosos acreditam que os Tupi-Guarani são originários da região amazônica. O crescimento da população e as mudanças ambientais que dificultaram a caça e a agricultura forçaram os Tupi-Guarani a abandonar suas terras e partir em direção ao litoral, expulsando para o interior os povos que lá habitavam.

Nesse processo, teriam se dividido em dois grandes grupos: os **Tupi**, que têm a **mandioca** como principal cultura agrícola, e os **Guarani**, que cultivam principalmente o **milho**.

Quando os portugueses chegaram à América, os Tupi ocupavam quase toda a faixa costeira entre os atuais estados do Ceará e São Paulo, enquanto os Guarani localizavam-se mais ao sul, entre a região litorânea de São Paulo e a do Rio Grande do Sul.

O contato dos portugueses foi, inicialmente, mais intenso com os povos que viviam na costa do atual território brasileiro.

> **A busca da Terra sem Mal**
>
> Os Tupi viviam em busca de lugares onde a caça e a coleta fossem fartas e a prática da agricultura fosse possível.
>
> Contudo, também se deslocavam na tentativa de encontrar a Terra sem Mal, lugar onde não existiria sofrimento e para onde os bravos guerreiros seriam transportados após a morte.
>
> A crença de que essa terra mítica poderia ser encontrada ainda em vida era sustentada pelos pajés, que guiavam a tribo nos assuntos espirituais.

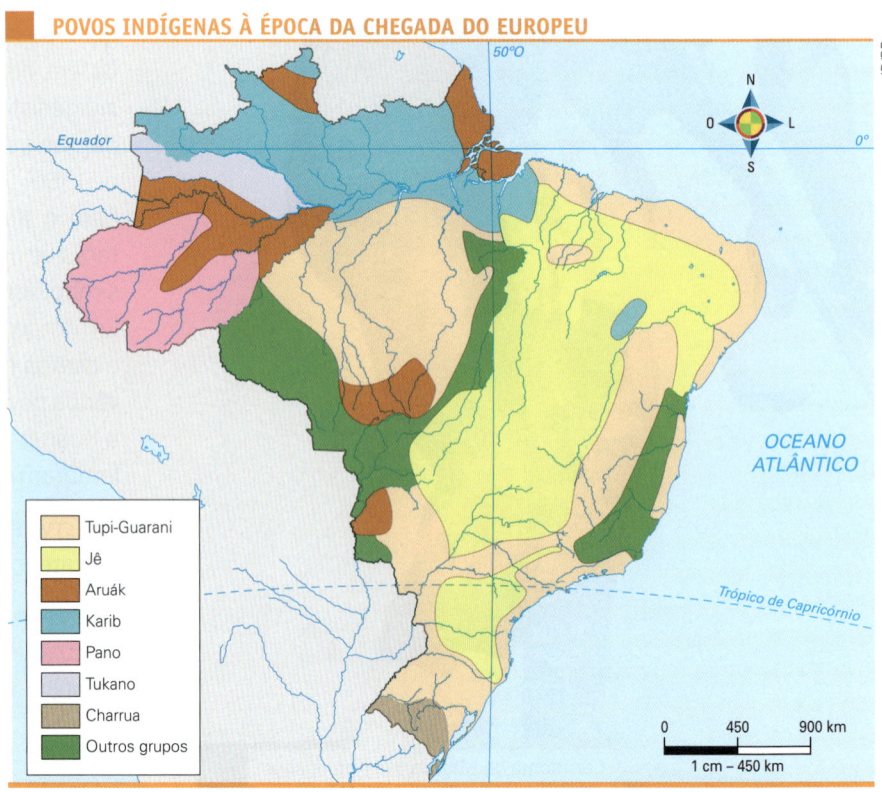

POVOS INDÍGENAS À ÉPOCA DA CHEGADA DO EUROPEU

- Tupi-Guarani
- Jê
- Aruák
- Karib
- Pano
- Tukano
- Charrua
- Outros grupos

Fonte de pesquisa: José Jobson de A. Arruda. *Atlas histórico básico*. São Paulo: Scipione, 1996. p. 35.

••• Uma sociedade guerreira

Os Tupi acreditavam que sua cultura era superior à dos demais indígenas, referindo-se a todos aqueles que não falavam a sua língua pelo termo genérico **tapuia**, que significa "bárbaro". Essa visão de um mundo dividido entre "nós" e "os outros" tinha a ver com seu espírito belicoso. Em geral, os Tupi consideravam os tapuias seus inimigos naturais. As guerras também eram frequentes entre os próprios Tupi. Aldeias que se aliavam numa ocasião podiam, tempos depois, se desentender e lutar entre si.

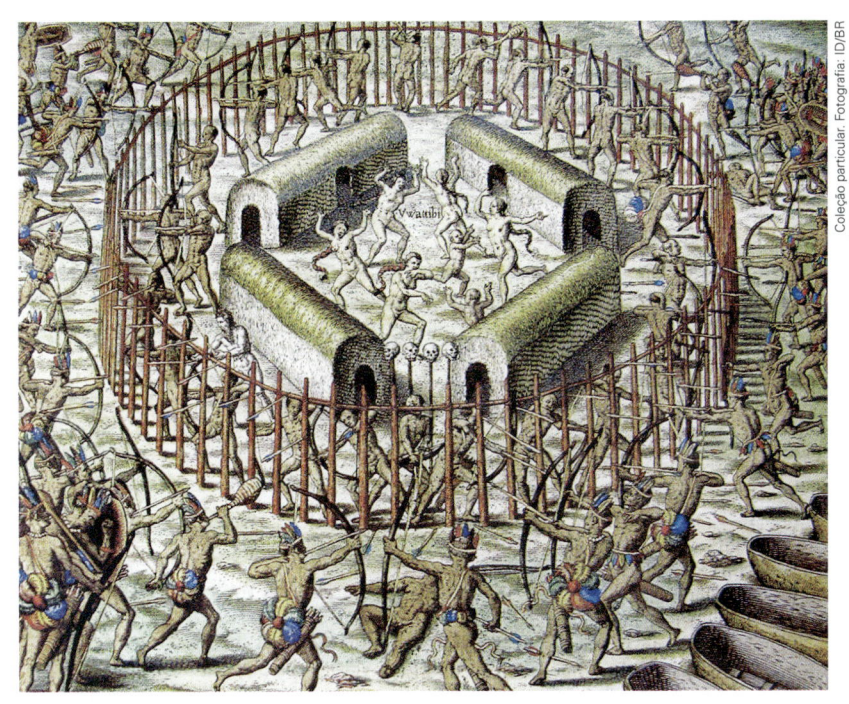

Os Tupinambá e os Tupiniquim, dois povos Tupi, consideravam-se inimigos, estando sempre em guerra. A gravura acima, de Théodore de Bry, 1557, ilustra um ataque tupiniquim a uma aldeia tupinambá.

Bravura e vingança

Na maioria das vezes, as guerras tupis estavam associadas à vingança e à honra, tendo pouca relação com a conquista de bens materiais. Seu principal objetivo era capturar inimigos para os **rituais de antropofagia**: os guerreiros aprisionados eram mortos, esquartejados e devorados no meio da aldeia por todos os vencedores. Esses povos acreditavam que, nesses rituais, tomavam para si a coragem e a bravura dos guerreiros devorados. Era também uma forma de garantir a entrada na Terra sem Mal. As tribos aliadas costumavam ser convidadas a participar desse ritual antropofágico, considerado uma ocasião de festa e união.

Essa rivalidade, que provocava frequentes conflitos, foi usada com habilidade pelos europeus, que a manipulavam de acordo com os seus interesses. A desunião facilitava a conquista pelos colonizadores.

GLOSSÁRIO

Belicoso: aquele que tem disposição para a guerra, que é combativo.

Pajé: sacerdote indígena capaz de curar doenças, comunicar-se com os espíritos e aconselhar os membros de seu grupo.

Tronco linguístico: conjunto de línguas que têm uma mesma origem.

Nem tudo é Tupi

Os Tupi do litoral foram os primeiros indígenas a travar contato com os europeus. Formavam o grupo nativo mais numeroso. Por isso, muitas vezes confunde-se a imagem do índio brasileiro com a do Tupi. Mas havia muitos outros povos indígenas habitando Pindorama em 1500.

No interior, viviam povos que falavam línguas dos troncos e famílias **Jê**, **Karib**, **Pano**, **Tukano** e **Aruák**, entre outras. Todos tinham costumes e crenças próprios, sendo chamados pelos Tupi-Guarani de tapuias.

Grande parte desses povos existe ainda hoje.

Meninas da etnia Kalapalo estudando na rede, Querência, MT. Fotografia de 2009.

••• A vida nas aldeias tupis

Entre os Tupi, os laços de família eram a base da vida tribal. Assim, todas as tarefas e festividades se organizavam de acordo com o sexo e os grupos de parentesco. Lado a lado, homens da mesma família caçavam, pescavam, construíam as moradias a cada migração, abriam clareiras para as plantações e guerreavam com os inimigos. As mulheres cultivavam as roças, cuidavam das crianças, cozinhavam e fabricavam utensílios de cerâmica. O produto do trabalho era repartido entre os membros da tribo, suprindo suas necessidades.

As aldeias

Geralmente, as aldeias tupis, chamadas **tabas**, eram circulares, cercadas por troncos de árvores para proteger seus moradores em caso de guerra. Dentro delas construíam-se casas enormes, as **ocas**. Essas ocas eram feitas de fibras vegetais e dispostas sobre uma armação de madeira, com piso de terra batida.

Nas ocas residiam famílias numerosas, com dezenas de pessoas, e seu formato variava de acordo com a tradição de cada povo. As ocas tupis eram compridas e cilíndricas.

Toda oca era comandada por um líder, chamado *principal*. Os principais de cada família tomavam juntos as decisões importantes para a aldeia. Assim, embora as tabas tivessem um chefe, o **morubixaba**, não havia um poder centralizado. Como coragem, resistência e habilidade nas batalhas eram qualidades importantes para os Tupi, um guerreiro só era aceito como morubixaba se provasse ser forte e corajoso.

> **Fonte de estudo sobre a moradia indígena**
>
> Um livro de Hans Staden, intitulado *Duas viagens ao Brasil*, foi publicado na Europa em 1557. É ilustrado com xilogravuras feitas a partir dos relatos de Staden sobre sua vinda ao Brasil e o período em que foi prisioneiro dos Tupinambá.

> **Verifique o que aprendeu** •••
> 1. Onde viviam os Tupi-Guarani no século XVI?
> 2. Quem eram os tapuias?
> 3. Qual era a principal razão para as guerras entre os Tupi-Guarani?
> 4. Como eram as aldeias tupis?

A COIVARA

Para fazer suas roças, os Tupi escolhiam uma área na mata. Depois, derrubavam e incendiavam os arbustos e a vegetação rasteira. Nos espaços abertos entre as árvores altas, cultivavam mandioca, tabaco, mamão e guaraná, entre outros vegetais. Quando o solo ficava desgastado, a roça era abandonada e a mata voltava a crescer, regenerando o solo. Essa técnica agrícola, chamada de **coivara**, ainda hoje é empregada em muitas regiões do país.

Os portugueses aprenderam com os Tupi a técnica da **queimada** para limpar a área de cultivo. Mas aplicavam-na em grandes extensões de terra, sem promover o descanso do solo. As queimadas, muito utilizadas nos dias de hoje, destroem as florestas, matam os animais e fazem secar as nascentes de água, tornando o solo infértil e contribuindo para o aquecimento global.

Desmatamento e queimada na área de Manacapuru, AM. Fotografia de 2010.

ATIVIDADES

1. Os povos indígenas, antes da chegada dos portugueses, viviam em paz entre si? Justifique sua resposta.

2. É correto afirmar que os Tupi-Guarani eram os únicos povos indígenas que habitavam o território do atual Brasil em 1500? Justifique sua resposta.

3. A partir do que você aprendeu neste módulo, responda às questões abaixo.
   a) Segundo a maioria dos estudiosos, qual é a região de origem dos Tupi-Guarani?
   b) Como era o modo de vida desses povos?
   c) Quanto à agricultura, qual era a diferença básica entre os Tupi e os Guarani?
   d) Que fatores podem ter levado os Tupi-Guarani a migrar para o litoral? Justifique sua resposta.

4. A ilustração abaixo representa uma aldeia tupi. Observe-a e responda às questões propostas.

Representação de aldeia tupinambá, Théodore de Bry, século XVI.

   a) Identifique os vários elementos que compõem a aldeia.
   b) Que meios de transporte estão representados? Para que eles seriam usados?
   c) Que motivo haveria para existir uma cerca que contorna toda a aldeia?

5. Os Tupi-Guarani exploravam o mesmo pedaço de terra durante muitos anos? Relacione a atitude dos indígenas no cultivo da terra com seus hábitos de moradia.

6. A técnica da coivara, que consiste em queimar a vegetação antes do plantio, foi incorporada aos costumes portugueses e continua sendo praticada, mas sem levar em conta os critérios de preservação ambiental pela qual se luta hoje em dia.
Discuta com seus colegas sobre os danos que uma queimada pode trazer ao ambiente.

7. O professor indígena Daniel Munduruku, da nação Munduruku, no Pará, é autor de muitos livros que abordam a questão indígena. Em um de seus livros, ele conta que, durante um trabalho realizado há alguns anos no interior do estado de São Paulo, um aluno evitou-o ao longo de todo o primeiro dia de atividades. No segundo dia, voltou acompanhado da mãe, pois queria fazer algumas perguntas, mas temia deixá-lo bravo. Nas palavras do autor:

> Procurei incentivá-lo a perguntar o que queria. Aos poucos ele foi se aproximando, pediu que eu me abaixasse e sussurrou-me ao ouvido:
> – É verdade que índio come gente? O senhor já comeu gente? Que gosto tem? Foi o senhor quem matou a pessoa? Era criança ou adulto? Tem o mesmo gosto da carne da vaca? O senhor não tem nojo?
> Andrezinho não quis saber as respostas. Saiu correndo, apontando o dedo para mim e repetindo para seus colegas:
> – Índio come gente... Índio come gente... Índio come gente.

Daniel Munduruku. *Histórias de índio*. São Paulo: Companhia das Letrinhas, 1998. p. 36.

   a) Por que o menino evitava ficar próximo a Daniel Munduruku?
   b) As ideias de Andrezinho correspondem a como os indígenas de fato agem na atualidade?

ARTE e CULTURA

Os artefatos indígenas

Para os povos indígenas, tanto na vida diária quanto nas atividades religiosas os objetos são feitos seguindo um padrão estético. Assim, as artes indígenas estão sempre relacionadas diretamente à vida social e cultural.

A expressão *artes indígenas* é a que melhor define a variedade de características dos objetos, danças e cantos que os diversos povos produzem. A arte feita com penas é uma das características do povo Ikpeng-Txikão, que vive numa região de matas e florestas com muitas aves. Já entre os Xavante, que vivem numa região de Cerrado onde espécies grandes de ave são raras, a principal característica artística é a pintura corporal.

Em comum, todas as artes indígenas possuem uma ligação com a natureza, demonstrando a importância do meio ambiente para esses povos.

Banco de madeira esculpida e cesto de fibra vegetal. Cultura wayana-apalay, do Pará.

Cocar da etnia txikão. O uso da arte plumária ou arte feita com penas de aves, na maior parte dos povos indígenas, é um privilégio masculino. Apenas os homens confeccionam essas peças, com as plumas das aves que eles mesmos caçam. Ao usar um cocar ou um enfeite de penas, o guerreiro demonstra seu poder e sua interação com a natureza.

Vaso de cerâmica feito por mulheres do povo kadiwéu, do Mato Grosso do Sul. As artesãs utilizam padrões que seguem um repertório rico de formas preenchidas com variadas cores.

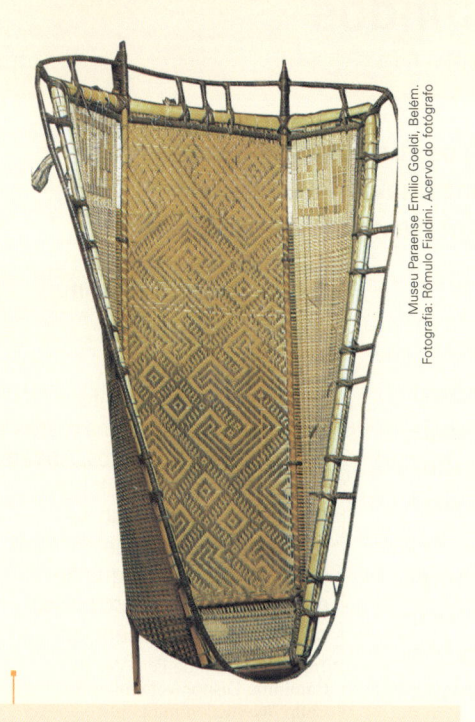

Museu Paraense Emílio Goeldi, Belém. Fotografia: Rômulo Fialdini. Acervo do fotógrafo

Alguns povos utilizam a argila para produzir esculturas em cerâmica. Um exemplo são as bonecas karajá litxoko, do Tocantins, que representam a figura humana com atributos culturais próprios.

Iandé/Casa das Culturas Indígenas. Fotografia: ID/BR

A utilização de fibras vegetais trançadas para a confecção de cestos, peneiras e caixas é comum na maioria dos povos indígenas. Contudo, a técnica que cada povo utiliza é diferente, assim como a matéria-prima, os padrões dos desenhos que ornamentam os objetos e o uso específico que é dado pelos diversos grupos.
A peneira de arumã, acima, foi fabricada pelos Sateré-Mawé, do Amazonas.

O corpo também serve de suporte para a arte indígena. Existem diferentes padrões de pinturas corporais entre os indígenas brasileiros, cada um com seu significado. A cena retrata criança Saterê-Maué sendo pintada. Aldeia Inhãa-bé, Manaus, AM. Fotografia de 2009.

Fabio Colombini/Acervo do fotógrafo

■ Atividades

1. Quais as origens dos materiais usados para a fabricação dos artefatos indígenas representados nas imagens?
2. Observe as imagens e responda: Que povos fazem desenhos de padrões geométricos?

MÓDULO 2 — O encontro entre dois mundos

Os portugueses do século XVI interpretaram e julgaram os costumes e valores indígenas com base nos seus. Na visão deles os nativos contrariavam a vontade de Deus e viviam em pecado. Portanto, os portugueses sentiam-se na obrigação de salvar as almas dos indígenas, trazendo-os para sua fé.

●●● Os primeiros contatos

Os primeiros contatos entre os indígenas e os recém-chegados foram marcados por um estranhamento mútuo. Afinal, para ambos, o "outro" era o "diferente". Supõe-se que os indígenas estranharam os rostos barbados dos portugueses, seus corpos cobertos de tecidos e sua fala incompreensível. Os portugueses também se impressionaram com a nudez dos nativos, seus rostos decorados com pinturas e seus hábitos, tão diferentes daqueles praticados pelos europeus. Segundo Pero Vaz de Caminha, indígenas e recém-chegados buscaram algum entendimento nesses contatos iniciais trocando presentes e saudações.

> **Os indígenas pelos olhos dos europeus**
>
> "A feição deles é serem pardos, um tanto avermelhados, de bons rostos e bons narizes, benfeitos. Andam nus, sem cobertura alguma. Nem fazem mais caso de encobrir ou deixar de encobrir suas vergonhas do que de mostrar a cara. Acerca disso são de grande inocência."
>
> Trecho da carta de Pero Vaz de Caminha. Disponível em: <http://www.dominiopublico.gov.br/download/texto/ua000283.pdf>. Acesso em: 12 ago. 2014.

Oscar Pereira da Silva. *Desembarque de Cabral em Porto Seguro (estudo)*, 1922. Óleo sobre tela.

Os indígenas e o pau-brasil

O pau-brasil é uma árvore encontrada na Ásia e na América. Sua madeira é muito resistente, e a resina cor de brasa extraída de suas fibras pode ser usada para fazer um excelente corante de tecidos.

No início do século XVI, havia muito pau-brasil na Mata Atlântica. Os indígenas conheciam suas qualidades: usavam a madeira para fazer arcos e flechas e a resina para pintar penas de aves, com as quais se enfeitavam.

Os europeus conheciam o pau-brasil asiático, muito apreciado na construção de móveis e embarcações. Mas o que conferia alto valor comercial ao pau-brasil do Ocidente era o corante vermelho, usado para tingir tecidos.

Ilustração do século XVI, de autor desconhecido, mostrando o tingimento de tecido com corante extraído de pau-brasil.

Explorando as árvores da América

Quando os portugueses chegaram ao litoral da América do Sul, encontraram vastas matas de pau-brasil e logo passaram a explorá-las. As tarefas de localizar as árvores, cortá-las e transportar as toras até as praias eram feitas pelos indígenas, que, em troca, recebiam objetos como facões, espelhos e contas de vidro. Esse sistema de troca é chamado de **escambo**.

Os portugueses haviam se estabelecido em feitorias no litoral. As feitorias eram verdadeiros armazéns fortificados, cercados geralmente por uma paliçada de madeira, onde as toras de pau-brasil eram guardadas, à espera dos navios que as levariam à Europa.

Os amigos dos inimigos

Atraídos pelos lucros oferecidos pelo comércio do pau-brasil, navios de países europeus concorrentes de Portugal passaram a fazer diversas incursões ao atual litoral brasileiro, aliando-se a tribos indígenas rivais daquelas que faziam escambo com os portugueses.

No século XVI, os **Tupinambá** aliaram-se aos franceses para combater seus inimigos, os **Tupiniquim**, aliados dos portugueses. Com a vitória portuguesa, os franceses foram expulsos e os Tupinambá, massacrados.

Indígenas serrando tronco de árvore de pau-brasil. Detalhe de mapa de Joannes van Keullen, 1683. *Atlas Zee-Fakkel*, Amsterdã, Holanda.

A força e a fé contra o nativo

Logo após a chegada dos portugueses, o escambo garantiu a força de trabalho necessária para a exploração do pau-brasil. Contudo, com a instalação de colonos e a introdução de atividades agrícolas, os colonizadores passaram a escravizar os indígenas. No princípio, os cativos eram os "índios de corda", capturados pelas tribos aliadas dos portugueses, que os trocavam por mercadorias e outras quinquilharias europeias. Posteriormente, no final do século XVI, expedições organizadas pelos colonos partiam para o interior com o objetivo de aprisionar nativos.

O indígena escravizado

A escravização dos indígenas foi restringida pela Coroa desde a segunda metade do século XVI. De acordo com uma lei de 1570, ela só era permitida nas **guerras justas**, travadas contra grupos hostis aos colonizadores. Contudo, em muitas regiões do Brasil o trabalho forçado indígena continuou sendo utilizado nos séculos seguintes, principalmente nas porções norte e central da Colônia. Os indígenas escravizados trabalhavam na agricultura, na pecuária e nas atividades extrativistas.

A catequização

A proibição da escravização indígena resultou, em parte, da pressão dos padres **jesuítas**, que pretendiam converter os nativos ao cristianismo.

Os jesuítas começaram a chegar ao Brasil em 1549. Eles fundaram colégios próximo às aldeias indígenas, onde se dedicaram à catequese. Mais tarde, dirigiram-se para o interior, em meio às matas, fundando aldeias cristãs que reuniam os indígenas da região – as **missões**. Nelas, os nativos eram cristianizados, submetidos a uma rígida disciplina de orações e trabalho, vivendo separados dos indivíduos considerados pagãos.

O fato de os padres utilizarem o trabalho dos indígenas nas missões, mas exigirem que a Coroa proibisse sua escravização, causava frequentes confrontos com os colonos.

A grande mortandade indígena

Ao longo dos séculos XVI e XVII, ocorreu no Brasil uma grande redução das populações nativas. Nações inteiras desapareceram vitimadas por **doenças** introduzidas pelos europeus, como a varíola e o sarampo, para as quais os indígenas não tinham resistência. As duras condições do trabalho escravo também foram responsáveis por numerosas mortes. Os grupos remanescentes fugiam, migrando para longe da costa, ou reagiam com violência à pressão do colonizador.

Padre Anchieta

Padre José de Anchieta (1534-1597) foi um jesuíta espanhol que participou da fundação do colégio de São Paulo (25 de janeiro de 1554), considerado embrião da cidade de São Paulo. Em sua atividade missionária, intermediou conflitos entre portugueses e indígenas e lutou contra os franceses por ocasião da invasão da Baía de Guanabara. Foi gramático, poeta, teatrólogo e historiador, compondo seus textos em quatro línguas: português, castelhano, latim e tupi.

Padre José de Anchieta retratado por Oscar Pereira da Silva. Detalhe de óleo sobre tela, século XX.

Verifique o que aprendeu

1. Como os europeus conseguiam fazer os indígenas trabalhar na exploração do pau-brasil?
2. Em que situação a Coroa portuguesa permitia o aprisionamento de indígenas?
3. Por que os jesuítas se opunham à escravização dos indígenas?
4. Por que algumas populações indígenas desapareceram após a chegada dos europeus?

ATIVIDADES

1. Observe a imagem abaixo. Ela mostra um detalhe de um mapa do litoral brasileiro elaborado no século XVI. Nele podemos ver a representação de indígenas e europeus.

   a) Descreva a imagem.

   b) Com base em que elementos é possível diferenciar indígenas de europeus?

   c) O que a maior parte dos indígenas está fazendo?

   d) Qual é a atitude dos europeus?

   e) Segundo a figura, qual grupo representava a maior parte da população nesse período?

Mapa de autoria de Jean Rotz. *The book of hydrography* (1542). Londres, Inglaterra.

2. O texto abaixo é trecho de um livro escrito em 1587 pelo português Gabriel Soares de Sousa, que emigrou para o Brasil, onde possuía um engenho de açúcar. Leia-o e resolva as questões.

   > Costumam os padres [jesuítas] irem pelas fazendas da Bahia e confessar a gente que por ela está espalhada nos engenhos e fazendas [...]. [Os padres] confessam os [...] índios da terra; [...] e fazem cristãos os que não o são; enfim trabalham para pô-los em bom estado e à volta destas boas obras perguntam-lhes na confissão como foram resgatados, e donde são naturais e se acham que não foi o resgate feito em forma, dizem aos índios que são forros e que não podem ser escravos, que se quiserem ir para suas aldeias que lá os defenderão, e farão pôr em sua liberdade, com o que fizeram e fazem fugir muitos escravos destes e os recolhem nas suas aldeias [jesuíticas], donde seus senhores os não podem mais tirar [...].
   >
   > Gabriel Soares de Sousa. *Capítulos*. Disponível em <http://objdigital.bn.br/acervo_digital/anais/anais_062_1940.pdf>. Acesso em: 12 ago. 2014.

   a) De que assunto trata o texto?

   b) O que significava para os donos dos escravos a ida dos indígenas para as aldeias dos jesuítas?

   c) No século XVII, foram frequentes os conflitos entre colonos e jesuítas. Com base no documento, explique as razões desses conflitos.

MÓDULO 3

Os indígenas brasileiros hoje

Expulsos de suas terras ou fugindo das doenças, da violência e da escravização, muitos povos indígenas se retiraram para locais distantes, principalmente a Amazônia. Outros, que já viviam em regiões afastadas do litoral, só fariam contato com os colonos muito tempo depois. Ainda hoje existem grupos que vivem isolados ou semi-isolados.

A influência indígena

Ao longo do tempo, várias comunidades indígenas adotaram o modo de vida dos colonizadores. Além de assimilarem elementos da cultura europeia, também foram responsáveis pela incorporação de muitos aspectos da sua cultura aos costumes nacionais. Exemplos disso são palavras de origem tupi, como *cutucão* e *jacaré*; receitas culinárias à base de mandioca e milho; o uso do chimarrão e da rede de dormir; diversos tratamentos medicinais à base de ervas, entre outras inúmeras contribuições.

Existem hoje cerca de 817 mil indígenas, divididos em 225 povos, distribuídos por diversas aldeias espalhadas pelo Brasil. A maioria está estabelecida em reservas indígenas, mas existem muitos deles vivendo em cidades.

A população indígena vem crescendo e está mais organizada para lutar por seus direitos.

Evolução da população indígena

- 1500: 4 milhões
- 1991: 294 mil
- hoje: 817 mil

Fonte de pesquisa: Instituto Socioambiental; IBGE – Censo 2010.

O número total de indígenas no Brasil é incerto. A Fundação Nacional do Índio (Funai) estima essa população em 817 mil, ao passo que o Instituto Socioambiental (ISA) considera que sejam cerca de 600 mil. Essa diferença de números pode estar relacionada a vários fatores, como a falta de registros de nascimento de muitos indígenas e a sua dispersão pelo país.

Aldeia do povo kalapalo, Parque Indígena do Xingu, MT. Fotografia de 2009.

●●● A demarcação das terras indígenas

Para que as comunidades indígenas possam preservar e perpetuar seus costumes e tradições, o governo brasileiro deve assegurar que elas não sejam expulsas das terras onde vivem e de onde extraem os recursos necessários à sua sobrevivência.

A regularização das terras indígenas se faz por meio da **demarcação**, a qual ocorre quando o Estado dá a posse legal de determinado território ao povo que nele vive. Contudo, mesmo depois de demarcadas, as terras indígenas precisam ser defendidas da invasão de pessoas ou grupos que desejam tomá-las à força ou explorar as riquezas ali existentes, como a madeira e os minérios (ouro e ferro, entre outros).

Com o objetivo de estabelecer uma política indigenista mais efetiva, o governo federal criou, em 1967, a Fundação Nacional do Índio (Funai). Entre suas atribuições está a defesa das comunidades nativas, a promoção da saúde e da educação dos indígenas, assim como a demarcação e proteção de suas terras. Para isso, a Funai deve estimular o desenvolvimento de estudos e levantamentos sobre os grupos indígenas.

São, atualmente, 608 áreas coletivas destinadas às comunidades indígenas no país, as chamadas Terras Indígenas (TI), que, juntas, correspondem a 13% do território nacional. A maior parte delas, 422, está localizada na Amazônia Legal.

O processo de demarcação desses territórios é o reconhecimento legal de que as áreas pertencem exclusivamente aos indígenas. Muitas dessas terras já receberam o documento oficial que garante definitivamente a propriedade indígena. Algumas, no entanto, foram apenas delimitadas, outras demarcadas. Há territórios que estão em fase de reconhecimento e outros totalmente irregulares.

As terras ocupadas pelos indígenas são frequentemente invadidas por não indígenas, ou são cortadas por estradas, linhas de transmissão e ferrovias, tornando-se motivo de disputa e de violentos conflitos.

Fonte de pesquisa: *Atlas geográfico escolar*. Rio de Janeiro: IBGE, 2007. p. 112.

Amazônia Legal

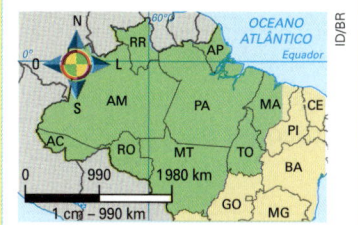

Fonte de pesquisa: *Atlas geográfico escolar*. Rio de Janeiro: IBGE, 2009. p. 103.

A Amazônia compreende territórios brasileiros e de outros países da América do Sul.

Para facilitar o planejamento econômico da região amazônica brasileira, o governo instituiu uma área conhecida como **Amazônia Legal**. A região compreende os estados do Acre, Amapá, Amazonas, Pará, Rondônia e Roraima, além de parte dos estados de Mato Grosso, Tocantins e Maranhão.

O território da Amazônia Legal corresponde a cerca de 60% do território nacional, aproximadamente 5 217 400 km².

AS TERRAS INDÍGENAS NO BRASIL (2005)

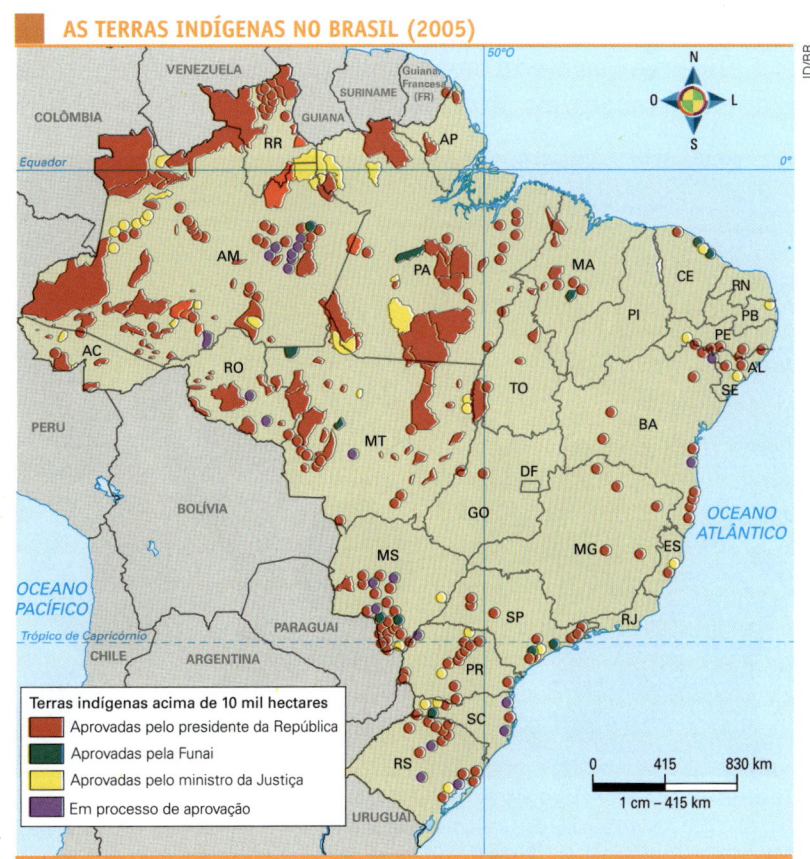

Terras indígenas acima de 10 mil hectares
- Aprovadas pelo presidente da República
- Aprovadas pela Funai
- Aprovadas pelo ministro da Justiça
- Em processo de aprovação

••• A luta indígena hoje

A Constituição de 1988 estabelece, como princípio, o respeito e a valorização da diversidade cultural, e garante aos povos indígenas o direito de viver conforme seus próprios **valores** e **tradições**.

Comunidades organizadas

O reconhecimento dos direitos indígenas foi uma das muitas conquistas que resultaram da **auto-organização** das comunidades indígenas. Seus líderes atuam hoje tanto em instituições governamentais quanto em organizações não governamentais – as ONGs –, promovendo diversos eventos nos quais os próprios indígenas têm poder de decisão.

A preservação de identidades

As organizações indígenas vêm trabalhando pela preservação e/ou retomada de suas **línguas** e **tradições**. Lutam, ainda, pela criação de escolas e redes culturais próprias, que respeitem sua **identidade**.

Entretanto, a luta política das comunidades nativas exige, muitas vezes, que seus membros participem da vida da sociedade não indígena. Assim, vários líderes indígenas têm se candidatado a cargos políticos, ingressado em universidades e buscado conhecimentos técnicos para depois retornarem a suas comunidades de origem e usarem em sua defesa o que aprenderam. Isso significa que, embora preocupados em preservar as tradições, a cultura indígena vive em permanente transformação.

Atuando na vida política nacional, os líderes indígenas têm participado diretamente das decisões que dizem respeito às suas comunidades de origem. Na imagem, indígenas na Assembleia Constituinte, em Brasília, 1988.

Respeito a um modo de vida

A formação de uma colônia portuguesa na América levou à expulsão dos povos indígenas das terras que habitavam. Atualmente, as áreas demarcadas como reserva indígena são questionadas por grupos econômicos que não aceitam a garantia de um espaço tão amplo para a manutenção do modo de vida dos índios.

I. Discuta com seus colegas as motivações para a defesa das reservas e as críticas dos que se opõem a essa política.

Verifique o que aprendeu •••

1. Por que a maioria dos povos indígenas remanescentes vive no interior do Brasil?
2. Cite exemplos da influência indígena na cultura brasileira.
3. Qual é o papel da Funai?
4. Por que a demarcação das terras indígenas é importante para as populações nativas?
5. Como as comunidades indígenas têm conseguido preservar a cultura?

ATIVIDADES

1. O texto abaixo faz parte de uma monografia sobre turismo publicada em 2003. Leia com atenção o trecho selecionado e responda às questões.

> Em uma ilha do rio Xingu distante 100 quilômetros do município de Altamira, a Cooperativa Mista de Produtores e Extrativistas – Campealta – inaugurou o Hotel Tataquara. Recursos e financiamentos foram conseguidos junto às ONGs internacionais. A Cooperativa é formada por 1 200 índios de nove tribos.
>
> As instalações são ecologicamente corretas, abastecidas por energia solar e com sistemas de tratamento de efluentes. Os lucros da exploração turística serão utilizados na fiscalização das terras indígenas, contribuindo assim para a preservação da floresta.
>
> Tharso Padilha Nogueira. Agroturismo: implantação e desenvolvimento de uma modalidade de turismo no espaço rural. 2003. 33f. Monografia apresentada ao Centro de Excelência em Turismo da Universidade de Brasília, Brasília. 2003. p. 18.
> Disponível em: <http://bdm.bce.unb.br/bitstream/10483/239/3/2003_TharsoPadilhaNogueira.pdf>. Acesso em: 12 ago. 2014.

a) Como a cooperativa obteve recursos para montar o empreendimento?

b) Em que os recursos obtidos com o empreendimento seriam aplicados?

c) Você é favorável a que as comunidades indígenas explorem economicamente suas terras? Argumente em favor da sua opinião.

2. Leia o texto a seguir e resolva as questões.

> "... Nós índios aprendemos desde cedo com nossos pais a nos orientar na mata, pelo sol e pela água dos rios e igarapés. Quando nós vamos caçar, nós nos orientamos pelo sol: pelo nascente do sol e pelo poente do sol. Sabendo que nossa casa fica na direção do poente, já fica difícil nos perdermos na mata, pois marcamos a direção que o sol se põe para caminharmos.
>
> Nas nossas aldeias, quem conhece mais os meios de orientação são os mais velhos. Dependendo do seringal em que eles moram e da colocação, eles sabem onde existem mais caças, o que facilita matar mais rápido. Os velhos sabem os nomes dos igarapés e onde esses igarapés nascem e põem suas águas em outros igarapés maiores."
>
> Joaquim Mana Kaxinawá. "Os meios de orientação – sol e água" – Macedo, Ana V. L. S. & Grupioni. Estratégias pedagógicas: a temática indígena e o trabalho na sala de aula. Em: Aracy L. Silva; Luis D. B. Grupioni (Orgs.). *A temática indígena na escola*: novos subsídios para professores de 1º e 2º graus. Brasília: MEC-MARI-Unesco, 1995. p. 552.

a) Descreva como é a relação dos indígenas com a natureza.

b) Imagine que em sua cidade não existissem ruas. Seguindo o método de orientação dos indígenas, como você localizaria sua casa e sua escola? Faça um desenho representando onde estaria cada um desses lugares.

3. A rede de dormir é herança cultural dos indígenas. Observe a imagem ao lado e responda às questões.

a) A rede parece ser feita de que material?

b) Em sua opinião, que vantagens a adoção das redes de dormir traz para os povos indígenas?

Índia brincando com criança. Aldeia Aiwa Kalapalo, Querência, MT. Fotografia de 2009.

APRENDER A...

Ler e interpretar gráficos

Numa pesquisa realizada em 2010 sobre a população brasileira, o Instituto Brasileiro de Geografia e Estatística (IBGE) descobriu que existiam 160 879 708 pessoas vivendo nas cidades. Será que esse número pode ser considerado expressivo?

Para responder a essa questão, precisamos de outras informações. Por exemplo, devemos saber que, no mesmo ano, 29 852 986 pessoas habitavam a zona rural. Sabendo que 29 milhões é um número muito menor que 160 milhões, podemos ter uma ideia da desproporção entre moradores do campo e da cidade.

Para facilitar essa comparação, o IBGE usou as informações acima para construir um desenho representando a distribuição da população pelas áreas urbanas e rurais. Observe-o.

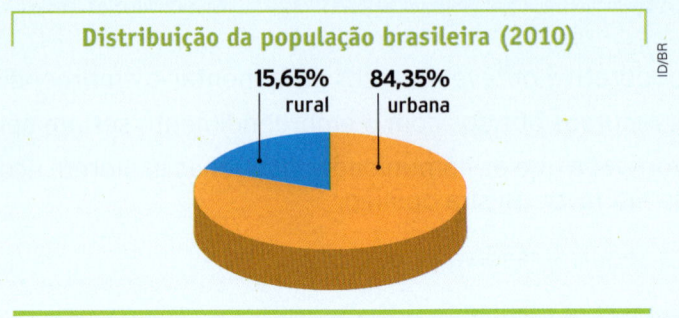

Distribuição da população brasileira (2010)

15,65% rural
84,35% urbana

Fonte de pesquisa: IBGE. Censo 2010.

Você deve ter percebido que com o desenho ficou mais fácil comparar a quantidade de brasileiros que viviam nas cidades e no campo. Esse tipo de desenho é conhecido como **gráfico**.

> Os **gráficos** representam, com volumes, formas, linhas e cores, as informações que queremos registrar ou comparar. Assim, fica mais simples entender quais são as possíveis relações entre as várias informações.

● Definição dos componentes de um gráfico

Os gráficos podem ser apresentados em diversos formatos: gráficos de coluna ou de barra, de linha, em forma de *pizza* (como o exemplo visto), entre outros.

Para compreender um gráfico é preciso prestar atenção às informações que estão contidas nele e à forma como elas estão sendo representadas.

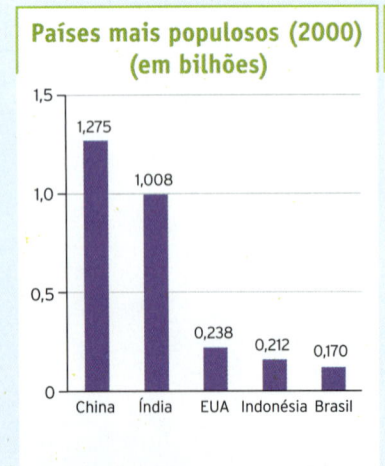

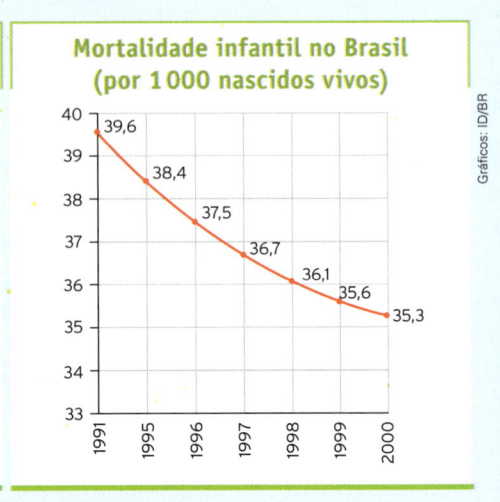

Países mais populosos (2000) (em bilhões)
- China: 1,275
- Índia: 1,008
- EUA: 0,238
- Indonésia: 0,212
- Brasil: 0,170

Trabalho infantil no Brasil (em %)
- 1995: 18,7
- 2001: 12,7
- 2005: 12,2
- 2006: 11,1

Mortalidade infantil no Brasil (por 1 000 nascidos vivos)
- 1991: 39,6
- 1995: 38,4
- 1996: 37,5
- 1997: 36,7
- 1998: 36,1
- 1999: 35,6
- 2000: 35,3

Fonte de pesquisa: IBGE. Censo 2000.

Identificação de informações

O gráfico apresentado a seguir foi produzido pelo Instituto Socioambiental (ISA) e pelo Instituto Brasileiro de Opinião Pública e Estatística (Ibope), com base em entrevistas realizadas com uma amostra de duzentas pessoas, entre 24 e 28 de fevereiro de 2000. A pergunta feita aos entrevistados foi: "Qual destas frases melhor expressa a sua opinião sobre o futuro dos indígenas brasileiros?".

Frase 1 – Vão continuar nas suas terras e preservar a sua cultura.
Frase 2 – Vão continuar nas suas terras e esquecer a sua cultura.
Frase 3 – Vão viver nas cidades e assimilar a cultura dos brancos.
Frase 4 – Vão viver nas cidades sem assimilar a cultura dos brancos.
Frase 5 – Não sabe/não opinou.

As respostas obtidas foram assim representadas.

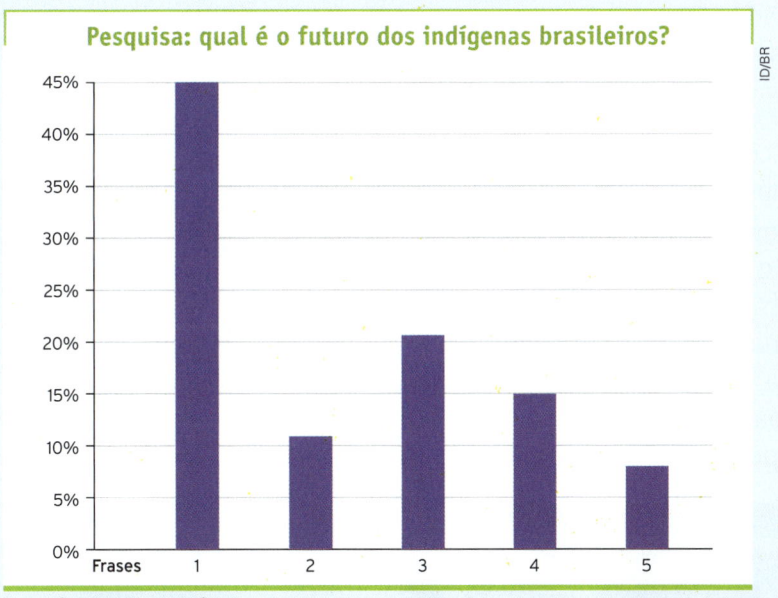

Pesquisa: qual é o futuro dos indígenas brasileiros?

Frases	1	2	3	4	5
%	45%	11%	21%	15%	8%

Fonte de pesquisa: ISA/Ibope.

Esse gráfico, um dos tipos mais utilizados, baseia-se em duas linhas.
- Uma linha **horizontal**, onde estão registradas as cinco frases da pesquisa.
- Uma linha **vertical**, que representa, nesse caso, a quantidade percentual de pessoas que escolheram cada uma das cinco frases.

Observando o gráfico, podemos perceber sem esforço que o número de pessoas que escolheu a frase 1, isto é, que acreditam que os indígenas vão continuar nas suas terras e preservar a sua cultura, é muito maior do que os que escolheram as demais frases.

> A **leitura de um gráfico** não se limita, porém, a observar tamanhos, formas e cores. Somando dados ou analisando e cruzando informações, podemos chegar a várias conclusões.

Tome como exemplo o gráfico reproduzido acima e responda.

1. Qual foi a segunda frase mais escolhida?
2. Qual foi a porcentagem total das pessoas que acreditam que os indígenas vão viver em cidades?
3. Qual foi a porcentagem total das pessoas que acreditam que os indígenas vão perder sua cultura?

DOSSIÊ

O trabalho na sociedade indígena

Alguns relatos feitos por europeus que vieram para a América nos séculos XVI e XVII descreviam os ameríndios como indolentes e resistentes ao trabalho. A ideia de que o indígena era preguiçoso persistiu no Brasil por muito tempo. Historiadores do século XIX a utilizaram para explicar por que os portugueses decidiram substituir o trabalho do indígena pelo do africano.

O paraíso abaixo do Equador

A ideia do indígena preguiçoso foi criada a partir da maneira como os europeus viam a América e seus habitantes.

Em muitos textos escritos pelos viajantes do século XVI, o Novo Mundo era associado ao Paraíso bíblico. Nessa terra sem neve nem frio intenso, de natureza exuberante e com fartura, os nativos não precisariam se esforçar para conseguir aquilo de que necessitavam, pois tudo estava à mão. Não por acaso, quando os europeus queriam representar cenas da América em desenhos e gravuras, a imagem dos povos indígenas se assemelhava às figuras de Adão e Eva.

A ideia sobre a preguiça era reforçada pela diferença de costumes e valores entre os nativos e os europeus. Os ameríndios usavam o tempo com total liberdade. Esse fato, associado à nudez, à fartura de alimentos e à importância que os indígenas davam ao canto e à dança, acabava fazendo que os europeus imaginassem a América como uma terra de prazeres. De acordo com essa visão, o trabalho não teria lugar nas terras que ficavam abaixo da linha do Equador.

Trabalho e coletividade

Na verdade, ao contrário do que pensava o europeu, o trabalho não só fazia parte do mundo indígena, como tinha enorme importância.

A América idealizada por José Theophilo de Jesus na obra *Alegoria dos quatro continentes – América*. Óleo sobre tela, século XIX.

Na maior parte das sociedades ameríndias, a satisfação das necessidades da comunidade é responsabilidade de todos, e os grupos de parentesco formam "equipes de trabalho". Nelas, as tarefas são divididas de acordo com o gênero e a idade, de modo que há atividades realizadas somente pelos homens, como a caça e a pesca, e outras atribuídas exclusivamente às mulheres, como a agricultura e a cerâmica. Assim, também existem tarefas que cabem aos mais jovens e as que são responsabilidade dos mais velhos. Ninguém invade a atividade do outro, e tudo o que o grupo produz é repartido igualmente entre todos. Em muitas comunidades indígenas era assim em 1500 e continua assim até hoje.

Isso não significa que trabalhem pouco. Ao contrário, a vida na aldeia começa com o nascer do sol e grande parte do dia é consumida em atividades como a confecção das armas de caça, a construção de malocas, o cultivo e a preparação de alimentos. O restante do tempo é dedicado às festas e aos eventos coletivos, extremamente importantes para a preservação dos laços comunitários.

Quando os portugueses passaram a exigir que os indígenas trabalhassem na produção agrícola, atribuindo aos homens tarefas que, para eles, eram exclusivamente femininas, os nativos se rebelaram. Como resposta, os europeus não hesitaram em usar a violência para forçá-los a trabalhar, escravizando muitos povos.

Somente o necessário

Além disso, a ideia da acumulação não existe nas sociedades indígenas. A grande maioria das comunidades indígenas só produz ou retira da natureza o fundamental à sua sobrevivência. Para eles, não existe lógica em alguém ter mais do que precisa. Portanto, não há razão para continuar trabalhando quando as necessidades do grupo já foram satisfeitas.

Negociantes fazem a contagem de um "lote" de indígenas escravizados. Gravura de E. Meyer, c. 1820-1823.

■ Discussão sobre o texto

1. Por que os portugueses criaram a figura do indígena preguiçoso?
2. Na maioria das comunidades indígenas, como é a divisão de trabalho entre os membros de uma aldeia? E a divisão do produto do trabalho?
3. Por que os indígenas se recusaram a trabalhar nas plantações dos portugueses?
4. Como os portugueses reagiram diante dessa recusa?

FAZENDO HISTÓRIA

Os indígenas segundo os europeus

1. O trecho a seguir foi extraído do *Tratado descritivo do Brasil*, escrito por Gabriel Soares de Sousa, colonizador português e dono de engenho que viveu na Bahia, no final do século XVI. Leia-o com atenção e depois responda às questões.

   > [...] faltam-lhes três letras das do ABC, que são F, L, R grande ou dobrado, coisa muito [interessante] para se notar; porque, se não têm F, é porque não têm fé em nenhuma coisa que adorem; nem os nascidos entre os cristãos e doutrinados pelos padres da Companhia têm fé em Deus Nosso Senhor, nem têm verdade, nem lealdade a nenhuma pessoa que lhes faça bem. E se não têm L na sua pronunciação, é porque não têm lei alguma que guardar, nem preceitos para se governarem; e cada um faz lei a seu modo, e ao som da sua vontade; sem haver entre eles leis com que se governem, nem têm leis uns com os outros. E se não têm esta letra R na sua pronunciação, é porque não têm rei que os reja, e a quem obedeçam, nem obedecem a ninguém, nem ao pai o filho, nem o filho ao pai, e cada um vive ao som da sua vontade [...].
   >
   > Gabriel Soares de Sousa. *Tratado descritivo do Brasil em 1587*. São Paulo: Nacional-Edusp, 1971. p. 302.

   a) Para o autor, F, L e R são letras que indicam quais instituições?

   b) Com base em seus conhecimentos de História, você avaliaria a suposição de Gabriel Soares de Sousa como correta ou não? Por quê?

   c) A gravura que você vê na atividade 2 reforça ou contraria as suposições de Gabriel Soares de Sousa? Explique.

2. Observe a imagem abaixo. É uma gravura do século XVI, que ilustra os relatos do francês Jean de Lery sobre sua viagem ao Brasil.

   Reprodução de gravura de Théodore de Bry mostrando indígenas e figuras demoníacas. Ilustração do livro de Jean de Lery, *Voyage au Brésil*. Frankfurt, 1952. v. 3. p. 223.

   a) Além dos indígenas e dos europeus, há personagens imaginárias representadas na gravura. Identifique-as.

   b) O que as personagens imaginárias estão fazendo?

   c) Essa gravura ajuda a construir uma imagem positiva ou negativa da América? Por quê?

   d) Considerando o que você sabe sobre a cultura europeia dos séculos XV e XVI, como podemos explicar essa visão do continente americano?

LENDO HISTÓRIA

Antes de ler
- De onde esse texto foi retirado? De que época ele é?
- Lendo o título, do que você imagina que o texto vai tratar?

Mato Grosso do Sul concentra assassinatos de indígenas

Pelo quinto ano consecutivo, o estado do Mato Grosso do Sul concentrou a maioria dos assassinatos de indígenas no país. Dos 60 assassinatos registrados em 2009, 33 ocorreram no Mato Grosso do Sul.

Todas as vítimas são Guarani Kaiowá [...]. Os dados fazem parte do *Relatório de Violências Contra Povos Indígenas 2009*.

Conflitos fundiários se destacam como causa central para o quadro de violência no Mato Grosso do Sul, avalia a antropóloga Lúcia Helena Rangel, que coordenou a elaboração do relatório. "Às vezes, não há relação direta entre o conflito e o episódio de violência. Mas analisando todas as situações que levantamos em todos os relatórios, vemos que o conflito é a base." [...]

A antropóloga [...] informa que a população Guarani é muito grande, por volta de 45 mil pessoas, e as áreas demarcadas são muito pequenas. "Algumas áreas indígenas estão dentro de fazendas e os índios não conseguem viver do seu modo. Isso gera muitas tensões e conflitos até entre os próprios índios."

De acordo com a coordenadora do estudo, existe uma reação contrária a qualquer trabalho que vise à demarcação de Terras Indígenas (TIs) no estado – tanto por parte dos fazendeiros quanto por parte do próprio governo estadual. "Nos últimos dez anos, houve um aumento na área do agronegócio. Com a cana e a produção do etanol, há uma fome de produção do etanol que não admite respeitar os direitos dessas unidades sociais. Eles querem que os índios acabem, fiquem confinados. Nós consideramos que o caso do Mato Grosso do Sul é de genocídio", complementa.

As comunidades Guarani Kaiowá também foram as vítimas mais frequentes de tentativas de assassinato. Foram oito casos – metade dos 16 casos contabilizados no Brasil todo. Em seis desses casos, há relação direta com a disputa pela terra ou pelos recursos naturais do local [...].

A maioria das ameaças de morte registradas (12 entre 19) também tem relação direta com conflitos. Em vários casos, são os caciques das comunidades que recebem as ameaças. Além disso, há casos de prisões arbitrárias de lideranças indígenas. Os estados mais problemáticos neste ponto são Pernambuco e Bahia, assim como Maranhão e Mato Grosso do Sul.

Bianca Pyl. Mato Grosso do Sul concentra assassinatos de indígenas. *Site* da ONG Repórter Brasil. Disponível em: <http://www.reporterbrasil.org.br/exibe.php?id=1771>. Acesso em: 12 ago. 2014.

De olho no texto

1. De acordo com o texto, qual é a causa da violência sofrida pelos Guarani Kaiowá na região do Mato Grosso do Sul?
2. Como o governo estadual tem agido em relação à demarcação das terras indígenas no estado?
3. Procure no dicionário o significado do termo genocídio. Depois, explique por que os antropólogos e movimentos sociais usam esse termo para se referir a fatos semelhantes ao ocorrido com os Guarani Kaiowá.
4. Relacione a notícia acima à situação dos direitos das comunidades indígenas do Brasil.
5. Compare os conflitos atuais entre indígenas e brancos com aqueles que ocorriam à época da colonização. Considere as razões dos conflitos, a posição das autoridades diante deles, as pessoas envolvidas e a reação da sociedade.

QUESTÕES GLOBAIS

1. Resolva as questões a seguir sobre o modo de vida dos povos tupi-guarani.
   a) Qual era a técnica utilizada para a construção de suas casas?
   b) Como cultivavam a terra?
   c) Relacione o modo de vida seminômade dos indígenas com as técnicas criadas por eles para a construção de casas e cultivo das terras.

2. O depoimento a seguir foi dado por André Baniwa. Indígena do povo baniwa, cresceu em uma comunidade às margens do rio Negro, próxima à cidade de São Gabriel da Cachoeira, no norte do estado do Amazonas, onde está envolvido na luta em defesa das comunidades indígenas. Leia o texto e responda às questões.

   > O orgulho de um Baniwa é ser também um bom flechador de peixes. Sinto muito falta disso, pois meus filhos estão na cidade. [...] Eles não estão na escola que eu estou defendendo. Pode ser que um dia eu os mande para a escola baniwa e continuarão a entender melhor a luta assim. Enquanto isso mantenho a língua indígena para falar com eles. Tentamos também não comer apenas as coisas da cidade. E tento transmitir nossos conhecimentos.
   >
   > É preciso fortalecer e avaliar a tradição. Em: *Povos indígenas no Brasil 2001/2005*. São Paulo: Instituto Socioambiental, 2006. p. 23.

   a) De acordo com o que você aprendeu neste capítulo, que escola André está defendendo?
   b) Por que André mantém a língua indígena para falar com seus filhos?

3. Os jesuítas, nos séculos XVI a XVIII, e o governo brasileiro, a partir do século XX, tomaram várias atitudes para proteger os indígenas. Compare algumas dessas medidas protetoras, apontando suas semelhanças e diferenças.

4. Com base no texto abaixo, comente as consequências do desmatamento e da degradação ambiental para as populações indígenas.

   > Os principais problemas enfrentados nas aldeias da cidade de São Paulo, decorrentes da perda de território, são a falta de alimentos e de recursos naturais; falta de local para cultivo de roças – porque as terras são muito pequenas; dificuldades de obtenção de caça e pesca, e a deterioração da qualidade da água.
   >
   > Depoimento de José Fernandes Karai Poty. Em: *Aldeias Guarani Mbya na Cidade de São Paulo*. São Paulo: Studio RG – Associação Guarani Tenonde Porá, 2006. p. 31.

PARA SABER MAIS

Livros

Contos indígenas brasileiros, de Daniel Munduruku. São Paulo: Global, 2004.
Contos que enfatizam a diversidade cultural das comunidades indígenas.

Os antigos habitantes do Brasil, de Pedro Paulo A. Funari. São Paulo: Unesp, 2002.
Mostra como a população indígena vivia antes da chegada dos portugueses. As ilustrações ajudam na compreensão dos hábitos cotidianos desses povos.

Sites

<http://www.socioambiental.org> *Site* do Instituto Socioambiental.
Contém informações atualizadas sobre diversas ações relacionadas aos povos indígenas. Acesso em: 12 ago. 2014.

<www.funai.gov.br> *Site* da Fundação Nacional do Índio.
Site do órgão do governo brasileiro que estabelece e executa a política indigenista de acordo com o que determina a Constituição brasileira. Acesso em: 12 ago. 2014.

••• Síntese

O povo de Pindorama
- Os Tupi viviam na região litorânea
- Eram guerreiros e praticavam rituais antropofágicos
- Dedicavam-se à agricultura, caça, pesca e coleta
- Para fazer suas roças, utilizavam a técnica da coivara
- Viviam em tabas protegidas por paliçadas, onde construíam ocas. Dispostas em círculo, as ocas abrigavam dezenas de pessoas

O encontro entre dois mundos
- No início, a relação foi cordial
- Por meio do escambo, os indígenas faziam o corte e o transporte do pau-brasil
- Milhões de indígenas morreram por causa das guerras, da escravidão e das doenças trazidas pelos colonizadores
- Os indígenas eram catequizados pelos jesuítas nas missões

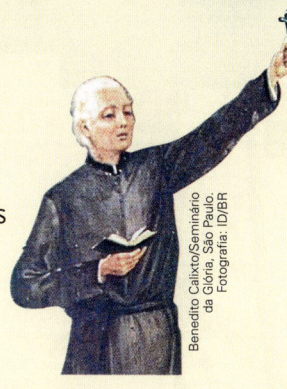

Os indígenas brasileiros hoje
- Muitos indígenas se afastaram do litoral para escapar das doenças e da violência da escravização
- Hoje, existem cerca de 817 mil indígenas espalhados em aldeias pelo país, a maioria no interior
- Muitos grupos nativos assimilaram elementos da cultura não indígena, que, por sua vez, também foi influenciada pelos costumes e tradições indígenas
- A questão da terra ocupa lugar central na luta indígena atual
- As sociedades indígenas têm assimilado os códigos não indígenas para lutar pela sua identidade

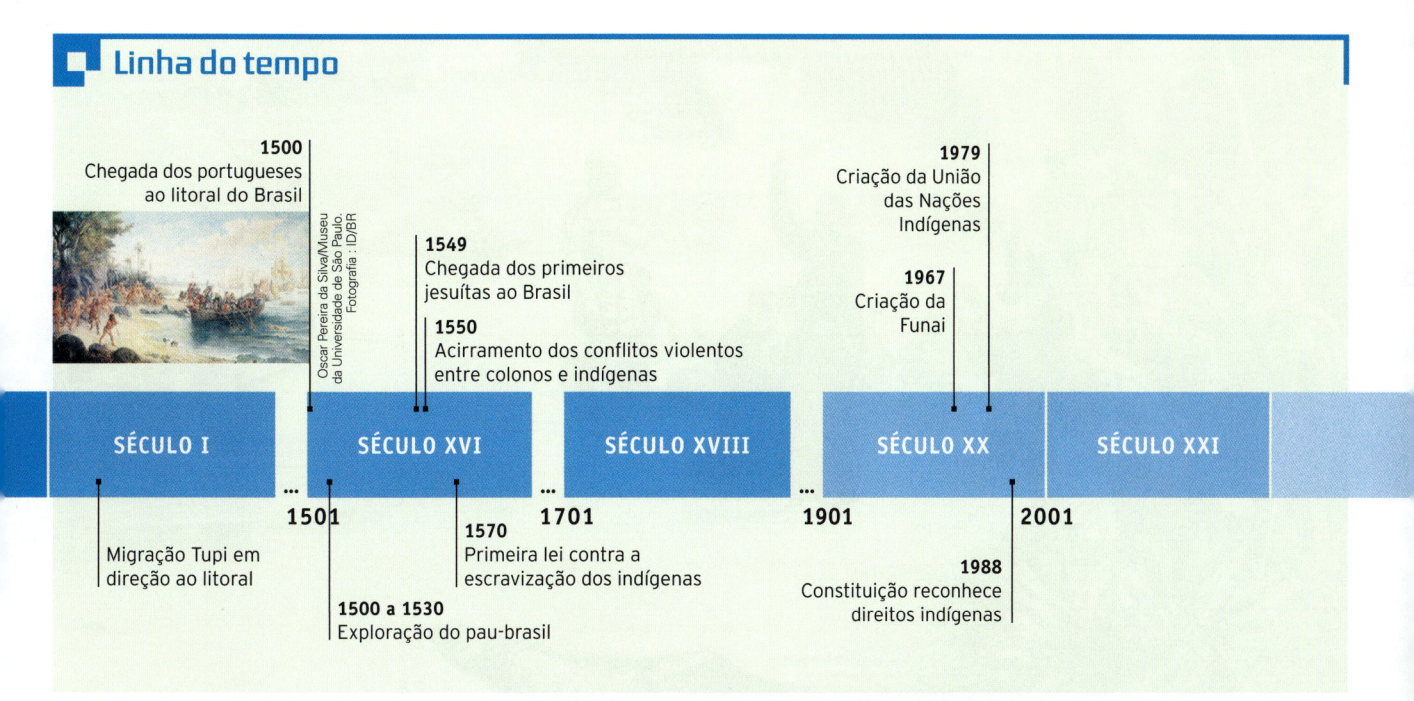

Linha do tempo

SÉCULO I
- Migração Tupi em direção ao litoral

SÉCULO XVI (1501)
- 1500: Chegada dos portugueses ao litoral do Brasil
- 1500 a 1530: Exploração do pau-brasil
- 1549: Chegada dos primeiros jesuítas ao Brasil
- 1550: Acirramento dos conflitos violentos entre colonos e indígenas
- 1570: Primeira lei contra a escravização dos indígenas

SÉCULO XVIII (1701)

SÉCULO XX (1901)
- 1967: Criação da Funai
- 1979: Criação da União das Nações Indígenas
- 1988: Constituição reconhece direitos indígenas

SÉCULO XXI (2001)

A conquista de novos territórios significava para os colonizadores europeus riqueza e fortalecimento de sua política mercantilista. Os países ibéricos haviam dividido entre si o novo continente, e isso não agradou às demais potências europeias.

A partir do início do século XVI, franceses, ingleses e holandeses vieram em direção à América para conquistar terras e obter lucros. Esse foi um dos motivos que levaram portugueses e espanhóis a proteger e colonizar seus territórios.

Metrópoles e Colônias na América

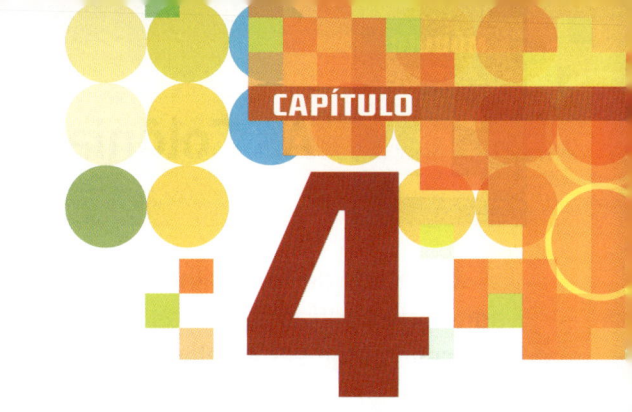

CAPÍTULO 4

Benedito Calixto. *Partida de Estácio de Sá para São Vicente em 1565*. 1913. Óleo sobre tela. Palácio São Joaquim, Rio de Janeiro. Fotografia: ID/BR

Padre Manuel da Nóbrega abençoa os viajantes que partem do Rio de Janeiro em direção à vila de São Vicente, no atual estado de São Paulo.

O QUE VOCÊ VAI APRENDER

- A conquista e a colonização da América pelos europeus
- A administração nas colônias inglesas, francesas, espanholas e portuguesa
- A cristianização da América portuguesa

CONVERSE COM OS COLEGAS

A tela representada ao lado é do início do século XX, mas retrata um episódio da história brasileira ocorrido em 1565. Na imagem, o português Estácio de Sá deixa o litoral do Rio de Janeiro em direção à vila de São Vicente, no atual estado de São Paulo, para combater os franceses que haviam invadido e ocupado parte da costa. Na praia, o padre Manuel da Nóbrega abençoa os viajantes, em especial o padre José de Anchieta, que acompanhou Estácio de Sá.

1. Observe a edificação do lado esquerdo da tela.
   a) Quais elementos a compõem?
   b) Qual seria a função dessa construção?
   c) Você já viu alguma construção semelhante?
   d) Por qual motivo essa edificação estaria tão próxima ao mar?

2. Observe as pessoas retratadas:
   a) Descreva as pessoas que aparecem na imagem.
   b) O padre Manuel da Nóbrega está em pé com o braço direito levantado, e o padre José de Anchieta, de joelhos. Por que eles estão representados dessa forma? Como se comportam os que estão a sua volta?
   c) Você acha que essa atitude do padre era importante para os viajantes?

MÓDULO 1

As Colônias americanas

O Tratado de Tordesilhas, que dividiu o mundo entre portugueses e espanhóis, não agradou às outras potências europeias. Alguns anos após o início da colonização ibérica, franceses, ingleses e holandeses também buscaram se estabelecer na América.

••• Disputas pelo Novo Mundo

A política econômica mercantilista que vigorava na Europa foi a grande responsável por impulsionar as Grandes Navegações, que se iniciaram no século XV, em direção ao oceano Atlântico.

Antes das Grandes Navegações, o comércio europeu concentrava-se no Velho Mundo. Com as terras recém-descobertas, abriram-se novas possibilidades de enriquecimento.

Colonizador × colonizado

Portugal e Espanha não foram os únicos países europeus a investir na conquista da América. Outros países contestaram a divisão do território imposta pelo Tratado de Tordesilhas e também passaram a explorar as terras do Novo Mundo.

Ao colonizar o Novo Mundo, os europeus pretendiam adquirir metais preciosos (ouro e prata) e produtos tropicais com alto valor de troca. A partir disso, intensificou-se a relação de dominação entre as nações colonizadoras europeias (**Metrópoles**) e as regiões ocupadas do Novo Mundo (**Colônias**).

Essa conquista causou choques com as populações indígenas e problemas gerados pela escravização de populações africanas. O processo foi também marcado por conflitos entre colonizadores franceses, ingleses, portugueses e espanhóis.

COLÔNIAS FRANCESAS, INGLESAS E HOLANDESAS NAS AMÉRICAS (SÉCULO XVII)

Possessões coloniais:
- Britânicas
- Holandesas
- Francesas

Fonte de pesquisa: *Atlas histórico*. Madri: SM, 2005. p. 84.

●●●● A colonização inglesa

Os ingleses ocuparam territórios do Novo Mundo apenas no século XVII. Foram várias tentativas de colonizar a atual América do Norte desde 1585, e todas fracassaram por causa da resistência dos povos indígenas que habitavam a região. A primeira colônia inglesa só foi fundada em 1607 e recebeu o nome de Virgínia.

Várias levas de ingleses começaram a chegar, a partir de então, para povoar e explorar a Colônia. Alguns eram camponeses que haviam sido obrigados a deixar o campo devido aos cercamentos. Outros fugiam de guerras e perseguições religiosas provocadas pelos anglicanos, que hostilizavam calvinistas e católicos.

> **GLOSSÁRIO**
>
> **Cercamento:** política de distribuição das terras comunais da Inglaterra, antes utilizadas por camponeses, para os grandes proprietários rurais e que durou do século XVI ao XVIII. Essa política visava abrir espaço para a criação de ovelhas, que forneceriam lã para a produção de tecidos.

As Treze Colônias inglesas

O povoamento da América do Norte teve início no litoral atlântico com a fundação de treze colônias.

Nas **colônias do sul**, por causa do solo e do clima favoráveis à agricultura, foram implantados latifúndios monocultores com a produção destinada à exportação. A mão de obra utilizada era a escrava, e os produtos mais cultivados eram o tabaco e o algodão. Essas colônias tinham uma relação mais próxima e dependente da Inglaterra.

As **colônias do norte e do centro** desenvolveram comércio e manufatura internos, um traço marcante da colonização de povoamento. A agricultura era praticada em pequenas e médias propriedades familiares, com produções variadas. Essas colônias também eram conhecidas como **Nova Inglaterra**.

Houve um grande desenvolvimento econômico das Treze Colônias, sobretudo nas do norte. Nas primeiras décadas do século XVIII, sua população somava mais de um milhão e meio de habitantes, dentre os quais muitos ingleses, escoceses, suecos, irlandeses, alemães e indígenas americanos.

Esse crescimento populacional levou à conquista de novas terras, pertencentes aos povos indígenas. A expansão foi realizada em direção ao oeste norte-americano, resultando no massacre gradual da população nativa.

AS TREZE COLÔNIAS (SÉCULOS XVII-XVIII)

- Colônias do norte
- Colônias do centro
- Colônias do sul
- (1607) Data de fundação

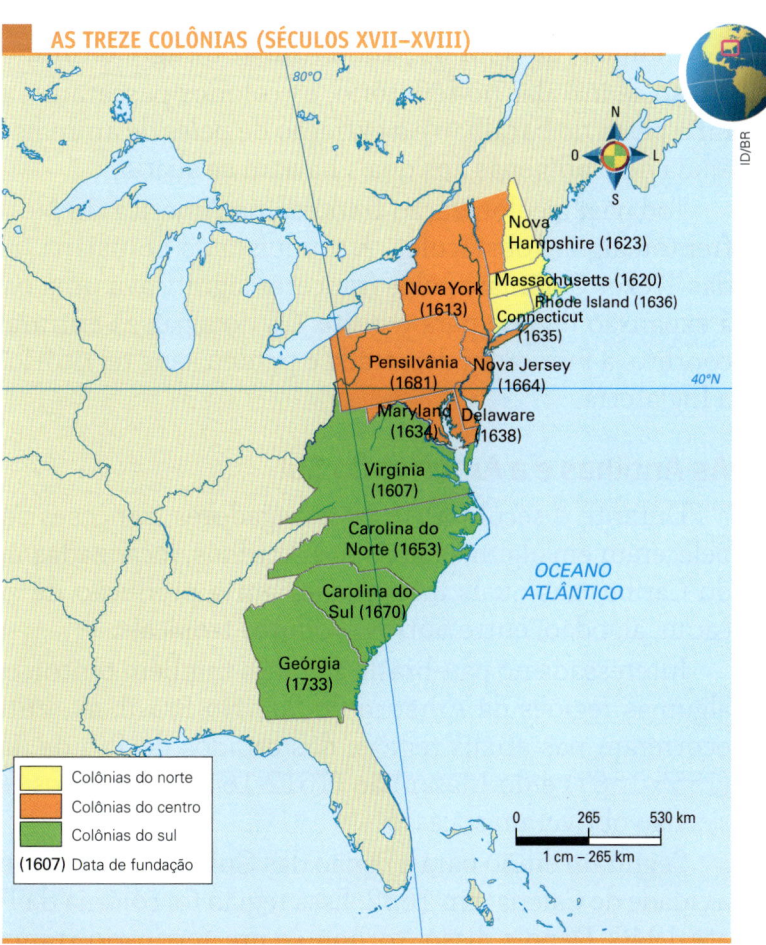

Fonte de pesquisa: Werner Hilgemann e Hermann Kinder. *Atlas historique*. Paris: Perrin, 2006. p. 286.

••• A América francesa

A colonização francesa também foi posterior à dos países ibéricos. Suas primeiras tentativas de explorar o Novo Mundo ocorreram no início do século XVI, no Brasil e na costa atlântica da América do Norte.

Estados Unidos e Canadá

Em 1600, os franceses chegaram à costa leste do atual Canadá. Durante o século XVII, os colonizadores percorreram o rio São Lourenço até chegar ao rio Mississípi. Nesse trajeto, foram fundadas várias colônias, como Quebec (Canadá), e as atuais cidades de Montreal (Canadá) e Detroit (Estados Unidos). As possessões francesas na atual região do Canadá foram chamadas de **Nova França** e, nos atuais Estados Unidos, de **Louisiana**.

Louis Garneray. *Fundação da cidade de Quebec por Samuel de Champlain em 1608*, 1848. Óleo sobre tela.

O povoamento do domínio francês na América do Norte foi impulsionado na segunda metade do século XVII, quando a Coroa francesa incentivou a imigração de jovens mulheres para constituir família com homens já estabelecidos na região e de famílias de colonos para trabalhar na agricultura.

Ao se instalar no território, os colonos passaram a explorar a pesca do bacalhau e a extração de peles de animais com a ajuda dos indígenas aos quais haviam se aliado.

Todavia, a colonização francesa na América do Norte enfrentou alguns obstáculos. A conquista da Louisiana (a oeste das Trezes Colônias) pelos franceses significava uma barreira à expansão inglesa para o oeste. Os dois países entraram em conflito, a França foi derrotada e perdeu seus territórios para a Inglaterra.

As Antilhas e a América do Sul

Durante o século XVII, os navegadores franceses se estabeleceram em algumas ilhas nas Antilhas, localizadas no mar do Caribe, nas quais implementaram a produção de açúcar, cacau, algodão, entre outros produtos tropicais.

Interessada no pau-brasil, a França também tentou ocupar algumas regiões da América do Sul. No Brasil, as tentativas ocorreram nas atuais regiões dos estados do Rio de Janeiro (1555-1567) e do Maranhão (1612-1615), porém os franceses não obtiveram sucesso.

Seguiram então para a região das Guianas, onde fundaram a cidade de Caiena, em 1632. Essa região foi colônia da França até 1946. Depois disso, tornou-se um território francês em solo americano e passou a se chamar Guiana Francesa.

> **Verifique o que aprendeu** •••
> 1. Quais países europeus participaram da colonização da América?
> 2. Que motivos levaram grupos de ingleses a migrar para a América?
> 3. Que territórios os franceses ocuparam na América do Norte?

ATIVIDADES

1. No século XVI, o rei Francisco I da França, interessado em participar dos negócios ultramarinos, teria feito a seguinte afirmação:

   > "Gostaria de ver a cláusula do testamento de Adão que me afastou da partilha do mundo."
   >
   > Eduardo Bueno. O testamento de Adão rasgado em Tordesilhas. Revista *Época Online*. Disponível em: <http://revistaepoca.globo.com/Revista/Epoca/0,,EMI170084-15518,00.html>. Acesso em: 13 ago. 2014.

   a) Por que o rei Francisco I teria dito essa frase? A que situação específica se referia? Justifique sua resposta.

   b) A opinião do rei da França era também a opinião de outros governantes da época? Explique.

   c) Como agiram os demais governantes em relação aos negócios ultramarinos?

2. Leia o texto a seguir:

   > O processo de êxodo rural na Inglaterra acentuava-se no decorrer do século XVII e inundava as cidades inglesas de homens sem recursos. A ideia de uma terra fértil e abundante, um mundo imenso e a possibilidade de enriquecer a todos era um poderoso ímã sobre essas massas.
   >
   > Naturalmente, as autoridades inglesas também viam com simpatia a ida desses elementos para lugares distantes. A colônia serviria, assim, como receptáculo de tudo o que a metrópole não desejasse. [...]
   >
   > [...] A Inglaterra faria da colonização um meio de descarregar no Novo Mundo tudo o que não fosse mais desejável no Velho. [...]
   >
   > Em 1620, a Companhia de Londres trazia cem órfãos para a Virgínia. Da mesma maneira, mulheres eram transportadas para serem leiloadas no Novo Mundo.
   >
   > Leandro Karnal e outros. *História dos Estados Unidos*: das origens ao século XXI. São Paulo: Contexto, 2007. p. 44-45.

   a) Segundo o autor, que vantagens a imigração para a América traria para a Coroa inglesa?

   b) Qual era o perfil dos imigrantes ingleses?

   c) O que significava a viagem para essas pessoas?

3. A imagem a seguir retrata colonos chegando a Massachusetts, uma das Treze Colônias.

   a) Segundo a imagem, quem eram as pessoas que aportavam na América?

   b) Há outras pessoas na gravura além dos peregrinos? Como elas foram representadas?

   c) Com que atitude os peregrinos são representados?

   d) Compare a imagem com o texto da atividade anterior. Aponte semelhanças e diferenças no modo como ambos descrevem os primeiros habitantes da América do Norte.

   Gravura de Currier & Ives. *A chegada dos peregrinos a Plymouth, Massachusetts, em dezembro de 1620*, 1876.

MÓDULO 2

A colonização das terras espanholas

A Coroa espanhola impôs rígidas regras administrativas e comerciais às suas colônias. Isso garantia seu poder na região e o controle da exploração de metais preciosos e da produção agrícola exportadora.

••• Os interesses espanhóis

O interesse nas terras americanas era grande por causa da crise econômica que atingia a Espanha. No Novo Mundo havia a possibilidade de explorar metais preciosos e produtos tropicais valorizados na Europa. Esse tipo de exploração trouxe vantagens para a Espanha e consequências muito negativas para os povos da América.

A economia colonial

O ouro e a prata foram encontrados em maior escala nos territórios atuais do México, do Peru e da Bolívia. A exploração desses metais, sobretudo da prata, foi a base da economia colonial pelo menos até o século XVIII, quando as minas começaram a se esgotar.

Enquanto vigorou a economia do minério, a Espanha viveu um período de prosperidade econômica. Essa exploração, no entanto, foi tão violenta que causou o *genocídio* dos nativos.

A mão de obra indígena empregada na mineração era semiescrava e regularizada pela *encomienda* e pela *mita*.

A *encomienda* era a exploração do trabalho indígena por um colono chamado *encomendero*. Ele recebia do rei a permissão para cobrar tributos dos indígenas, que poderiam ser pagos em espécie ou em trabalho.

No regime da *mita*, cada comunidade indígena era obrigada a fornecer determinado número de pessoas para o trabalho temporário nas minas. A remuneração recebida pelo trabalhador – *mytaio* – era insignificante.

A escravidão africana também esteve presente principalmente nas ilhas do Caribe, onde se produziu açúcar e tabaco.

GLOSSÁRIO

Genocídio: extermínio de uma população por assassinato, doenças ou más condições de vida.

Para a exploração mineradora em suas colônias, os espanhóis utilizaram mão de obra indígena e, em menor número, de africanos escravizados. Na imagem, gravura do artista holandês Théodore de Bry retratando a exploração de ouro por pessoas escravizadas na América espanhola, século XVI.

A administração espanhola

Para facilitar a administração e o controle, a Metrópole dividiu a América espanhola em **vice-reinos**. Estes eram subdivisões administradas por nobres que governavam com certa autonomia apesar de estarem subordinados à Coroa da Espanha.

O primeiro a ser criado foi o Vice-Reino da Nova Espanha (atual México, países da América Central e uma parte do território atual dos Estados Unidos), em 1535. Depois foram criados os Vice-Reinos do Peru, do Rio da Prata (atuais Argentina, Uruguai, Paraguai e Bolívia) e de Nova Granada (Colômbia, Venezuela e Equador). A Coroa também estabeleceu as **capitanias gerais**, que eram áreas estratégicas do ponto de vista econômico e militar.

A administração dos vice-reinos era fiscalizada pelas **audiências**, tribunais responsáveis por assuntos administrativos e judiciários. As audiências eram consideradas a mais alta instância de poder na Colônia.

Uma das preocupações dos colonizadores foi a construção de cidades. Os centros urbanos coloniais eram administrados pelos **cabildos**, ou *ayuntamentos*, e funcionavam como conselhos municipais que tratavam de questões locais, como segurança, obras públicas e abastecimento.

Controlar as colônias

O governo espanhol criou uma grande estrutura administrativa para controlar suas colônias. Essa estrutura era formada por dois órgãos fundamentais: a **Casa de Contratação** e o **Conselho das Índias**.

A Casa de Contratação, criada em 1503, tinha como função controlar o comércio e a navegação entre a América e a Metrópole, garantindo o monopólio do comércio colonial. Somente do porto de Sevilha, na Espanha, poderiam partir os navios que realizavam o comércio com a Colônia, possibilitando assim o controle das trocas e a punição dos trangressores.

O Conselho das Índias, criado em 1524, fazia as leis e os decretos coloniais. Ao Conselho cabia, por exemplo, nomear vice-reis e capitães gerais.

DIVISÃO ADMINISTRATIVA DA AMÉRICA ESPANHOLA (SÉCULO XVIII)

Fonte de pesquisa: *Atlas de L'Histoire du monde*. Bagneux: Reader's Digest, 2005. p. 163.

As cidades coloniais

Um dos métodos para a Metrópole firmar seu poder nas colônias foi construir cidades. Nos centros urbanos foram edificadas igrejas, fortificações e prédios administrativos. Durante o período colonial, grande parte dessas cidades desenvolveu-se culturalmente – algumas contavam até com universidades.

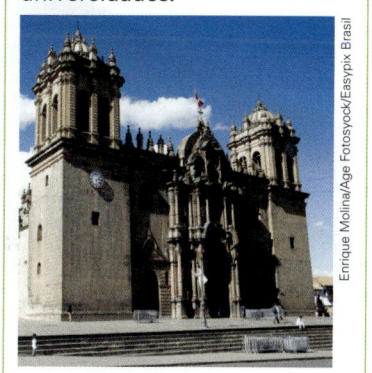

Catedral de Cuzco, Peru, construída no século XVII. Fotografia de 2010.

A sociedade colonial

A sociedade colonial espanhola possuía uma rígida estrutura social, com pouca mobilidade.

A elite era formada por **chapetones** e **crioulos**. Os *chapetones* eram os nascidos na Espanha que se fixavam na América e ocupavam os principais cargos administrativos, religiosos e militares.

Os crioulos, descendentes de espanhóis nascidos no Novo Mundo, eram comerciantes, proprietários de extensas terras ou de minas. Formavam a elite econômica americana.

Além dos indígenas e dos escravizados de origem africana, mestiços também faziam parte da camada mais baixa da sociedade. Eles eram filhos de espanhóis com mulheres indígenas e trabalhavam no comércio ou administravam propriedades.

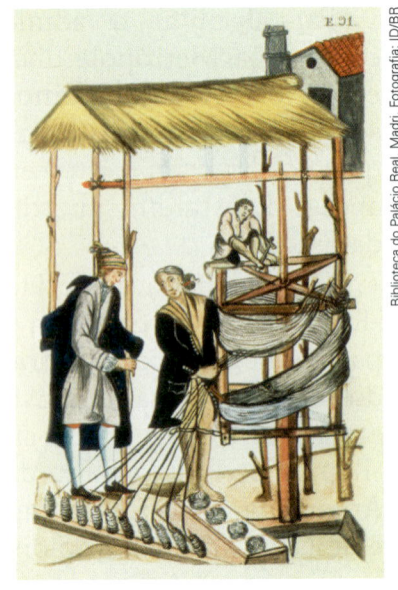

As missões jesuíticas

A Metrópole e a Igreja católica entendiam que era necessário converter os nativos da América. Para a Coroa, isso fazia parte do processo de dominação; para os religiosos, era uma missão natural evangelizar os não cristãos.

Como ocorrera na América portuguesa, a Companhia de Jesus enviou padres jesuítas para catequizar os nativos. Nessas colônias, também foram fundadas as missões jesuíticas – grandes vilas onde viviam os padres e os indígenas durante o trabalho missionário. No período colonial, outros religiosos católicos chegaram à América.

Esse processo de catequização foi extremamente traumático para os povos nativos, pois a imposição de valores, crenças e idioma do colonizador europeu desestruturou e aniquilou grande parte de suas culturas.

Nessa imagem está representado um grupo de indígenas penteando lã. Observe que eles já trajam roupas no estilo europeu. Aquarela de Martinez Compañón, 1700.

Igreja de Concepción, em Santa Cruz, Bolívia. Construída no século XVIII por missionários jesuítas. Fotografia de 2007.

Verifique o que aprendeu

1. Qual era a principal atividade econômica desenvolvida nas colônias espanholas?
2. Que tipo de mão de obra era utilizada na mineração?
3. Quais grupos compunham a elite colonial espanhola? Qual era a diferença entre eles?
4. Explique como os indígenas da América espanhola foram catequizados.

ATIVIDADES

1. Em grupo, discutam por que a exploração de metais preciosos foi um ótimo negócio para a Metrópole, mas péssimo para os povos indígenas americanos.

2. Leia um trecho da declaração da OIT sobre o trabalho forçado na contemporaneidade.

> **Trabalho Forçado na América Latina**
>
> Atualmente, na América Latina e no Caribe, diversos governos estão agindo seriamente contra o trabalho forçado. [...]
>
> Recentemente, vários outros governos latino-americanos decidiram confrontar o trabalho forçado, especialmente em seus setores agrícolas. Bolívia, Peru e Paraguai deram passos importantes para desenvolver, juntamente com as organizações de trabalhadores e empregadores, novas políticas para combater o trabalho forçado. [...]
>
> Existem cerca de 1,3 milhão de trabalhadores forçados na América Latina e no Caribe, de um total de 12,3 milhões [...].

Declaração da OIT sobre os princípios e direitos fundamentais no trabalho e seu seguimento. Disponível em <http://www.oit.org.br/sites/all/forced_labour/oit/relatorio/america_latina_caribe.pdf>. Acesso: 12 ago. 2014.

   a) Como você recebe uma informação como essa? É normal, nos dias de hoje, pessoas trabalhando em regime de escravidão? Justifique sua resposta.

   b) Considerando o que você estudou sobre a colonização da América espanhola, compare a situação dos indígenas na época colonial e a situação dos trabalhadores forçados, hoje, nos países latino-americanos.

3. Leia o texto a seguir.

> A Igreja católica esteve intimamente associada à política e ação colonizadoras das Coroas ibéricas.
>
> [...] coube aos missionários reunir os índios [...] congregando em povoados relativamente grandes e estrategicamente situados os indígenas remanescentes da catástrofe demográfica então em curso, no sentido de facilitar o seu uso como trabalhadores, a cobrança do tributo indígena e a evangelização.

Ciro Flamarion Cardoso. *O trabalho na América Latina Colonial*. São Paulo: Ática, 1995. p. 35 (Série Princípios).

   a) Por que o autor afirma que a Igreja católica esteve intimamente associada à política e ação das Coroas ibéricas na América?

   b) Qual era o objetivo, segundo o texto, de reunir os indígenas em povoados relativamente grandes?

   c) Em dupla, discutam o significado da frase: "indígenas remanescentes da catástrofe demográfica então em curso".

4. Observe a imagem.

   a) Descreva as pessoas representadas na gravura.

   b) É possível definir a que grupo social pertencem essas pessoas? Qual seria sua função na sociedade?

Mexicanos brancos em trajes europeus, século XIX. Gravura de autor desconhecido.

APRENDER A...

Realizar uma entrevista

Em fevereiro de 2003, o velejador Amyr Klink concedeu uma entrevista falando da paixão pelo mar e das aventuras que já realizou.

O navegador atravessou sozinho o Atlântico Sul em um barco a remo, em 1984. Desde então seus projetos continuam desbravando "os sete mares".

[...]

Repórter: E em relação ao tempo? Como é tomar contato com tempos diferentes? Meses sem sol, meses sem noite, horários, etc.?

Amyr Klink: Eu já cruzei os dois círculos polares, sozinho e em grupo. O que me fascinou nessas viagens polares, por regiões de altas latitudes, é que você não só viaja geograficamente, mas também no tempo. São viagens nas quais você cruza estações. Na verdade, você escolhe as estações de acordo com a posição geográfica que você quer. A volta ao mundo, por exemplo, eu fiz num período e numa latitude nos quais eu precisava ter 24 horas de sol por dia. Eu queria sol o dia inteiro e só há uma época do ano e uma latitude específica para se fazer isso. Já quando o Paratii 2 ficou invernando na Antártica, eu optei por ficar um inverno inteiro no escuro. É preciso se programar para isso. Mas você pode também ficar à deriva do tempo um ano completo. O que eu também já fiz e é superdivertido.

Repórter: E os seus barcos? O senhor os constrói?

Amyr Klink: Esse é o lado que não aparece. E que é muito legal, por isso falei do número de coisas que é preciso saber para fazer o que eu faço. Pelo fato de a gente estar no Brasil e aqui não existir tradição naval esportiva, ao menos, e esse lance de barcos estar restringido à elite, quando você quer fazer alguma coisa que não está relacionada ao lado mais, digamos, elitista da área, você tem de começar do chão. Não existe tradição. Quando resolvi fazer o Paratii 2, sabia que não teria recursos e nem o patrocínio desejado. Assim, começamos formando soldadores para depois fazer um estaleiro, trabalhar para terceiros, aí então fazer nosso barco. E, no percurso, paramos por falta de conhecimento, dinheiro, etc. Na época parecia algo suicida, do tipo "isso nunca vai ficar pronto". Mas ficou. Levou oito anos e está pronto. Não só pronto como dá um show em qualquer projeto americano, alemão ou inglês. Se você não tem como escapar das dificuldades, é melhor você gostar de trabalhar com elas. Não dá para ficar esperando um patrocinador maravilhoso que chegue e diga: "Olha, deixa que eu compro um barco para você".

[...]

Entrevista com Amyr Klink. *Revista E*. Disponível em: <http://www.sescsp.org.br/sesc/revistas/revistas_link.cfm?edicao_id=148&Artigo_ID=2106&IDCategoria=2161&reftype=2>. Acesso em: 22 set. 2011.

Amyr Klink, fotografado no Atlântico Sul, em 1984.

1. Que informações você pode obter lendo o trecho da entrevista acima?
2. O planejamento é algo importante nas viagens de "aventura" do navegador? Justifique.

As entrevistas nos permitem consultar um especialista e solucionar dúvidas sobre um assunto. Permitem-nos também saber a opinião de uma pessoa ou de um grupo sobre determinado tema. Com as informações obtidas, é possível descobrir qual é a porcentagem de pessoas de uma sociedade que compartilham certas ideias ou características.

> Portanto, a entrevista é uma técnica usada por jornalistas e pesquisadores para obter informações importantes ou para conhecer a opinião de uma ou mais pessoas sobre determinado assunto por meio de perguntas e respostas.

- **Preparação**

Para realizar uma entrevista, você deverá adotar certos procedimentos. Eles garantirão que a entrevista atinja seu objetivo e não distorça as opiniões ou informações oferecidas pelo entrevistado.

Se o seu objetivo é aprofundar um assunto ou esclarecer dúvidas em relação a ele, deve procurar uma pessoa que o conheça bem.

Será preciso estudar o assunto sobre o qual buscará informações. Só assim você conseguirá elaborar perguntas relevantes e compreender as respostas dadas.

Elabore as perguntas numa ordem que favoreça o desenvolvimento do assunto. Releia-as e refaça-as até que fiquem claras, mas não tão simples que possam ser respondidas com um "sim" ou "não". É importante que provoquem o início de um diálogo entre você e o entrevistado.

- **Execução preliminar**

Marque com antecedência local e horário em que fará a entrevista. Ela pode ser realizada pessoalmente, pela internet ou pelo telefone. Nunca deixe de explicar ao entrevistado o motivo pelo qual o está entrevistando.

Se possível, grave a entrevista para não distorcer ou esquecer partes do que foi dito. Ou então realize a entrevista com um colega, ambos anotando tudo o que for dito pelo entrevistado. Desse modo, vocês poderão comparar seus registros para ter certeza do que foi falado. Guardem o telefone e o *e-mail* do entrevistado, caso precisem consultá-lo sobre alguma dúvida.

- **Finalização**

A entrevista pode ser publicada em forma de perguntas e respostas, reproduzindo o diálogo estabelecido entre entrevistador e entrevistado, ou também pode servir para a elaboração de um texto sobre o assunto. Nesse caso, você escreverá o texto e introduzirá, entre aspas, os trechos mais importantes da fala do entrevistado. Devem-se incluir ainda os dados do entrevistado: nome, profissão, idade, etc.

- **Realização da entrevista**

Com os colegas da sua classe, forme um grupo para fazer uma entrevista sobre as escolas há cinquenta anos ou mais.

3. Escolham a pessoa a ser entrevistada. Lembrem-se de que ela deve ter mais de 56 anos e ter frequentado a escola quando criança.

4. Consultem a pessoa escolhida sobre a possibilidade da entrevista. Se ela concordar, marquem data, hora e local do encontro.

5. Em conjunto, façam uma pesquisa preliminar sobre as escolas entre o início e o meio do século XX. Elaborem as perguntas e decidam como registrarão a entrevista. Providenciem tudo o que for necessário para executá-la (gravador, caderno, canetas, etc.).

6. Façam a entrevista na data e hora marcadas. Anotem informações biográficas sobre o entrevistado. Se ele concordar, façam registros fotográficos da entrevista.

7. Releiam os registros e, sem modificar o seu conteúdo, façam ajustes no texto (eliminem repetições, engasgos, corrijam ortografia, pontuação, etc.).

8. Organizem a entrevista por escrito. Primeiro apresentem o tema da entrevista e o entrevistado. A seguir, elaborem o texto com o conteúdo da entrevista. Por fim, componham a entrevista com fotos e imagens sobre o tema, pesquisadas em arquivos, livros ou pela internet.

MÓDULO 3
A colonização portuguesa

Para os colonizadores portugueses, as novas possessões na América não tinham nenhum atrativo econômico imediato além do pau-brasil. Mas, diante da ameaça de invasões estrangeiras, a Coroa portuguesa decidiu colonizar suas terras e criar sistemas administrativos que garantissem a exploração e o controle de seu território americano.

●●● Ocupar é preciso

A chegada dos portugueses à América, em 1500, não entusiasmou a Coroa. As terras descobertas aparentavam não ter recursos que gerassem riqueza fácil, como os metais preciosos encontrados na América espanhola. O comércio com o Oriente era muito mais atraente e, por isso, os lusos concentraram-se nele.

Isso não significou, contudo, que a América portuguesa tivesse sido abandonada. A Coroa decidiu explorar a madeira da árvore do pau-brasil, da qual se retirava um poderoso corante de tecidos. O pau-brasil era abundante no litoral e era extraído com a utilização da mão de obra indígena, sob a supervisão de exploradores portugueses.

●●● O início da colonização

O interesse português pela Colônia na América começou a mudar, de fato, na década de 1530, quando a Coroa resolveu ocupar definitivamente o território.

Essa decisão foi tomada por causa das sucessivas invasões estrangeiras do litoral, que ameaçavam o domínio português. Além disso, Portugal buscava novas fontes de lucro, pois o comércio das Índias já apresentava sinais de queda e era cada vez mais oneroso para a Coroa.

Para iniciar a colonização, a Coroa enviou uma expedição comandada pelo militar português Martim Afonso de Sousa. Em 1532, Martim Afonso fundou a vila de São Vicente, a primeira da Colônia. Lá, os portugueses implantaram a cultura da **cana-de-açúcar** e os primeiros engenhos para transformá-la em açúcar.

J. Wasth Rodrigues. *Martim Afonso de Sousa*, início do século XX. Óleo sobre tela.

Tela de Benedito Calixto. *A fundação de São Vicente*, produzida em 1900.

As capitanias hereditárias

Por causa da grande extensão territorial e da falta de recursos, a Coroa portuguesa implantou na Colônia um sistema administrativo chamado **capitanias hereditárias**, dividindo as terras em porções de tamanhos variados que seriam oferecidas a fidalgos portugueses dispostos a explorá-las e ocupá-las. Esses investidores, chamados **donatários**, tinham o direito à posse e à exploração das terras recebidas, mas não podiam vendê-las.

Esse sistema de administração colonial já era utilizado por Portugal em suas ilhas no Atlântico, como Madeira e Cabo Verde.

No Brasil, foram estabelecidas quinze capitanias. Os donatários ficavam responsáveis pela tarefa da colonização, que era muito dispendiosa, mas tinham grande liberdade de atuação na Colônia: podiam dispor livremente das terras para repassá-las a seus herdeiros; podiam cobrar taxas e impostos; escravizar e vender índios; fundar vilas, entre outras coisas.

Carta de doação e foral

Havia dois documentos pelos quais a capitania era oficialmente cedida para o donatário. A carta de doação delimitava as terras doadas, e o foral regulamentava os direitos e deveres da população local com o donatário e com a Coroa portuguesa.

O fracasso do sistema

Apesar de aparentemente ser um investimento atraente, as capitanias hereditárias não deram certo. Muitos donatários desistiram de tomar posse de suas terras antes mesmo de conhecê-las. Outros não conseguiram custear o empreendimento ou enfrentaram muitas dificuldades, como os ataques de indígenas e o pequeno apoio oferecido pela Coroa. No final do século XVI, apenas seis das quinze capitanias iniciais estavam em funcionamento: São Vicente, Pernambuco, Ilhéus, Espírito Santo, Bahia e Porto Seguro.

Dessas, apenas as de **Pernambuco** e **São Vicente** prosperaram com o cultivo da cana e a produção do açúcar.

AS CAPITANIAS HEREDITÁRIAS (SÉCULO XVI)

Fonte de pesquisa: *Atlas histórico escolar*. Rio de Janeiro: FAE, 1991. p. 10.

O engenho São Jorge dos Erasmos, Santos, SP, o primeiro a ser instalado na Colônia. Fotografia de 2005.

Os Governos-gerais

Com o fracasso do sistema das capitanias, Portugal decidiu implantar, em 1548, uma nova organização administrativa, o **Governo-geral**.

POVOAMENTO E URBANIZAÇÃO NO BRASIL COLONIAL (SÉCULO XVI)

Fonte de pesquisa: José Jobson de A. Arruda. *Atlas histórico básico*. São Paulo: Ática, 2007. p. 36.

As capitanias, porém, não foram extintas. Aos poucos a Coroa comprou-as de seus donatários. A administração foi centralizada em um governador-geral, que respondia diretamente a Portugal, o que facilitou o controle e a defesa do território contra as invasões estrangeiras.

Tomé de Sousa, o primeiro governador-geral do Brasil, aportou na Colônia em 1549. Com ele, vieram centenas de colonos e os primeiros padres jesuítas. Fundou-se, então, a primeira capital do Brasil, Salvador. Sua função foi essencial para a concretização de um projeto colonizador da Metrópole portuguesa.

As câmaras municipais

Conforme outras vilas iam sendo criadas, a Metrópole percebeu que era necessário estabelecer um órgão de administração local, as **câmaras municipais**, que tinham por função resolver os problemas da vila e do cotidiano de seus moradores. As câmaras municipais eram formadas por três ou quatro vereadores, representantes da vila, juízes e outros funcionários administrativos. Os vereadores e os juízes eram eleitos pelos chamados **homens-bons**. Na prática, os homens-bons controlavam a vida nas vilas e cidades. Com o passar do tempo, as câmaras conquistaram poder e autonomia, o que levou a confrontos entre aqueles que detinham o poder e os funcionários da corte portuguesa.

A distribuição de terras no Brasil

A distribuição de terras durante a colonização portuguesa permitiu a concentração de grandes propriedades nas mãos de poucas pessoas.

I. Discuta com seus colegas se atualmente no Brasil ainda predomina a existência dessas propriedades, ou se há maior distribuição de terras.

II. Quais são os benefícios e dificuldades que esse modelo fundiário traz para o país atualmente?

Os homens-bons

O poder local colonial era exercido pelos **homens-bons**, pessoas ricas e influentes, em geral, proprietários rurais. Os homens-bons faziam valer suas vontades a ponto de não obedecerem às leis portuguesas.

Verifique o que aprendeu

1. Por que o governo português decidiu colonizar o Brasil após 1530?
2. O que eram as capitanias hereditárias? Esse sistema obteve êxito? Por quê?
3. O que foi o Governo-geral?
4. Qual foi a primeira capital do Brasil?

ATIVIDADES

1. Observe a imagem.

A chegada de Tomé de Sousa à Bahia, em abril de 1549. Gravura de Beauchamp, s/d.

a) Identifique Tomé de Sousa na gravura. Quais elementos auxiliaram você a identificá-lo?
b) Quais outras personagens são representadas na gravura?
c) Qual é o comportamento dos indígenas?
d) Essa gravura representa a visão do nativo americano ou a do europeu? Justifique.

2. Ao assumir o Governo-geral, Tomé de Sousa recebeu um documento com orientações da Coroa. Leia a seguir um trecho.

> Querendo el-rei conservar e enobrecer as terras do Brasil, e dar ordem a sua povoação, tanto para exaltação da fé, como para proveito do reino, resolve mandar uma armada com gente, artilharia, munições e todo o mais necessário para fundar uma fortaleza e povoação na baía de Todos-os-Santos, [...] e há por bem nomear a Tomé de Sousa, pela muita confiança que faz da sua pessoa, para governador-geral do Brasil [...].
>
> O Regimento de Tomé de Sousa. Em: Therezinha de Castro. *História documental do Brasil*. Rio de Janeiro: Biblioteca do Exército, 1995. p. 95.

a) Segundo o documento, quais são os desejos do rei?
b) Por que o rei resolveu enviar ao Brasil pessoas armadas para colonizar a região?

3. Compare os mapas a seguir e resolva as questões.

Fonte de pesquisa: *Atlas geográfico escolar*. Rio de Janeiro: IBGE, 2007. p. 90.

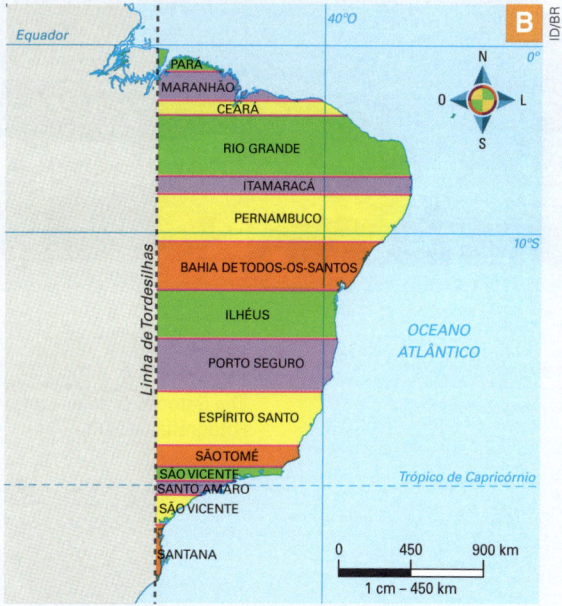

Fonte de pesquisa: *Atlas histórico escolar*. Rio de Janeiro: FAE, 1991. p. 10.

a) Identifique os dois mapas.
b) De acordo com os mapas, os territórios que compunham as capitanias são os mesmos que compõem os estados?
c) Quais são os nomes de capitanias hereditárias que foram mantidos mesmo com a divisão do Brasil em estados?
d) Quais diferenças podemos observar na divisão das fronteiras? Por que há essas diferenças?

ARTE e CULTURA

Fortes litorâneos

Para proteger suas terras na América das invasões estrangeiras, as Metrópoles construíram diversas fortalezas pela costa americana. As fortalezas são grandes edificações militares, normalmente erguidas em lugares estratégicos e elevados que possibilitem uma ampla visão das proximidades. Têm altos muros e pontos de observação que podem ser torres, pequenas janelas ou fendas em muros.

À medida que a Colônia ia sendo ocupada, os portugueses construíam fortes com a intenção de proteger os territórios conquistados da invasão inimiga e também de possíveis ataques de povos indígenas.

No Brasil, muitos povoados e vilas foram formados em torno dos fortes e hoje são importantes cidades, como Fortaleza, capital do Ceará, e Natal, capital do Rio Grande do Norte.

Forte de Santo Antônio de Ratones, na ilha Ratones Grande, Florianópolis, SC. Fotografia de 2011.

Forte dos Reis Magos, Natal, RN. Essa fortaleza é o principal monumento histórico de Natal. Ele começou a ser construído em 1598 pelos portugueses, que visavam proteger a região dos ataques dos franceses e dos indígenas. Fotografia de 2009.

Fortaleza de Castillo de los Tres Reyes del Morro, em Havana, Cuba. Sua construção foi finalizada em 1640. Fotografia de 2011.

O Forte de São Marcelo, também chamado Forte do Mar, está localizado na cidade de Salvador, BA, na Baía de Todos-os-Santos. Sua construção data de 1624, e os muros externos foram construídos em 1728. Fotografia de 2011.

A fortaleza de San Juan, Porto Rico, foi construída no século XVI e ampliada diversas vezes até o século XIX. Era um dos pontos estratégicos de defesa espanhola no mar do Caribe. Fotografia de 2011.

■ Atividades

1. Identifique os povos europeus que construíram os fortes das fotografias.
2. Com que objetivos cada um desses fortes foi construído?
3. Hoje, a maioria dos fortes é aberta à visitação pública. O que os turistas podem observar nesses locais?

99

MÓDULO 4

A cristianização na América portuguesa

Um dos objetivos da colonização portuguesa na América era converter os ameríndios ao catolicismo. Dessa forma, a Coroa esperava facilitar a conquista, e os jesuítas, difundir os valores cristãos. A maciça evangelização foi responsável pela fundação de vilas e escolas e marcou profundamente a cultura colonial.

Os jesuítas e a colonização

Assim como na América espanhola, a ação religiosa dos missionários integrou o processo de colonização e expansão do território português na América.

A participação da Igreja católica na colonização portuguesa se iniciou em 1549. Nesse ano, sete religiosos, liderados pelo padre Manuel da Nóbrega, chegaram a Salvador juntamente com o primeiro governador-geral do Brasil, Tomé de Sousa. No decorrer do período colonial, outras ordens religiosas realizaram trabalhos missionários no Brasil, entre elas podemos citar os dominicanos, os carmelitas, os beneditinos e os franciscanos.

No início do século XVII, os jesuítas organizaram vilas na parte sul da Colônia e fundaram algumas missões às margens do rio Amazonas. Nessa região, os religiosos exploraram, com o uso do trabalho indígena, as chamadas **drogas do sertão** – cacau, gengibre, castanha-do-pará, baunilha, guaraná, urucum, anil, entre outras.

Devido ao grande choque cultural e religioso, o trabalho de evangelização inicialmente foi muito difícil e lento, e a resistência dos nativos foi grande. Muitos missionários foram mortos por indígenas.

EXPANSÃO DOS JESUÍTAS PELA COLÔNIA (SÉCULOS XVI-XVIII)

Fonte de pesquisa: Flávio de Campos e Miriam Dolhinikoff. *Atlas história do Brasil*. São Paulo: Scipione, 2006. p. 17.

Ao fundar uma missão, os religiosos retiravam os ameríndios de suas aldeias e impunham-lhes um novo estilo de vida. A prioridade era acabar com alguns costumes tradicionais dos povos indígenas que contradiziam a fé cristã, como a antropofagia e a poligamia.

GLOSSÁRIO

Poligamia: união matrimonial de um indivíduo com mais de uma pessoa.

O ensino dos jesuítas

Na América portuguesa, além do trabalho com a catequização, os jesuítas dedicaram-se à educação dos colonos e dos filhos da elite local. Para isso, fundaram diversos colégios na Colônia.

Em 1554, por exemplo, foi fundado o Colégio de São Paulo de Piratininga em um planalto próximo à vila de São Vicente. Esse colégio foi o ponto de origem da cidade de São Paulo, atual capital paulista.

O ensino jesuíta foi marcado por **disciplina** e **severidade**. O objetivo inicial dos educadores era formar novos padres. Porém, como não existiam na América portuguesa escolas criadas pela Metrópole, esses religiosos foram, na prática, os responsáveis pela divulgação da cultura e da educação formal.

A produção literária era proibida na Colônia. Apenas os jesuítas eram autorizados a escrever e publicar livros. Escreveram, entre outros, livros sobre o aprendizado da gramática portuguesa e dicionários de línguas nativas, como o tupi, que apoiavam seu trabalho de ensino.

O predomínio dos jesuítas na educação só foi quebrado no século XVIII, quando o então primeiro-ministro de Portugal **Marquês de Pombal** determinou, em 1759, a expulsão desses religiosos de todos os domínios portugueses no mundo. O trabalho educacional dos jesuítas no Brasil só foi retomado em 1842.

Padre Antônio Vieira

Um dos jesuítas que mais se destacaram na produção cultural da Colônia foi o Padre Antônio Vieira. Nascido em Portugal, em 1608, veio para a Colônia ainda criança com sua família. Ordenou-se padre pela Companhia de Jesus, na Bahia.

Antônio Vieira se tornou conhecido por proclamar sermões sobre diversos temas sociais e políticos. Pregou o Evangelho, foi contra a escravidão indígena, mas justificou o comércio de africanos escravizados, ao mesmo tempo que questionava o preconceito racial.

Óleo de Padre Geraldes. *Padre Antônio Vieira*. s/d.

Vista do Pátio do Colégio, em São Paulo, capital, marco da fundação da cidade. Fotografia de 2010.

Conflitos entre jesuítas e colonos

A falta de recursos para se adquirir mão de obra escrava africana levava os colonos a escravizar os indígenas. Por esse motivo, entravam constantemente em conflito com os jesuítas.

Os desentendimentos entre colonos e jesuítas ocorreram, sobretudo, ao sul da Colônia, onde se localizava a maioria das missões. Ao longo dos séculos XVI e XVII, tais missões foram seguidamente atacadas pelos **bandeirantes**, membros de expedições que percorriam o interior para escravizar indígenas e procurar metais preciosos.

Em 1623, por exemplo, em um só ataque à missão de Guairá, foram escravizados três mil indígenas. Tais ataques também foram comuns nas missões amazônicas. Os ataques dos bandeirantes levaram à morte milhares de indígenas.

Por influência da Companhia de Jesus, foram criadas diversas leis restringindo ou proibindo a escravidão indígena na Colônia. Entretanto, na prática, essas leis não foram cumpridas plenamente, pois o poder local dos colonizadores era muito forte.

A Igreja católica e a escravidão

A opinião da Igreja católica a respeito da escravização dos indígenas e dos africanos era contraditória. Em geral, foi contra a escravização dos indígenas, mas aceitou a dos africanos afirmando que era uma maneira de pagarem seus pecados na Terra. Em 1985, o papa João Paulo II pediu perdão aos africanos, afirmando que a Igreja havia cometido um grande erro.

A religiosidade colonial

A presença da Igreja católica influenciou a vida social e cultural na Colônia. A religiosidade marcava o calendário oficial, repleto de feriados santos comemorados com missas, festas e procissões, misturando, em muitos casos, as práticas católicas com as culturas indígena e africana. Muitas festas foram incorporadas à tradição cultural brasileira e são comemoradas até hoje.

A Igreja fazia parte da vida do indivíduo desde seu nascimento – por meio do batismo – até sua morte, realizando os rituais de velório e enterro.

Verifique o que aprendeu

1. Quando chegaram os primeiros missionários católicos ao Brasil?
2. Em que regiões do Brasil as missões se instalaram?
3. Quais eram as principais ações desenvolvidas pelos jesuítas no Brasil colonial?
4. Qual foi a razão dos conflitos entre colonos e jesuítas?

Ainda hoje a influência do catolicismo é bastante expressiva no Brasil. Na fotografia, preparativos em Santana do Parnaíba, SP, para a festa católica de Corpus Christi. As ruas são decoradas com diferentes materiais, como flores, folhas, serragem colorida e areia, formando verdadeiros tapetes por onde passam os fiéis em procissão. Fotografia de 2011.

ATIVIDADES

1. Observe a gravura.

Gravura de Johann Moritz Rugendas, *Aldeia dos Tapuia*, c. 1835.

a) Descreva a imagem.
b) Como os indígenas estão caracterizados e como se comportam?
c) Escreva um texto no caderno interpretando a cena representada na imagem, levando em conta a integração entre o religioso e os indígenas.

2. No texto a seguir, o historiador Sérgio Buarque de Holanda faz um comentário sobre o processo de colonização do Brasil. Leia-o e responda às questões.

> A tentativa de implantação da cultura europeia em extenso território, dotado de condições naturais, [...] largamente estranhas [...] é, nas origens da sociedade brasileira, o fato dominante e mais rico em consequências. Trazendo de países distantes nossas formas de convívio, nossas instituições, nossas ideias, e timbrando em manter tudo isso em ambiente muitas vezes desfavorável e hostil.
>
> Sérgio Buarque de Holanda. *Raízes do Brasil*. 26. ed. São Paulo: Companhia das Letras, 1999. p. 31.

a) Cite um exemplo de uma "tentativa de implantação da cultura europeia" que ocorreu na América portuguesa.
b) Segundo o autor, a Colônia portuguesa era um local adequado para se implantar os costumes europeus? Justifique.

3. Reúna-se com um colega e façam a atividade proposta.
O catolicismo foi um dos elementos que mais marcaram costumes, tradições e manifestações culturais brasileiras. Relacionem quais influências do catolicismo vocês reconhecem no calendário, no cotidiano, nas tradições, nas artes, nas crenças, entre outras manifestações culturais brasileiras. Comparem as listas com as de outras duplas.

DOSSIÊ

Piratas e corsários

Atualmente, quando se fala em pirataria nos lembramos das cópias ilegais de CDs, DVDs, livros, jogos, programas de computador e outras produções autorais.

Porém, já vimos em filmes ou livros a imagem do pirata como um homem com uma perna de pau, tapa-olho, barba e cabelos longos e sujos, um papagaio no ombro e outros apetrechos. Esse pirata comanda ou compõe a tripulação de um navio que realiza ataques e saques pelos mares e oceanos. Na narrativa ficcional, o pirata pode se tornar o herói.

Os piratas existiram mesmo ou são apenas personagens de aventuras literárias e cinematográficas?

Os verdadeiros piratas

Piratas são indivíduos que vivem do roubo e do contrabando nos mares e oceanos. Eles existem desde a Antiguidade, quando agiam no mar Mediterrâneo, onde havia intenso comércio.

Sua presença foi muito comum na costa americana entre os séculos XVI e XVII. Nessa época, a maioria dos piratas era de origem francesa e inglesa. Sua ação não estava restrita à América, mas ali sua presença foi mais significativa. Algumas cidades em ilhas do mar do Caribe chegaram a viver exclusivamente da pirataria.

A pirataria existe até hoje, sobretudo no litoral da Ásia e da África. No Brasil, o porto de Santos, no litoral de São Paulo, onde há grande circulação de mercadorias, ainda sofre ataques dos piratas modernos.

Pirataria oficial?

A presença constante dos piratas na América se explica pelo alto valor que os produtos coloniais tinham na época, em especial o ouro e a prata das colônias espanholas.

Como os custos relativos à colonização eram muito altos, certos governantes da França e da Inglaterra apoiaram a pirataria como forma de obtenção de riquezas, inicialmente monopolizadas pelos países ibéricos.

Muitos piratas foram até condecorados pelos reis como verdadeiros heróis, como o inglês Francis Drake. Quando os piratas obtinham a concessão e o apoio de seus governos para as suas atividades ilegais, eles passavam a ser chamados **corsários**.

Uma vida difícil

Apesar das possíveis glórias, geralmente passageiras, a vida dos piratas não era fácil. Como ficavam muito tempo a bordo, eles poderiam ser vítimas de várias doenças relativas à falta de alimentação e higiene adequadas. Além disso, os saques nem sempre davam certo, e os confrontos resultavam em muitas mortes. A vida dos piratas era intensa, porém curta.

O pirata Barba Negra, nos mares do Caribe, gravura anônima do século XVIII.

Piratas franceses no Brasil colônia

Os franceses foram os primeiros a investir contra o litoral do Brasil. O rei francês Francisco I procurou contestar a partilha luso-espanhola do mundo, mas não possuía frota capaz de combater portugueses e espanhóis. Armava, portanto, corsários para tirar proveito das descobertas lusas, embora mantivesse boas relações com essa metrópole. [...]

Em 1503, Paulmier de Gonneville [...] carregou a embarcação com pau-brasil, aves exóticas e outras mercadorias. Seria essa a primeira visita francesa ao Brasil, seguida de inúmeras outras. [...]

[...] na década de 1550, [no atual Rio de Janeiro] onde [...] se estabeleceram durante alguns anos, fundaram a chamada França Antártica e controlaram importantes reservas de madeira e a circulação de embarcações no sul do Brasil. As investidas se repetiriam na instalação da França Equinocial no Maranhão, no início do século XVII.

Ronaldo Vainfas (Org.). *Dicionário do Brasil Colonial* (1500-1808). Rio de Janeiro: Objetiva, 2000. p. 487-488.

Capitão Morgan, corsário inglês, destruindo a esquadra espanhola, no lago de Maracaibo, atual Venezuela. Gravura de 1669.

■ Discussão sobre o texto

1. Em sua opinião, por que chamamos de pirataria a cópia de algo que foi produzido ilegalmente?

2. As ações dos piratas foram eternizadas por filmes e obras literárias como grandes aventuras. Com base no texto, é possível concluir por que a pirataria foi associada à aventura? Justifique.

3. Qual é a diferença entre "pirata" e "corsário"?

4. Por quais razões os corsários franceses invadiram o litoral brasileiro?

FAZENDO HISTÓRIA

Justificativas para a dominação

1. O texto abaixo é um discurso realizado pelo frade espanhol Juan Ginés Sepúlveda, no século XVI. Leia-o e responda às questões.

> É por isso que as feras são domadas e submetidas ao império do homem. Por esta razão, o homem manda na mulher, o adulto, na criança, o pai, no filho: isto quer dizer que os mais poderosos e os perfeitos dominam os mais fracos e os mais imperfeitos. Constata-se esta mesma situação entre os homens: pois há os que, por natureza, são senhores e outros que, por natureza, são servos. Os que ultrapassam os outros pela prudência e pela razão, mesmo que não os dominem pela força física, são, pela própria natureza, os senhores; por outro lado, os preguiçosos, os espíritos lentos, mesmo quando têm as forças físicas para realizar todas as tarefas necessárias, são, por natureza, servos. [...] Sempre será justo e de acordo com o direito natural que essas pessoas sejam submetidas ao império de príncipes e de nações mais cultivadas e humanas, de modo que, graças à virtude dos últimos e à prudência de suas leis, eles abandonam a barbárie e se adaptam a uma vida mais humana e ao culto da virtude.
>
> Ruggiero Romano. *Os mecanismos da conquista colonial*: os conquistadores. São Paulo: Perspectiva, 1973. p. 85.

   a) Qual é o assunto principal do texto?
   b) No contexto da colonização da América, quem poderia ser identificado como os "senhores" e os "servos"?

2. A imagem ao lado representa o padre Antônio Vieira falando a dois indígenas.
   a) Qual é a postura dos indígenas em relação ao padre?
   b) Com qual propósito o padre estaria fazendo um discurso para os indígenas?
   c) É possível identificar semelhanças entre o texto da atividade 1 e a imagem? Justifique.

Litografia de C. Legrand. *Padre Vieira convertendo os índios do Brasil*, c. 1841.

3. Discuta com um colega o significado da palavra "submissão". Será que na época da colonização todos os indígenas se submeteram aos colonizadores? Será que o contato entre os portugueses e os indígenas foi sempre pacífico? Como vocês imaginam que eram esses encontros? Escreva suas conclusões no caderno.

LENDO HISTÓRIA

Antes de ler

- Pesquise no dicionário o significado da palavra "peregrino".
- Em sua opinião, o que pode levar as pessoas a se mudar de um país para outro?

Os verdadeiros peregrinos

O processo de êxodo rural na Inglaterra acentuava-se no decorrer do século XVII e inundava as cidades inglesas de homens sem recursos. A ideia de uma terra fértil e abundante, um mundo imenso e a possibilidade de enriquecer a todos era um poderoso ímã sobre essas massas.

Naturalmente, as autoridades inglesas também viam com simpatia a ida desses elementos para lugares distantes. A colônia serviria, assim, como receptáculo de tudo que a metrópole não desejasse. [...]

Ao contrário de Portugal, nação de pequena população, a Inglaterra já vivia problemas com o crescimento demográfico no momento do início da colonização dos Estados Unidos. Portugal sofreu imensamente com o envio dos contingentes de homens para o além-mar. A Inglaterra faria da colonização um meio de descarregar no Novo Mundo tudo o que não fosse mais desejável no Velho. [...]

Em 1620, a Companhia de Londres [empresa responsável pela colonização na América] trazia cem órfãos para a Virgínia. Da mesma maneira, mulheres eram transportadas para serem leiloadas no Novo Mundo. É natural concluir que estas mulheres, dispostas a atravessar o oceano e serem vendidas na América como esposas, não eram integrantes da aristocracia intelectual ou financeira da Inglaterra.

Leandro Karnal e outros. *História dos Estados Unidos*. São Paulo: Contexto, 2007. p. 44-45.

George Henry Boughton. *Peregrinos a caminho da Igreja*, 1867.

De olho no texto

1. De acordo com o texto, quem veio da Inglaterra para a América?
2. Qual comparação o autor faz entre Portugal e Inglaterra?
3. Por qual motivo o autor diz que as mulheres que vinham para a América "não eram integrantes da aristocracia intelectual ou financeira da Inglaterra"?
4. Segundo o texto, que papel desempenhava a Colônia para a Inglaterra?

QUESTÕES GLOBAIS

1. Este capítulo forneceu informações sobre a ocupação das terras americanas pelos europeus. Reúna essas informações em um mapa, conciliando-as com dados atuais dessas regiões que, no passado, foram colonizadas. Para isso, siga o roteiro abaixo.

   a) Em um atlas, localize um mapa político atual do continente americano.
   b) Copie-o em papel vegetal ou outro papel transparente, localizando as capitais dos países.
   c) Registre nesse mapa o nome dos países e de suas respectivas capitais.
   d) Identifique nesse mapa as regiões que foram colonizadas pelos franceses, pelos espanhóis, pelos ingleses e pelos portugueses, pintando-as com cores diferentes.
   e) Crie uma legenda que informe ao que corresponde cada cor.
   f) Por fim, anote no mapa a língua oficial falada nesses países.
   g) Cole o mapa no caderno. Ele poderá ser consultado durante seus estudos.

2. Leia o texto a seguir e responda às questões.

   > As populações indígenas da América, trabalhando para os europeus, procuravam obedecer ao ritmo de vida na forma exigida pelos seus senhores. Nas missões os padres ensinavam as populações nativas a obedecer ao sino e a acompanhar os ofícios religiosos.
   >
   > A repetição de gestos em cerimônias e o longo processo de catequização favoreciam o aprendizado de novos costumes.
   >
   > Janice Theodoro. *Descobrimentos e Renascimento.* São Paulo: Contexto, 1996. p. 51.

   a) Por que interessava aos europeus ensinar novos costumes aos indígenas?
   b) Como você interpretaria a expressão "obedecer ao sino", citada no texto?

3. Leia a frase abaixo.

   > No Peru e na maior parte da América espanhola, os conflitos opondo colonos ao clero e à Coroa nascem da luta pelo controle dos nativos.
   >
   > Luiz Felipe de Alencastro. *O trato dos viventes:* formação do Brasil no Atlântico Sul. São Paulo: Companhia das Letras, 2000. p. 12.

   a) Por que havia disputas entre os colonos e os religiosos (clero) pelo controle dos indígenas?
   b) O conflito citado na frase ocorria também na América portuguesa? Justifique.

PARA SABER MAIS

Livros

Piratas no Callao, de Hérnan Garrido-Lecca. São Paulo: Salamandra, 2008.
Ficção sobre as aventuras de piratas na cidade peruana de Callao.

Os jesuítas no Brasil Colonial, de Paulo de Assunção. São Paulo: Atual, 2003.
Analisa a presença dos jesuítas no Brasil desde a fundação da Companhia de Jesus, em 1534, até a expulsão da ordem religiosa, em 1759.

Nóbrega e Anchieta, de Ricardo Dreguer. São Paulo: Moderna, 2004.
Relata a participação dos padres jesuítas Manuel da Nóbrega e José de Anchieta na fundação das cidades de Salvador, São Paulo e Rio de Janeiro.

Site

<http://museu.marinha.pt/>. *Site* do Museu da Marinha.
Site português sobre o passado marítimo luso relacionado a conquistas militares e diversos aspectos das atividades humanas ligadas ao mar. Acesso em: 12 ago. 2014.

Síntese

As Colônias americanas
- Potências europeias disputam as terras do Novo Mundo
- A colonização inglesa na América do Norte
- A colonização francesa na América

A colonização das terras espanholas
- A economia colonial e a exploração da mão de obra
- As instituições de administração colonial
- A hierarquia da sociedade colonial
- As missões jesuíticas

A colonização portuguesa
- O início da colonização e as primeiras vilas
- As capitanias hereditárias
- Os Governos-gerais
- As câmaras municipais

A cristianização na América portuguesa
- Missões jesuíticas na América portuguesa
- As escolas jesuíticas
- Os conflitos entre jesuítas e colonos
- A herança do catolicismo na cultura brasileira

Linha do tempo

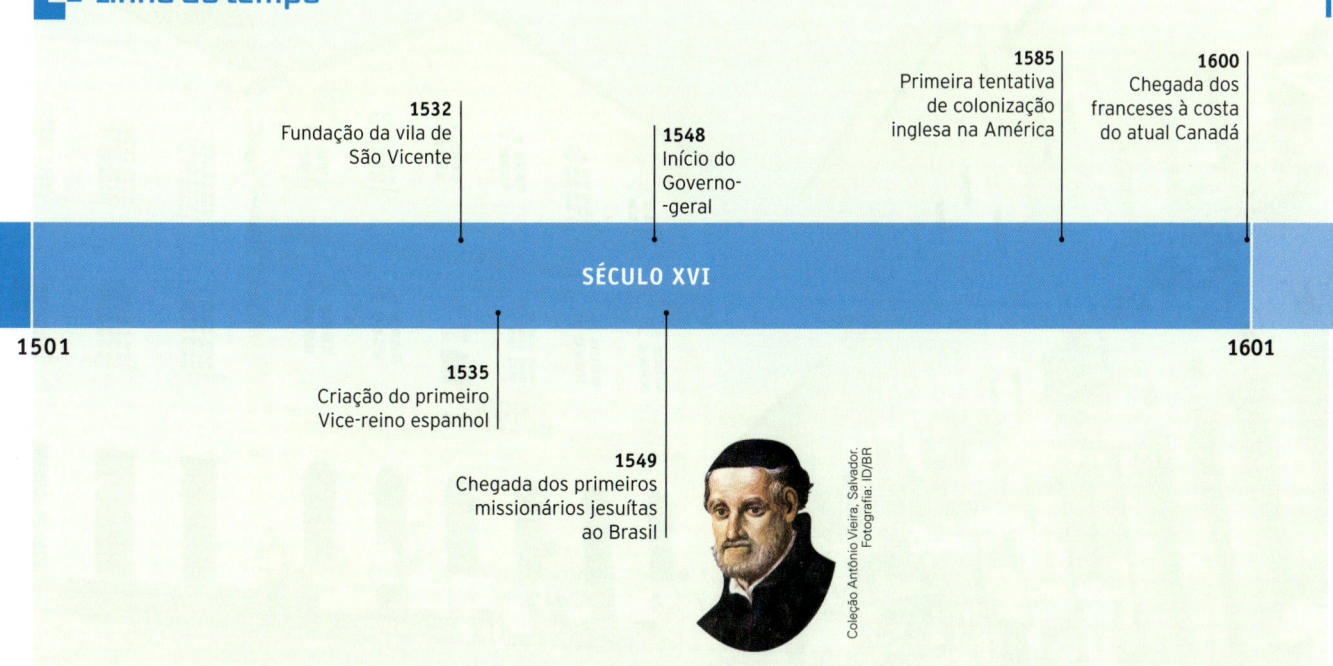

SÉCULO XVI (1501 — 1601)

- **1532** Fundação da vila de São Vicente
- **1535** Criação do primeiro Vice-reino espanhol
- **1548** Início do Governo-geral
- **1549** Chegada dos primeiros missionários jesuítas ao Brasil
- **1585** Primeira tentativa de colonização inglesa na América
- **1600** Chegada dos franceses à costa do atual Canadá

Nos séculos XVI e XVII, a América portuguesa era a principal produtora de açúcar do mundo. A riqueza obtida por meio dessa atividade econômica permitiu o desenvolvimento da sociedade colonial e o surgimento das primeiras cidades. As lavouras de cana e os engenhos de açúcar também despertaram a cobiça dos inimigos de Portugal e Espanha, que entre 1580 e 1640 estiveram unidos por uma única Coroa.

A colonização da América portuguesa

CAPÍTULO 5

Salvador, BA, fotografia de 2009.

O QUE VOCÊ VAI APRENDER

- O início da empresa açucareira
- A sociedade colonial
- A União Ibérica
- As invasões holandesas
- A dinâmica da economia colonial

CONVERSE COM OS COLEGAS

1. A colonização na América portuguesa foi um processo que durou três séculos. Nesse tempo todo, várias atividades econômicas se desenvolveram na Colônia. A implantação da empresa açucareira, ainda no século XVI, trouxe muitos lucros para Portugal e deu ao Brasil suas primeiras feições coloniais e vários elementos que, posteriormente, contribuíram para a formação da sociedade brasileira. No lugar onde você vive há algum traço desse passado colonial? Discuta e compartilhe com os colegas o que você já sabe sobre esse período da História do Brasil.

2. Observe a imagem ao lado. Você reconhece este lugar?

3. O que mais chama a sua atenção nas construções que aparecem na fotografia?

4. Ainda sobre os edifícios presentes na imagem, responda.
   a) São construções antigas ou recentes? O que ajudou você a chegar à resposta?
   b) Os edifícios foram construídos para qual finalidade? Justifique.
   c) De onde teria vindo o dinheiro para a construção dessas edificações?

5. Em dupla, escrevam um texto sobre a possível relação existente entre a imagem ao lado e o tema que será estudado neste capítulo.

MÓDULO 1

A economia do açúcar

Até o século XIV, o açúcar era considerado uma especiaria pelos europeus. Por ser muito caro, era consumido apenas pelas pessoas ricas. A introdução do cultivo da cana-de-açúcar nas colônias mudou essa situação, popularizando o consumo do açúcar no Ocidente.

A empresa açucareira

Durante séculos, a Europa limitou-se a comprar especiarias de intermediários árabes. Os portugueses, pioneiros das navegações, foram também os primeiros ocidentais a produzir o **açúcar** em larga escala.

Ao longo do século XV, Portugal iniciou o cultivo da cana-de-açúcar em seus domínios coloniais, obtendo sucesso nas ilhas atlânticas da Madeira e de São Tomé e Príncipe. Mas foi a América portuguesa que, no fim do século XVI, se tornou o maior fornecedor de açúcar para o Ocidente.

O açúcar na América portuguesa

A cultura da cana-de-açúcar foi oficialmente introduzida na América portuguesa em 1532, na capitania de São Vicente. Mas foi nos anos posteriores que a produção de açúcar se tornou uma atividade lucrativa, depois que a cultura se expandiu pelo litoral do atual Nordeste do Brasil.

As maiores regiões produtoras foram Pernambuco e o Recôncavo Baiano, no entorno da cidade de Salvador. Nessas áreas há o solo massapé e o clima é bem apropriado ao cultivo da cana. A localização estratégica da região, menos distante da Europa e, portanto, mais próxima do mercado consumidor, também foi um fator decisivo para a proliferação dos engenhos de açúcar mais ao norte da costa litorânea.

A cana-de-açúcar era plantada em fazendas de tamanhos variados. As maiores e mais importantes possuíam as instalações e os equipamentos necessários para transformar a cana em açúcar: o **engenho**.

Outros proprietários limitavam-se a plantar a cana-de-açúcar, mandando moer sua produção nos engenhos das grandes propriedades. A produção dos engenhos era quase exclusivamente vendida a comerciantes portugueses, pois os colonos eram proibidos pela Coroa de negociar açúcar com outros países.

O comércio do açúcar na Europa gerava lucros muito altos, o que despertaria também em outros países europeus o interesse pelo controle da produção.

Uma história doce

A cana-de-açúcar é originária possivelmente do leste da Ásia. Na Antiguidade, foi cultivada na Índia, sendo depois levada para a Pérsia (atual Irã), onde a técnica de fabricação do açúcar foi aperfeiçoada. Na Idade Média, os árabes disseminaram a cultura por seus domínios, que incluíam o sul da península Ibérica e principalmente a ilha italiana da Sicília, a mais importante região produtora da Europa, embora o clima europeu não fosse o mais apropriado para o cultivo da cana. Por essa razão, a produção europeia de açúcar de cana sempre foi pequena.

GLOSSÁRIO

Massapé: solo de cor escura encontrado em algumas áreas do Nordeste brasileiro, rico em nutrientes e muito fértil.

••• O engenho

A produção de açúcar envolvia o trabalho de muita mão de obra escravizada e uma série de procedimentos técnicos complexos, controlados por um profissional muito valorizado, o **mestre de açúcar**, normalmente um homem livre.

O início do processo de produção ocorria com a moagem da cana recém-colhida na moenda, extraindo-se o caldo (garapa). Depois, iniciava-se o cozimento da garapa em caldeiras e tachos, quase sempre de bronze. Por esse processo, a garapa era fervida lentamente até se tornar um líquido pastoso, o "mel de engenho", ou melado.

O melado, que cristaliza quando frio, transformando-se em rapadura, era então colocado em recipientes de barro em forma de cone e levado à **casa de purgar**. Cobria-se o recipiente com uma tampa de barro úmido. De tempos em tempos jogava-se água para lavar as impurezas, que eram eliminadas por um orifício. No fim do processo, o melado cristalizado e purificado havia se tornado açúcar.

Engenho real e trapiche

Uma fazenda de cana tinha outros edifícios e instalações, como a **casa-grande**, moradia do senhor, a **senzala**, alojamento dos escravizados, as plantações de cana e a roça para o sustento de senhores e escravos.

Os engenhos mais importantes possuíam moendas movidas pela força da água, que podiam moer uma quantidade maior de cana e recebiam o nome de **engenho real**. Os engenhos que utilizavam a força de bois e mulas eram menores e mais baratos, conhecidos como **trapiches**.

UM ENGENHO REAL DO SÉCULO XVII

Representação artística de engenho de cana no século XVII.

O Pão de Açúcar

A rapadura, produzida nos engenhos e exportada, normalmente era acondicionada em formas de barro chamadas de pão de açúcar devido a seu formato cônico. No apogeu do cultivo da cana-de-açúcar no Brasil (séculos XVI e XVII), os portugueses apelidaram uma montanha sem vegetação da cidade do Rio de Janeiro de Pão de Açúcar, devido à sua semelhança com aquele formato.

Hoje, o morro do Pão de Açúcar é conhecido internacionalmente e visitado por turistas de todo o mundo.

Morro do Pão de Açúcar, na cidade do Rio de Janeiro, RJ, 2011.

●●● A sociedade da América portuguesa açucareira

Nos primeiros dois séculos de colonização, a camada social de maior poder na América portuguesa era a dos proprietários de terra. Pertencentes a famílias de origem europeia, eles eram os **homens bons**, que serviam como vereadores nas Câmaras Municipais, governando boa parte das vilas e cidades.

Entre os proprietários de terra, o grupo de maior poder e prestígio era o dos **senhores de engenho**, isto é, os donos de engenhos de açúcar. Eles se consideravam a "nobreza da terra" e eram tratados com grande respeito por todos, incluindo os demais fazendeiros.

As fazendas abrigavam também pessoas livres, os agregados, que viviam como dependentes do proprietário, servindo-o fielmente em troca de um emprego ou da permissão de cultivar um pequeno pedaço da terra.

O trabalho escravo

Na base da sociedade colonial estavam os **escravos**. Eles faziam todo tipo de trabalho, principalmente nas fazendas. A maior parte dos cativos veio da África, embora os colonos também tivessem tentado escravizar os indígenas. Em algumas situações específicas, de fato, os indígenas foram submetidos à escravidão, mas na produção do açúcar predominou a mão de obra africana.

A opção pelo trabalho africano nos engenhos de açúcar, em parte, deveu-se aos altos lucros que esse comércio proporcionava tanto aos comerciantes portugueses da costa da África quanto aos que atuavam no litoral brasileiro. Eram oferecidas facilidades e vantagens que levavam o senhor de engenho a preferir os cativos africanos. A própria maneira como os africanos eram capturados e trazidos para a América já criava condições mais favoráveis ao trabalho forçado. Essas pessoas eram separadas de seu povo e viajavam em grupos compostos de várias etnias diferentes, que falavam línguas diferentes. Dessa maneira, dificultava-se a comunicação entre os cativos, tornando mais fácil a sua submissão.

> **Verifique o que aprendeu** ●●●
> 1. Quais eram as principais regiões produtoras de açúcar na América portuguesa?
> 2. Como eram conhecidos os engenhos movidos pela força animal?
> 3. Qual era a camada social dotada de maior poder na Colônia dos séculos XVI e XVII?
> 4. De que continente vinha a maioria dos escravizados que trabalhavam no Brasil no século XVII?

Engenho Uruaé, construído no século XVII, em Goiana, PE. Fotografia de 2010.

ATIVIDADES

1. Analise a frase abaixo, escrita em 1681.

   > O ser senhor de engenho é título a que muitos aspiram, porque traz consigo o ser servido, obedecido e respeitado por muitos [...]
   >
   > André João Antonil. *Cultura e opulência do Brasil*. 3. ed. Belo Horizonte: Itatiaia; São Paulo: Edusp, 1982. p. 75.

   a) Na frase, o padre Antonil se refere a qual categoria social do Brasil colonial?
   b) Por que, segundo o autor, essa condição social era desejada por muitos?
   c) Considerando o que você estudou sobre a *civilização do açúcar*, responda: O que dava a essa categoria social tanto prestígio?

2. Em dupla, discutam quais foram os fatores que contribuíram para o sucesso da cultura da cana-de-açúcar na América portuguesa. Escrevam as conclusões no caderno.

3. Observe a imagem abaixo e responda às questões.

   Hercule Florence. *Moagem de cana no engenho*, 1840.

   a) Que equipamento do engenho está representado na imagem?
   b) Identifique o tipo de engenho representado. Justifique sua resposta.
   c) Como funcionava o equipamento que aparece na imagem?

4. As palavras abaixo estão ligadas às etapas do processo de transformação da cana em açúcar nos engenhos. Coloque as palavras na ordem e elabore um texto descrevendo o processo de produção do açúcar.

   água   purgar   garapa   caldeira   moenda   cana-de-açúcar   fôrma   melado

ARTE e CULTURA

Engenhos de açúcar no pincel de Frans Post

O pintor Frans Post chegou ao Brasil em 1637, como membro da comitiva de artistas e cientistas trazida por Maurício de Nassau para documentar o domínio holandês no Nordeste.

Registros informam que o artista pintou cerca de dezoito telas durante a permanência de quase oito anos em terras brasileiras. De volta à Holanda, continuou retratando temas tropicais com base nos esboços e desenhos que havia realizado.

O interesse de compradores holandeses por pinturas com paisagens tidas como exóticas e desconhecidas fez que Frans Post repetisse em suas composições alguns elementos, como coqueiros, mamoeiros, lagartos, antas, capivaras e jiboias.

Os engenhos de açúcar e outras características da paisagem nordestina do século XVII podem ser conhecidos devido ao caráter documental das pinceladas e dos traços feitos pelo artista.

Frans Post. *Engenho*, século XVII. Óleo sobre madeira.

Detalhe

Composição típica de um engenho pernambucano do século XVII: a casa-grande no alto da colina e, ao lado dela, a capela. Na parte baixa, o engenho real, quase todo aberto, com paredes de pedra e cobertura de telhas vermelhas. Há uma grande roda-d'água e a moenda, ligada à roda-d'água por engrenagens horizontais. Um aqueduto de madeira, à direita, traz a água que move a roda. Ao longe, um rio.

Frans Post. *Engenho*, século XVII. Óleo sobre tela.

Engenho de açúcar da região de Pernambuco, obra de Frans Post, c. 1644. O edifício do engenho ficava num local mais baixo para aproveitar a força da água que movia a grande roda da moenda. No detalhe 1, um carro de boi descarrega cana-de-açúcar no galpão da moenda. No detalhe 2, um carro de boi parte vazio para buscar cana nas áreas plantadas. Em uma mesa, escravizados desenformam pães de açúcar e classificam o açúcar.

Atividades

1. Relacione os elementos que se repetem nas duas pinturas de Frans Post.
2. Em qual dos detalhes destacados há um animal da fauna brasileira?

117

MÓDULO 2
As invasões holandesas

A morte do rei dom Sebastião, último representante da dinastia de Avis, deixou vago o trono de Portugal e desencadeou uma crise política e econômica que trouxe drásticas consequências para o Império colonial lusitano.

●●● A União Ibérica

A dinastia de Avis, que governava Portugal desde 1385, deixou o poder em 1578, quando o rei dom Sebastião, de apenas 24 anos, desapareceu durante um combate com os muçulmanos no norte da África. O rei não tinha irmãos nem filhos. A Coroa então passou para seu único parente de nacionalidade portuguesa, seu tio, um cardeal de 78 anos, que morreu pouco tempo depois, em 1580, sem deixar herdeiros.

Cinco candidatos ao trono se apresentaram. Venceu o espanhol **Filipe de Habsburgo**, rei da Espanha com o título de Filipe II e primo de dom Sebastião por parte de mãe. Após enviar o exército espanhol para impor à força sua candidatura, ele foi aclamado rei Filipe I de Portugal, em 1580, iniciando a fase conhecida como **União Ibérica**.

Cristóvão de Morais. *Dom Sebastião*, século XVI. Óleo sobre tela.

Impérios separados, inimigos comuns

Dom Filipe não anexou Portugal à Espanha. Governou os dois Estados separadamente, indicando um vice-rei em Lisboa, que nomeava portugueses para administrar o reino lusitano e seu império.

A influência espanhola foi inevitável, principalmente na política externa, uma vez que Portugal mantinha uma tradicional amizade com a Inglaterra e os Países Baixos (Holanda), inimigos de Filipe.

Sanches Coello. *Retrato de Filipe II da Espanha*, c. 1580. Óleo sobre tela.

Pertencentes ao império espanhol desde 1556, os Países Baixos estavam, em 1580, em plena guerra de independência, combatendo os exércitos de Filipe II.

Com Filipe II ocupando o trono lusitano, Portugal entrou em guerra contra os holandeses, encerrando uma amizade secular, o que pôs em risco o Império colonial português.

PAÍSES BAIXOS E PROVÍNCIAS UNIDAS (SÉCULO XVII)

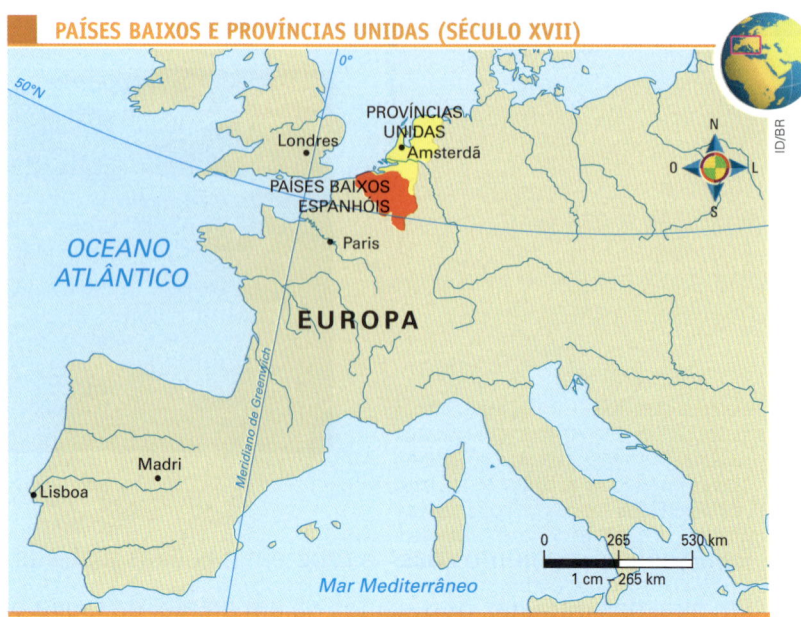

Fonte de pesquisa: *Atlas histórico*. Madri: SM, 2007. p. 83.

118

A Holanda contra Portugal

A guerra travada pelos Países Baixos contra Filipe II provocou a decadência de Antuérpia e de todas as províncias católicas do sul que permaneceram sob o domínio da Espanha. Antuérpia foi cercada e saqueada pelos espanhóis em 1585, levando grande parte dos seus comerciantes a procurar abrigo em Amsterdã, o principal porto da **Holanda**.

A Holanda era uma das sete províncias de maioria protestante situadas no norte dos Países Baixos. Essas províncias resistiram aos ataques das tropas de Filipe II e criaram, em 1579, uma república independente, chamada Províncias Unidas. A república protestante acolheu os refugiados da região invadida, muitos deles judeus portugueses que fugiam da Inquisição espanhola.

Os comerciantes flamengos instalados em Amsterdã tinham, porém, um sério problema: como continuar a lucrar com a distribuição de produtos coloniais se o seu maior inimigo, Filipe II, dominava os Impérios da Espanha e de Portugal?

A solução foi conquistar territórios pertencentes às potências ibéricas, ricos em especiarias e em outros produtos valorizados na época.

Holanda, Países Baixos ou Províncias Unidas?

Os comerciantes da cidade de Amsterdã lideraram a expansão marítima dos Países Baixos do final do século XVI ao XVIII. Porém, a Holanda nunca foi um país autônomo, isolado.

No final do século XVI, a Holanda integrava, junto com outras seis províncias, a República das Províncias Unidas dos Países Baixos. A WIC era uma companhia ligada a essa república.

Foram os cidadãos das sete Províncias Unidas que conquistaram parte do Brasil entre 1624 e 1654, e não apenas a Holanda.

Os holandeses atacam

Os navios dos comerciantes de Amsterdã começaram a atacar as colônias portuguesas na Ásia já no fim do século XVI. Para aumentar o poderio desses ataques, em 1602 as companhias holandesas foram unificadas na poderosa **Companhia das Índias Orientais**, *Vereenigde Oost-Indische Compagnie* em holandês, ou VOC.

Os altos lucros obtidos pela VOC levaram os comerciantes de Amsterdã a criar, em 1621, uma companhia para explorar as riquezas da América e da África: a **Companhia das Índias Ocidentais**, *West-Indische Compagnie* em holandês, ou WIC.

Em 1624, uma frota da WIC, com 26 navios e mais de 3 mil soldados, conquistou a cidade de Salvador, na Bahia. Em resposta, o rei espanhol armou uma frota com 56 navios e reconquistou o porto baiano em 1625. Cinco anos depois, a WIC fez um novo ataque ao Brasil. O alvo era Pernambuco.

AS CONQUISTAS DA WIC NO BRASIL (SÉCULO XVIII)

Fonte de pesquisa: José Jobson de Arruda. *Atlas histórico básico*. São Paulo: Ática, 2007. p. 37.

••• A América portuguesa dominada pela Companhia das Índias

Em 1630, a Companhia das Índias Ocidentais (WIC) enviou uma frota de 67 navios para conquistar o Pernambuco português e seus 137 engenhos de açúcar. Os colonos não conseguiram resistir ao ataque e se renderam. Muitos abandonaram vilas e engenhos, fugindo para o sertão e para a Bahia.

Entre 1630 e 1635, os soldados da WIC conquistaram um grande território, correspondente aos atuais estados de Pernambuco, Paraíba e Rio Grande do Norte, mais tarde estendido até Sergipe, Ceará e Maranhão.

Consolidada a conquista, a WIC nomeou, em 1636, o nobre **João Maurício de Nassau-Siegen** para administrar a Colônia com a missão de torná-la lucrativa.

O governo de Nassau

Maurício de Nassau chegou ao Brasil em 1637. Negociador habilidoso, ele ofereceu aos colonos empréstimos para a recuperação dos canaviais e engenhos de açúcar destruídos durante a invasão. Ao mesmo tempo, conquistou na África as principais áreas fornecedoras de mão de obra escrava: São Jorge da Mina (1637), Angola e São Tomé (1641). Dessa forma, garantiu mão de obra para os engenhos, que retomaram a produção.

Membro da alta nobreza alemã, Nassau agia como um príncipe de seu tempo, cercando-se de uma corte esplendorosa. Durante o período em que serviu à WIC, estimulou a vinda ao Brasil de renomados artistas e cientistas.

A expulsão da WIC

Os territórios conquistados pela WIC no Brasil nunca estiveram totalmente seguros. Parte dos antigos colonos, refugiados nas matas, praticava ataques-surpresa, que prejudicavam a produção de açúcar e obrigavam a Companhia das Índias Ocidentais a gastar altas somas para manter suas tropas em constante estado de alerta.

Como a Colônia não alcançou os lucros esperados, Maurício de Nassau foi demitido, voltando para a Europa em 1644. A WIC passou então a cobrar as dívidas contraídas pelos senhores de engenho, provocando descontentamento geral.

As forças leais a Portugal, que tinham se libertado da Espanha em 1640, aproveitaram esse descontentamento e uniram a população em torno da causa portuguesa. Após várias batalhas, as tropas da WIC foram expulsas em 1654.

Caspar Barleus. *Maurício de Nassau*, 1647. Gravura em cobre aquarelada.

Verifique o que aprendeu •••

1. O que foi e o que causou a União Ibérica?
2. O que era a WIC?
3. Quais regiões do Brasil foram invadidas pela WIC?
4. De que maneira Nassau conseguiu reativar a produção açucareira?

ATIVIDADES

1. Sobre a União Ibérica, discuta com um colega.
   a) Por que Filipe II, rei da Espanha, se tornou rei de Portugal?
   b) Na prática, o que significou para os portugueses a união entre os dois reinos ibéricos?
   c) Qual é a relação existente entre a União Ibérica e a conquista de colônias e feitorias portuguesas pelas Províncias Unidas (Holanda)?
   d) Registrem suas conclusões no caderno e usem essas anotações para a elaboração de um texto sobre as consequências da União Ibérica para as possessões coloniais portuguesas na América.

2. A imagem abaixo representa uma cena de rua na cidade do Recife, governada pela WIC, em meados do século XVII. O autor da obra é um artista europeu que viveu em Pernambuco durante a administração de Maurício de Nassau. Observe os elementos da imagem e resolva as questões.

Zacharias Wagener. *O mercado de escravos*, século XVII.

a) Identifique dois grupos sociais representados na imagem. Justifique sua resposta.
b) O que a imagem sugere sobre a relação entre os dois grupos representados?
c) Descreva a cena representada ao lado, no detalhe da imagem.
d) Relacione a cena representada no detalhe com a análise do conjunto da imagem. Em sua avaliação, qual é a atividade realizada nessa rua do Recife?

MÓDULO 3
A dinâmica da economia colonial

Outras atividades econômicas se desenvolveram em função do açúcar, em áreas próximas aos engenhos e, depois, em regiões afastadas do litoral, dando início ao primeiro movimento de ocupação do interior da Colônia.

A agricultura de subsistência e a pecuária

Com a implantação da cultura da cana-de-açúcar na América portuguesa, ao redor dos engenhos formaram-se pequenos núcleos destinados ao cultivo, em pequena escala, de produtos agrícolas de primeira necessidade, como o milho, a mandioca, alguns cereais e hortaliças, ou à criação de animais. O objetivo era sustentar as populações que viviam direta ou indiretamente da produção do açúcar.

A atividade de criação de gado bovino ganhava importância à medida que aumentava a produção de açúcar. Os animais forneciam a carne, o leite e o couro para as fazendas de cana-de-açúcar e para os centros urbanos que começavam a crescer. E também eram usados para mover as moendas de cana nos engenhos de trapiches ou transportar as cargas pesadas nos chamados **carros de boi**.

O crescimento da atividade canavieira ocupou as terras antes destinadas à criação de gado e empurrou os rebanhos para o interior.

> **Mandioca: o pão da terra**
>
> A farinha de mandioca indígena foi adotada como alimento em larga escala pelo colonizador europeu. Podia ser consumida misturada ao feijão ou na forma de beiju.
>
> A mandioca era também a base da alimentação dos africanos escravizados, sendo cultivada nas fazendas de cana-de-açúcar como atividade complementar.
>
> As mandiocas eram raladas e prensadas, e a massa era torrada em instalações chamadas também de "engenho".
>
> Raiz da mandioca.

Fazendas de gado do interior

A pastagem natural era a fonte principal de alimento para os animais, por isso os criadores de gado deslocavam-se constantemente. Nos pontos de entroncamento, onde se praticava o comércio de gado, de carne e de couro, formaram-se os primeiros povoados no **sertão nordestino**, vasta região que abrange parte do atual Nordeste do Brasil.

Para compensar a distância entre as fazendas do interior e o mercado consumidor, os criadores de gado adotaram a técnica da salga da carne e posterior secagem ao sol, para melhor conservá-la. O comércio da carne-seca também fez diminuir os prejuízos do criador, que já não precisava transportar o gado vivo para vendê-lo, evitando que este chegasse magro ao destino.

PRINCIPAIS ATIVIDADES ECONÔMICAS DA AMÉRICA PORTUGUESA (SÉCULO XVII)

Legenda:
- Pau-brasil
- Cana-de-açúcar
- Pecuária
- Tabaco

Fonte de pesquisa: Flávio de Campos e Miriam Dolhnikoff. *Atlas história do Brasil*. São Paulo: Scipione, 2006. p. 12.

●●● A aguardente

Nos engenhos de açúcar também se produzia, em menor escala, a cachaça, uma bebida feita a partir da destilação da garapa da cana. O processo de fabricação da cachaça é semelhante ao que já se conhecia na Europa para produzir bebidas destiladas, em geral transparentes e com alto teor alcoólico, feitas com o suco de algumas frutas ou cereais, como a uva, o milho, o arroz, etc.

Por causa do seu gosto forte, essas bebidas destiladas receberam o nome genérico de água ardente, ou simplesmente aguardente.

> **GLOSSÁRIO**
>
> **Destilação:** técnica de separar líquidos por meio da evaporação, muito usada para extrair álcool de caldos doces.

A produção colonial

Uma das finalidades em se produzir cachaça na Colônia era a sua importância como mercadoria de troca no comércio de pessoas escravizadas. Na costa da África central, a bebida era conhecida como **jeribita** e era muito apreciada pelos africanos que vendiam os cativos aos traficantes portugueses.

A principal região produtora de cachaça na América colonial era o Rio de Janeiro. Lá e em outros lugares da Colônia formaram-se pequenos engenhos especializados na produção da bebida. Esses engenhos eram chamados de **engenhocas**.

A Coroa portuguesa proibiu a produção da cachaça, em 1647, numa tentativa de proteger o comércio de destilado de vinha, também chamado de bagaceira. Mas a aguardente da cana continuou a ser produzida e comercializada na Colônia, principalmente após a expulsão dos holandeses, em 1654.

Nessa época, o açúcar brasileiro começou a enfrentar concorrência no mercado internacional, e os senhores de engenho do Nordeste passaram também a produzir a cachaça para vendê-la aos africanos, recuperando assim parte da rentabilidade perdida com o açúcar. Uma nova lei vinda de Portugal, em 1659, ordenou que todos os alambiques coloniais fossem destruídos. O governador do Rio de Janeiro, no entanto, decidiu permitir a produção da cachaça, desde que os donos de alambiques pagassem altas taxas para a administração colonial. A medida acabou por deflagrar um movimento contra o pagamento das taxas, em 1660, que ficou conhecido como a Revolta da Cachaça.

Barris para envelhecimento de cachaça. Engenho na zona rural de Triunfo, PE. Fotografia de 2010.

O tabaco

O tabaco é uma planta originária da América e, quando da chegada dos europeus, já era conhecida e usada pelos indígenas americanos nos rituais religiosos. Foi inicialmente cultivada nas colônias espanholas. No Brasil, a cultura do tabaco foi introduzida com objetivos comerciais somente no século XVII, tornando-se aos poucos a segunda atividade econômica em importância. Isso porque a lavoura de tabaco não exigia solos muito férteis, sendo um produto acessível e lucrativo fora das fazendas de cana-de-açúcar.

A principal região produtora ficava no Recôncavo Baiano, mas a planta era também bastante cultivada em Pernambuco, no Maranhão e no Rio de Janeiro.

Moedas de troca

O tabaco e a cachaça permitiram aos colonos da América portuguesa o comércio com a África, mesmo nos períodos de baixa dos preços de açúcar. No golfo da Guiné, importante mercado fornecedor de cativos, o tabaco se tornou um produto altamente valioso. Os africanos que habitavam a costa atlântica também incorporaram o tabaco em seus rituais religiosos.

Depois de secas, as folhas da planta se transformam em fumo para ser consumido em cigarros, charutos, cachimbos, etc. A partir do século XVII, o uso do tabaco se propagou também pela Europa e pela Ásia.

Traficantes brancos separando um africano de sua família. Nessa pintura de 1789, chamada *Execrável tráfico humano*, seu autor, George Morland, quis ressaltar a violência do tráfico negreiro.

A saúde em primeiro lugar

O fumo e as bebidas alcoólicas são prejudiciais à saúde porque contêm substâncias que provocam dependência química e doenças graves, como o câncer, no caso do cigarro, e a cirrose hepática, no caso do álcool. Por causa dos efeitos prejudiciais do cigarro e das bebidas alcoólicas, governos de vários países do mundo gastam grandes quantias em campanhas para conscientizar e alertar a população sobre os seus males.

I. Discuta com os colegas a importância das campanhas contra o cigarro e as bebidas alcoólicas e as vantagens de se levar uma vida saudável e sem vícios.

Verifique o que aprendeu

1. Qual foi a importância da pecuária para a colonização da América portuguesa?
2. Além do açúcar, cite outras atividades econômicas do período colonial.
3. O que eram as engenhocas?
4. Qual era a relação existente entre a produção de tabaco e cachaça na América portuguesa e o tráfico de seres humanos escravizados?

ATIVIDADES

1. Leia a seguir fragmentos de uma obra do historiador Caio Prado Jr. e responda ao que se pede.

   Parte 1

   Já apontei acima os motivos principais por que fiz esta distinção, fundamental numa economia como a nossa, entre a grande lavoura que produz para exportação e a agricultura que chamei de "subsistência", por destinar-se ao consumo e à manutenção da própria colônia. E acrescentei que, além daqueles fundamentos gerais da distinção, ocorre ainda a diversidade da organização de um e outro setor da agricultura colonial. De fato, enquanto na grande lavoura, como vimos, encontramos a exploração em larga escala, disposta em grandes unidades produtoras (fazendas, engenhos) que empregam numerosa mão de obra e organização coletiva do trabalho, na agricultura de subsistência, pelo contrário, predominam outros tipos de estrutura agrária, variáveis, aliás, como veremos.

   Há naturalmente entre estes setores um terreno comum. Todos os produtos da grande lavoura – açúcar, algodão, tabaco e os demais – se consomem igualmente no país; e neste sentido, portanto, são também de subsistência. [...]

   Parte 2

   Destaquemos alguns ramos da produção agrícola em que mais se verifica tal superposição de caracteres. A aguardente em primeiro lugar. A situação deste gênero é toda especial: trata-se de um subproduto, e a maior parte de sua volumosa produção deve-se a esta circunstância. Não fosse o açúcar, e certamente ela se reduziria muito. Doutro lado, a aguardente está na categoria particular dos gêneros de escambo utilizados no tráfico de escravos.

   [...]

   Caio Prado Jr. *A formação do Brasil contemporâneo*. 23. ed. São Paulo: Brasiliense, 2010. p. 155-156.

   a) Do que trata a parte 1 do texto?
   b) Qual assunto é discutido na parte 2 do texto?
   c) Segundo Caio Prado Jr., o que diferencia a grande lavoura da agricultura de subsistência?
   d) De acordo com o texto, a aguardente de cana-de-açúcar poderia ser definida como produto oriundo da grande lavoura ou da agricultura de subsistência? Justifique.
   e) O que o autor quis dizer com a frase: "a aguardente está na categoria particular dos gêneros de escambo utilizados no tráfico de escravos"?

2. Sobre o desenvolvimento da atividade pecuária, responda.
   a) Como surgiu a atividade pecuária na América portuguesa?
   b) Por que os criadores de gado tiveram de se deslocar para o interior da Colônia?
   c) Como os criadores de gado resolveram o problema das distâncias entre o local de criação e o mercado consumidor da carne bovina? Que solução eles encontraram para manter a atividade de criação de bois rentável, mesmo tendo de percorrer distâncias maiores para vender seus produtos?
   d) Você já viu de perto uma criação de gado bovino? Em caso positivo, conte aos colegas uma experiência que você tenha tido ao visitar uma fazenda de gado. Ressalte aquilo que mais chamou a sua atenção. Em sua opinião, quais são os aspectos dessa atividade econômica que permaneceram inalterados desde a sua implantação no período colonial e quais são as prováveis mudanças? Se você ou os colegas desconhecem completamente o assunto, façam uma pesquisa a respeito e, na data combinada, apresentem os resultados para toda a turma.

APRENDER A...

Interpretar plantas urbanas

As cidades são compostas de um conjunto de elementos: ruas, praças, becos, avenidas, edifícios coletivos, lojas, residências. Para nos movimentarmos pela cidade, necessitamos de algum tipo de orientação, como as placas que identificam o nome das ruas ou as indicações de percurso.

Uma maneira simples, eficiente e antiga de se localizar em uma cidade é utilizar um mapa ou uma **planta urbana**. Elas estão em guias de ruas, guias turísticos, convites de festa, panfletos de estabelecimentos comerciais, anúncios de edifícios, etc.

- **Observação dos elementos que compõem uma planta urbana**

A planta urbana é uma **representação gráfica**, quase sempre em escala, de elementos variados, como:

- o sistema de **vias públicas** que formam uma área urbana, incluindo ruas, praças, becos, etc.;
- os **elementos naturais** presentes na cidade, como morros, rios, lagos, bosques, riachos, praias, etc.;
- os **equipamentos urbanos** de interesse coletivo, como hospitais, universidades, templos religiosos, quartéis, repartições públicas, estádios de futebol, etc.;
- os elementos do **sistema de transporte** da cidade, como terminais de ônibus, estações de metrô, terminais marítimos, estações rodoviárias, aeroportos, etc.

Sabermos nos localizar a partir da interpretação de uma planta urbana não serve apenas para que possamos nos locomover nas cidades do presente. O estudo das cidades do passado também é facilitado quando conseguimos interpretar corretamente as plantas urbanas que chegaram até nós.

Fonte de pesquisa: Prefeitura Municipal de Ponta Grossa. Disponível em: <http://www.pontagrossa.pr.gov.br>. Acesso em: 1º set. 2010.

Identificação de símbolos

Antigas ou atuais, com sinais gráficos simples ou desenhos detalhados, as plantas urbanas apresentam suas informações na forma de **símbolos**, que devem ser analisados.

Alguns símbolos são de uso convencionado, isto é, seguem um mesmo padrão em todas as plantas, não importa em que lugar elas são feitas. Veja alguns exemplos:

- A representação das vias públicas por meio de espaços sem cor, ou de cor única, que formam linhas contínuas.
- A representação das áreas edificadas por meio de espaços de cor mais escura ou intensa que a das vias públicas.
- A representação de praças ajardinadas, parques, etc. por meio da cor verde.
- A representação das superfícies líquidas por meio da cor azul.

Análise de planta histórica

Observe o exemplo a seguir.

Fonte de pesquisa: *O exército na história do Brasil-Colônia*. São Paulo: Odebrecht, 1998. p. 99.

A planta acima mostra a área urbana de Salvador e arredores, na Bahia, em 1625. Ela representa a batalha de reconquista da cidade pelas tropas luso-espanholas que expulsaram as tropas holandesas.

O desenho detalhado permite o acesso a uma série de informações sobre a então capital da Colônia do Brasil.

1. Como podemos identificar:
   a) a área urbana e a área não urbana?
   b) os edifícios da cidade?
   c) as ruas da cidade?
   d) o mar?
   e) o porto da cidade?

2. Na sua opinião, por que predomina a área não urbana na imagem?

DOSSIÊ

Maurício de Nassau e o Brasil

Após seis anos de prejuízos em seus domínios sul-americanos, um conselho composto de dezenove homens de negócios, que dirigia a Companhia das Índias Ocidentais, entendeu que a lucratividade da região dependia de uma administração centralizada. O governador a ser nomeado para comandar o Brasil deveria garantir tanto a segurança militar quanto as condições econômicas e materiais para que as plantações de cana voltassem a ser cultivadas e os engenhos pudessem produzir o açúcar, razão de ser da conquista de parte da América portuguesa.

O escolhido foi um nobre de origem alemã: conde João Maurício de Nassau-Siegen.

Um nobre alemão

Nascido em 1604, o conde de Nassau fazia parte da nobreza protestante, que desde o fim do século XVI vivia em guerra aberta contra os maiores defensores do catolicismo: os Habsburgos, reis da Espanha e da Áustria. Boa parte dessa nobreza se engajou na luta dos Países Baixos calvinistas contra a dominação espanhola.

Como muitos aristocratas de seu tempo, Nassau não possuía uma grande riqueza que permitisse pagar o luxo que sua condição de nobre exigia: o belo palácio que mandou construir na cidade holandesa de Haia, em 1632, quase o levou à falência. Quando, em 1636, a WIC propôs a ele assumir o governo do Brasil, sem dúvida o alto salário oferecido seduziu o conde alemão a aceitar o cargo.

Mas possivelmente não foi apenas o interesse financeiro que fez Nassau partir para Pernambuco. Desde os tempos medievais, a nobreza europeia procurava destacar-se pela cultura e principalmente por meio de feitos heroicos e grandiosos, tanto nos campos de batalha quanto no governo de territórios e súditos.

No Brasil, Nassau poderia exibir todos os seus dotes aristocráticos, comandando tropas em batalhas contra europeus e indígenas, conquistando vastos territórios, espalhando justiça entre os senhores e plebeus sul-americanos, construindo palácios e cidades que se transformariam em fontes de civilização, desenvolvendo as artes e as ciências. Um desafio irresistível para qualquer nobre do Velho Mundo.

A estrutura de uma corte nos trópicos

O conde de Nassau desembarcou no porto do Recife em janeiro de 1637. Era a primeira vez que um importante nobre europeu pisava as terras americanas, trazendo consigo artistas e cientistas.

Nassau estava acompanhado de dois pintores, Frans Post e Albert Eckhout, do médico Willem Piso e do naturalista Georg Marcgraf. Eles deveriam estudar e registrar as paisagens e a natureza brasileira, pouco conhecidas na Europa.

O conde não se limitou a patrocinar as artes e a ciência. Pretendia dotar os domínios sob sua responsabilidade com infraestrutura de uma grande capital e formar uma cidade organizada para mostrar a força e a competência de sua administração.

A capital e seus palácios

Ao lado do antigo povoado do Recife, na ilha de Antonio Vaz, foi implantada a nova cidade, que chamou de *Mauritsstad*, ou "Cidade Maurícia" em português. Imitando o modelo urbano utilizado nos Países Baixos, Nassau mandou cavar canais e construir diques para escoar as águas da ilha baixa que se cruzavam com ruas retas e largas. Uma extensa ponte, a primeira de grande porte construída nas Américas, ligava a ilha ao vizinho porto do Recife.

Nessa cidade organizada, Nassau construiu dois grandes palácios para sediar a sua corte: o Boa Vista servia como local de recreio e descanso, e o Friburgo tinha grandes salões decorados com móveis de luxo e obras de arte.

A herança desse breve sonho tropical

Maurício de Nassau concedeu empréstimos aos senhores de engenho e conseguiu intensificar a produção de açúcar. O governante recebia dois por cento sobre os lucros holandeses obtidos no Brasil. Daí seu interesse em realizar obras de urbanização no Recife e estimular o desenvolvimento de engenhos e fazendas de gado. Para garantir a simpatia dos habitantes locais, permitia a liberdade de culto. Em 1644, o governo holandês determinou o imediato pagamento das dívidas feitas pelos senhores de terra, e Nassau, que discordava da decisão, acabou sendo destituído de suas funções no Brasil.

Frans Post e Albert Eckhout executaram centenas de desenhos e pinturas retratando paisagens, que encantariam os europeus. Muitas dessas pinturas foram compradas pelo rei francês Luís XIV e estão hoje no Museu do Louvre, em Paris. Os cientistas Willem Piso e Georg Marcgraf escreveram *História natural do Brasil e medicina brasileira*, até hoje uma das mais importantes obras científicas produzidas sobre a América do Sul.

Tela de Frans Post, *Casa de lavrador e vilarejo*, representando área rural de Pernambuco, no século XVII.

■ Discussão sobre o texto

1. Quais eram as características da nobreza medieval que ainda permaneciam no século XVII entre aristocratas como Maurício de Nassau?
2. Em sua opinião, a administração de Maurício de Nassau trouxe benefícios para a região nordestina? Justifique.

FAZENDO HISTÓRIA

O impacto da invasão holandesa

1. Observe as imagens a seguir.

Palácio de Friburgo, residência de Maurício de Nassau em Pernambuco. Gravura de Frans Post, 1647. Gravura em cobre.

Detalhe da *Vista da Cidade Maurícia e do Recife*, pintura de Frans Post, 1657. Óleo sobre madeira.

a) Identifique as diferenças entre a residência de Nassau (figura 1) e as casas da cidade (figura 2).

b) Avalie os motivos que fizeram Maurício de Nassau construir um edifício dessas dimensões.

2. Leia o texto abaixo e responda às questões propostas sobre o que você aprendeu no capítulo.

> Nobres, veneráveis, mui avisados e prudentes senhores:
>
> Seja o último ato do meu governo esta memória ou instrução que deixo a V. Sas. como despedida [...].
>
> Convém que V. Sas. procurem angariar e manter, por meio de favores e de dinheiro, alguns portugueses particularmente dispostos e dedicados para com V. Sas. dos quais possam vir a saber em segredo os preparativos do inimigo, os seus novos desígnios e empresas.
>
> Esses portugueses devem ser dos mais importantes e honrados da terra, e lhes será recomendado que exteriormente se mostrem como se fossem dos mais desafetos aos holandeses para não caírem em suspeição. Os mais próprios seriam os padres, pois são eles que de tudo têm melhor conhecimento. [...]
>
> Mas os avisos e as comunicações mais seguras devem ser procuradas entre os mais qualificados. Um ou dois deles bastam para comunicar segredos que, a não ser assim, escapariam a V. Sas. [...]
>
> Não convém por agora que a prática da nossa religião seja abertamente introduzida entre os portugueses com a abolição dos seus ritos e cerimônias, pois nada há que mais os exacerbe. [...]
>
> Peço a Deus Onipotente que abençoe e tome sob sua divina proteção o governo de V. Sas.
>
> Dedicado a V. Sas.
>
> J. Maurício, Conde de Nassau
>
> Recife de Pernambuco, 6 de maio de 1644.

Maurício de Nassau. Testamento político. *Biblioteca digital do Senado*. Disponível em: <http://www2.senado.gov.br>. Acesso em: 12 ago. 2014.

a) Pesquise no dicionário as palavras cujo significado você desconhece.

b) Em que momento de sua administração no Brasil Nassau escreveu essa carta?

c) Qual é a preocupação central expressa por Maurício de Nassau em sua carta?

d) Qual era, na opinião de Nassau, a melhor forma de aliciar informantes?

e) Por que Nassau aconselha que não seja introduzida a religião dos Países Baixos entre os portugueses?

LENDO HISTÓRIA

Antes de ler

- Quais são os nomes das nações indígenas que você conhece?
- Observe a imagem que acompanha o texto e leia a legenda. Que tipo de relação você acha que ocorreu entre nativos americanos e holandeses?

Os indígenas e os holandeses

Em junho de 1625, um grupo de índios potiguares avistou a frota holandesa de Boudewijn Hendricksz, que cautelosamente se aproximava do litoral paraibano. Expulsa de Salvador após uma tênue ocupação de 11 meses, a frota da Companhia das Índias Ocidentais ainda não tinha um rumo definido quando lançou âncora na baía da Traição. Já experientes com a presença de europeus de diferentes reinos, os potiguares receberam esses tapuitingas (bárbaros brancos) amistosamente, do mesmo modo que haviam recebido embarcações francesas durante anos.

De acordo com Joan de Laet, cronista da companhia, os líderes nativos, nessa ocasião, "ofereceram seus serviços contra os portugueses, cujo jugo suportavam mal-sofridos". [...] Certos de uma represália dos portugueses, os potiguares queriam acompanhar os holandeses em suas andanças pelo Atlântico. Após uma negociação, pelo menos 13 representantes dos índios embarcaram e, semanas depois, tiveram a experiência insólita de descobrir a Europa. [...]

Em 1628, seis dos índios que atravessaram o Atlântico em 1625 [...] reuniram-se com um diretor da WIC, Kilien van Rensselaer, fornecendo-lhe uma descrição detalhada do Brasil, sobretudo com referência aos povos indígenas. Essas informações subsidiaram a invasão de 1630, resultando na conquista de várias capitanias da América portuguesa. [...]

Embora existam poucos registros documentando a permanência dos potiguares na Holanda entre 1625 e 1631, sabemos que aprenderam a língua holandesa e adotaram a religião calvinista. Ao voltarem à América, desempenharam um papel importante na mediação das relações entre holandeses e índios, servindo de intérpretes, guias e aliciadores de recrutas para as guerras e para os serviços tanto nos engenhos quanto nas áreas urbanas.

John M. Monteiro. Tapuias, brasilianos e tapuitingas. Revista *História Viva*: temas selecionados, São Paulo, Duetto, n. 6, p. 80-85.

Povos Tapuia e Potiguar firmaram alianças com os holandeses. Albert Eckhout. *Dança tapuia*, 1643. Óleo sobre madeira.

De olho no texto

1. Qual é o tema central do texto?
2. De que maneira os indígenas potiguares reagiam aos diferentes povos europeus que chegavam ao seu território?
3. Que atitude os indígenas potiguares tomaram na disputa entre os portugueses e a Companhia das Índias Ocidentais?
4. Para a Companhia das Índias Ocidentais, qual era a importância da aliança com os indígenas na luta pela conquista do Brasil açucareiro?

QUESTÕES GLOBAIS

1. Explique qual era o grau de importância dos portos marítimos para o desenvolvimento da plantação de cana-de-açúcar e para a atividade pecuária.

2. Que razões levaram a Companhia das Índias Ocidentais a escolher como alvos de ataques, no Brasil, a Bahia e Pernambuco?

3. Observe com atenção os elementos da imagem, leia a legenda e responda às questões propostas.

Frans Post. *Ruínas da Sé de Olinda*, século XVII. Óleo sobre madeira.

a) Que edifício está representado no centro da imagem?
b) Com base no que você estudou no capítulo, converse com os colegas sobre o que mais chamou a atenção do artista ao retratar Olinda.

PARA SABER MAIS

Livros

O Brasil dos holandeses, de Luiz Geraldo da Silva. São Paulo: Atual, 2003.
Mostra aspectos sociais e culturais da região nordestina durante o domínio holandês, destacando as alianças locais e o governo do conde Maurício de Nassau.

O engenho e sua gente, de Alfredo Boulos Júnior. São Paulo: FTD, 2000.
Enfatiza os aspectos cotidianos das pessoas que viviam nos engenhos mostrando como era a relação entre os senhores, os escravizados e os trabalhadores livres.

Site

<http://www.recife.pe.gov.br>. *Site* da Prefeitura Municipal de Recife.
Apresenta a história da cidade e reserva um capítulo ao domínio holandês.
Acesso em: 12 ago. 2014.

●●● Síntese

A economia do açúcar
- Depois de ter sido implantada nas ilhas da Madeira e São Tomé e Príncipe, a cana-de-açúcar foi introduzida na América portuguesa
- As etapas de produção do açúcar nas fazendas
- A elite açucareira, os homens livres e os escravizados

As invasões holandesas
- União Ibérica
- Conflitos entre a Espanha e os Países Baixos
- A WIC, liderada pela Holanda, invade a América portuguesa
- Maurício de Nassau governa Pernambuco

A dinâmica da economia colonial
- A pecuária e a agricultura de subsistência
- A origem das fazendas de gado
- A produção colonial de aguardente de cana e a Revolta da Cachaça
- As moedas de troca no mercado de escravos

Maurício de Nassau. Gravura em cobre aquarelada, in Caspar Barleus, Rerum per Octennium in Brasilia et alibi nuper gestarum..., Amsterdã, Ioannis Blaeu, 1647. Biblioteca Nacional, Rio de Janeiro. Fotografia: ID/BR

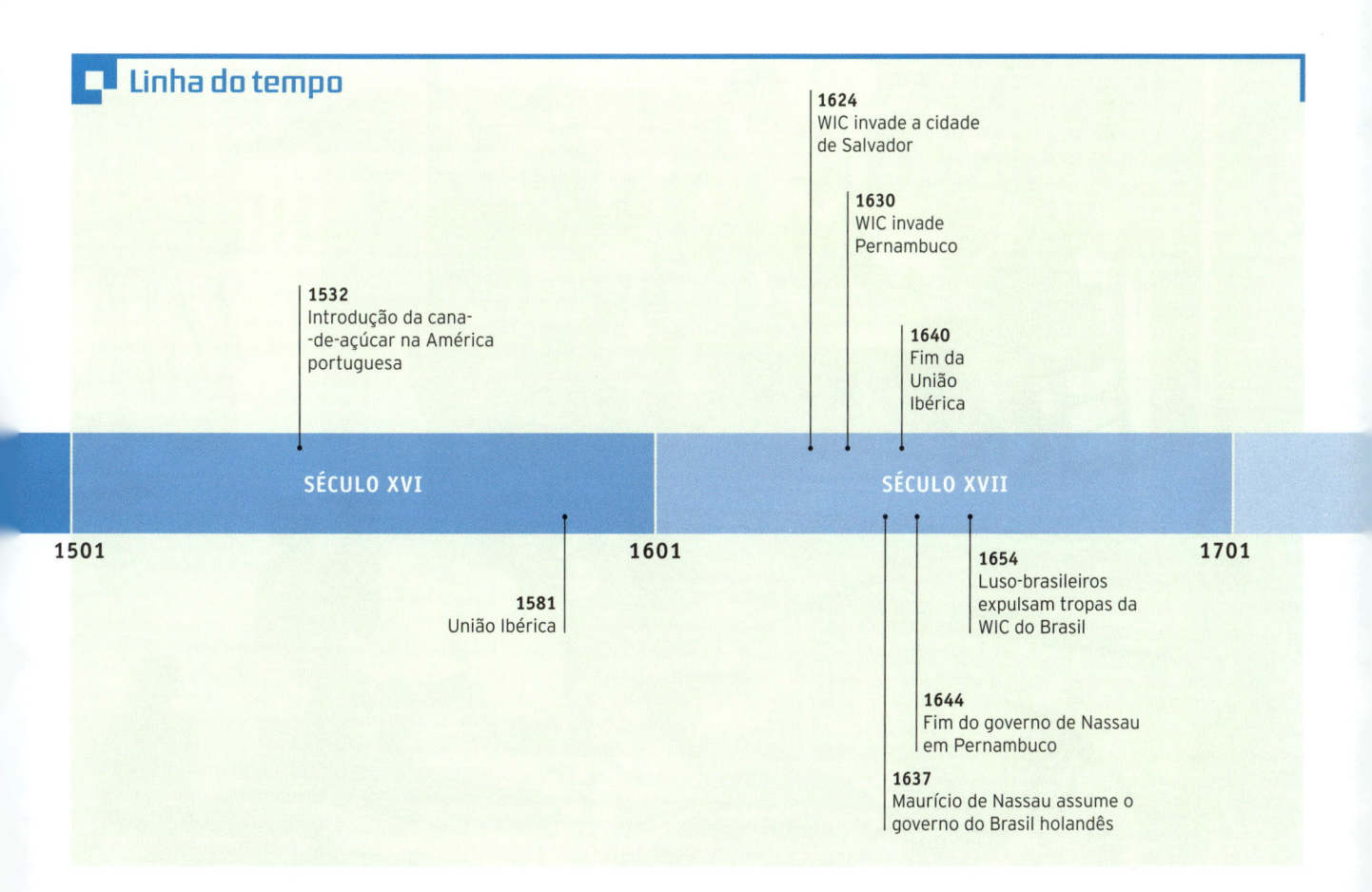

▢ Linha do tempo

SÉCULO XVI | **SÉCULO XVII**

1501 — 1601 — 1701

- **1532** Introdução da cana-de-açúcar na América portuguesa
- **1581** União Ibérica
- **1624** WIC invade a cidade de Salvador
- **1630** WIC invade Pernambuco
- **1637** Maurício de Nassau assume o governo do Brasil holandês
- **1640** Fim da União Ibérica
- **1644** Fim do governo de Nassau em Pernambuco
- **1654** Luso-brasileiros expulsam tropas da WIC do Brasil

O continente africano foi habitado por uma grande diversidade de povos que viviam em tribos ou em ricos e vastos reinos. Grande número deles só foi conhecido pelo resto do mundo a partir do século XV.

Nesse século, os europeus passaram a estabelecer relações comerciais mais frequentes com esses povos, dos quais adquiriam diversos produtos e também escravizavam pessoas. Muitos desses africanos escravizados foram trazidos para o Brasil, onde construíram suas vidas em meio a muito sofrimento e resistência.

A África e os africanos no Brasil

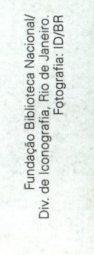

CAPÍTULO 6

O QUE VOCÊ VAI APRENDER

- Culturas e civilizações africanas antes da chegada dos portugueses
- O tráfico de africanos escravizados
- A formação do povo afro-brasileiro

CONVERSE COM OS COLEGAS

A gravura reproduzida ao lado intitula-se *Desembarque de escravos negros vindos d'África*, do artista alemão Johann Moritz Rugendas, que, no início do século XIX, ao visitar o Brasil, retratou pessoas e cenas do cotidiano.

Muitos africanos foram escravizados e trazidos para o Brasil desde o século XVI até o século XIX. Atualmente, seus descendentes constituem grande parte da população brasileira.

1. Observe a gravura de Rugendas e descreva como as pessoas negras e brancas estão representadas. Quais diferenças se notam entre elas? O que essas diferenças parecem informar quanto ao papel social de negros e brancos?

2. Nos dias de hoje, no Brasil, grande parte da população trabalha em troca de um salário. Você sabe como eram as relações de trabalho durante o período colonial?

Esta gravura de Rugendas é representativa do comércio de mão de obra escravizada no Brasil no século XIX.

MÓDULO 1

A África antes dos europeus

A África é considerada o "berço da humanidade", pois, segundo estudos arqueológicos, os primeiros seres humanos habitavam esse continente. Ao longo do tempo, lá se formou uma grande diversidade de povos, reinos e impérios.

••• O Saara define a África

Os povos que viviam ao norte do deserto do Saara, junto ao mar Mediterrâneo, sempre mantiveram contato com a Europa e a Ásia. Os egípcios, por exemplo, desenvolveram, há 5 mil anos, uma grande civilização que influenciou inúmeras culturas euro-asiáticas.

O deserto do Saara, trilhado em várias direções pelas caravanas de povos nômades, como os númidas, os berberes e os tuaregues, serve há séculos como elo entre o norte mediterrânico e o sul, em geral repleto de savanas e florestas, do continente africano. Desde a Antiguidade, as caravanas levavam para o norte ouro, ferro, marfim, sal e escravos, trazendo para o sul produtos do mundo islâmico, da Europa e mesmo da Índia e da China. A riqueza do sul da África despertava a cobiça de povos distantes, como os europeus.

Os habitantes da África Subsaariana desenvolveram sofisticadas técnicas agrícolas, pastoris e metalúrgicas, que permitiram o surgimento de grandes cidades e Estados.

O Islã e a África

Os árabes muçulmanos expandiram seu império no século VII, conquistando, entre outros territórios, o norte da África. A penetração do islamismo ao sul do Saara foi, porém, irregular. As bacias dos rios Senegal e Níger foram parcialmente islamizadas por muçulmanos vindos do Marrocos. Comerciantes árabes se instalaram em alguns portos do oceano Índico, divulgando sua religião, sua língua e seus costumes. A costa africana do Atlântico ao sul do Níger pouco contato teve com o mundo muçulmano.

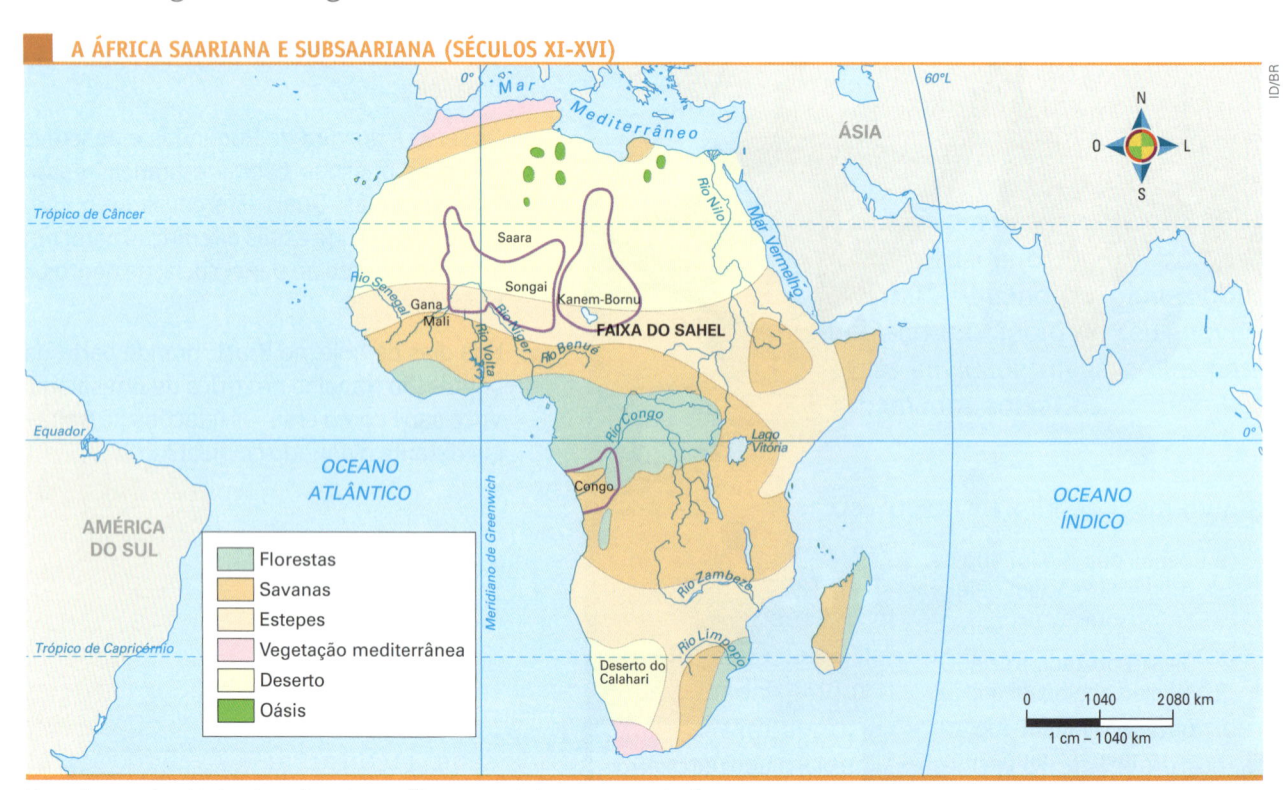

A ÁFRICA SAARIANA E SUBSAARIANA (SÉCULOS XI-XVI)

Fonte de pesquisa: Marina de Mello e Souza. *África e Brasil africano*. São Paulo: Ática, 2006. p. 13.

Reinos de Mali e Songai

No século XV, os reinos mais poderosos da África eram **Mali** e **Songai**. Desde o século XIII, o reino de Mali dominava as rotas pelo deserto do Saara (transaarianas) e possuía um poderoso exército. Cobrava tributos dos povos vizinhos e, para isso, contava com funcionários responsáveis pela coleta desses impostos. As principais cidades do Mali eram Tombuctu, Gaô e Jené.

O reino de Songai, que surgiu no século XIV, vivia da pesca e do comércio local do ouro e do sal. Excelentes marinheiros, os Songai dominaram a navegação no rio Níger, o principal da região. Além disso, a região possuía grandes minas de sal, produto bastante valorizado na época. O sal era trocado por ouro com outros povos, favorecendo o acúmulo de riquezas do reino.

No século XV, os Songai conquistaram o reino de Mali e formaram um vasto império. Controlando as rotas do comércio transaariano, eles passaram a manter comércio diretamente com as populações árabes muçulmanas do norte da África.

Os falantes da língua ioruba

O termo **ioruba** denomina uma língua falada por vários povos e cidades-estado localizadas no sudoeste da atual Nigéria. As principais cidades onde se falava o ioruba eram Ifé, Benin e Oio.

Provavelmente o ioruba se originou por volta do século X, em Ifé. Essa cidade era um centro religioso e político, onde morava o chefe, o **oni**.

Além da língua comum, os povos que habitavam aquela região africana tinham um sistema de crenças que admitia centenas de divindades, ligadas ao mundo humano e às forças da natureza: os chamados **orixás**. Tais orixás viveriam num plano divino, podendo ser consultados por sacerdotes.

Cada região tinha um chefe político e sagrado, o **obá**. Este devia submissão ao **oni**, em Ifé.

Ligada à cultura religiosa, a arte desses povos era muito desenvolvida. Eles esculpiam cabeças e entalhavam placas de metal.

No século XVI, Ifé começou a entrar em declínio, permanecendo como centro religioso. As cidades próximas à costa do oceano Atlântico se desenvolveram graças ao comércio com outras regiões africanas e com os europeus e devido ao tráfico de escravos.

Litografia colorida retratando a parte norte de Tombuctu, publicada no livro de Heinrich Barth, *Voyage en Afrique*, 1857.

PRINCIPAIS CIDADES DOS REINOS DE MALI E SONGAI (SÉCULOS XIV-XV)

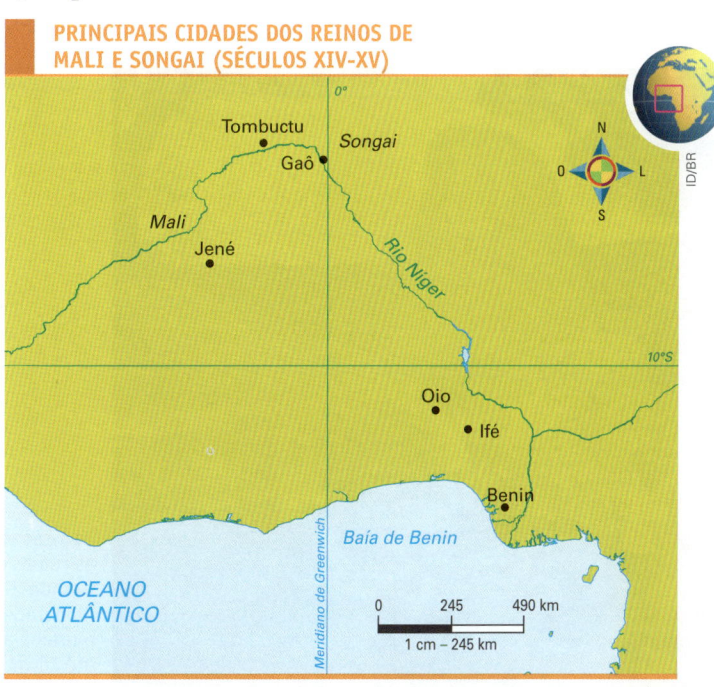

Fonte de pesquisa: Marina de Mello e Souza. *África e Brasil africano*. São Paulo: Ática, 2006. p. 15.

Os Banto e o reino do Congo

Os Banto são outro importante grupo étnico africano que ocupou um vasto território da África Ocidental.

Durante muitos séculos, os Banto viveram em pequenas comunidades rurais familiares. Os laços de união entre essas comunidades eram a cultura e a língua. Sua economia era agrícola, baseada sobretudo na plantação do inhame. Conheciam a metalurgia do bronze e do ferro.

Entre os séculos X e XV, as aldeias familiares cresceram de tal maneira que deram origem a reinos independentes. Entre eles, sobressaiu-se, no século XIV, o **reino do Congo**, localizado na África Central. Faziam-se trocas comerciais com outros povos e exportavam-se ouro, marfim e produtos extraídos da floresta.

O soberano congolês era chamado **manicongo** e reinava sobre um Estado descentralizado, em que os governadores e chefes de aldeias dividiam o poder com o soberano.

O Grande Zimbábue

Ao sul do Congo, no interior do continente, outros povos bantos estabeleceram, por volta do século XI, uma confederação de aldeias dedicada à agricultura e à pecuária, mas que também exportava ouro, cobre e marfim para as cidades africanas do Índico, de onde importava mercadorias como porcelanas da China, garrafas da Pérsia e tecidos da Índia.

Esses povos formaram o reino do Grande Zimbábue, no atual território de Moçambique e Zimbábue, que chegou a dominar o sul, centro-sul e centro-leste da África. Esse reino formou um grande complexo urbano entre os anos de 1270 e 1550 e que entrou em declínio por motivos ainda incertos.

Turistas visitam as ruínas do Grande Zimbábue. As paredes da muralha alcançam até 20 metros de altura. Fotografia de 2010.

GLOSSÁRIO

Étnico: refere-se a um grupo de indivíduos que possuem características culturais comuns, como a língua, os costumes e as tradições, e também tipos físicos semelhantes.

Verifique o que aprendeu

1. O que era o comércio transaariano? Que povos o praticavam?
2. Cite duas características do reino de Songai e duas do de Mali.
3. Descreva o sistema de crenças dos falantes da língua ioruba.
4. Como se formou o reino do Congo?

ATIVIDADES

1. Observe o mapa.

   a) Inicialmente, quais povos realizavam o comércio africano?

   b) Acompanhe uma das rotas realizadas em um mesmo século. O que mais chama a sua atenção nesse percurso?

   c) Localize no mapa a região do deserto. Verifique em qual século as rotas comerciais que passavam por essa região ocorreram com maior intensidade.

   d) Como você supõe que era feito o transporte de mercadorias pelo deserto? Discuta com um colega e exponha sua hipótese para a classe.

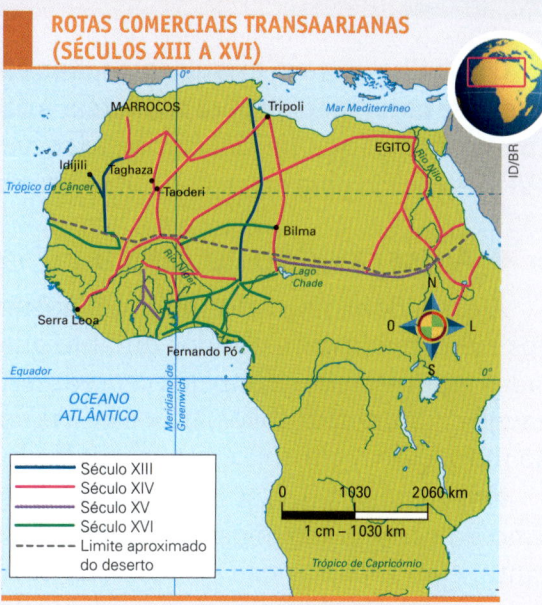

   ROTAS COMERCIAIS TRANSAARIANAS (SÉCULOS XIII A XVI)

   Fonte de pesquisa: Revista *História Viva*, temas brasileiros: presença negra, São Paulo, Duetto, s/d, n. 3, p. 9.

2. Leia o texto e observe a gravura ao lado.

   > Parte do continente africano não estabelecia contato direto com outros continentes. Por não conhecerem os povos africanos, muitos europeus os viam com preconceito. A gravura ao lado representa uma das visões do europeu sobre a África.

   a) Descreva a imagem.

   b) Em sua opinião, por que o europeu retratou os africanos dessa maneira?

   c) As imagens representadas na gravura correspondem à realidade? Justifique.

   Gravura que ilustra obra de Charles d'Angoulême, *Les secrets de l'histoire naturelle*. Tradução francesa de Solino, *Collectanea rerum Memorabilium*, c. 1480.

3. Leia o texto a seguir.

   > No país das minas de ouro que cerca o Zambeze, aproximadamente a partir do século VII de nossa era se estabeleceram reinos, dos quais temos certeza graças ao descobrimento de tumbas reais. Na região oriental (Zimbábwe e Moçambique modernos) foram construídos para os reis recintos com muralha de pedra, *zimbabwes*, dos quais se conservam as ruínas de centenas de anos. [...] Embora os europeus que procuravam ouro tenham feito circular lendas dizendo que o Grande Zimbábwe foi erguido por misteriosos imigrantes asiáticos ou europeus, os arqueólogos demonstraram que este e os demais *zimbabwes* eram de construção africana.
   >
   > Jocelyn Murray. *África: o despertar de um continente*. Barcelona: Folio, 2007. p. 50.

   a) Como se tomou conhecimento da existência do Grande Zimbábue?

   b) Em sua opinião, por que os europeus criaram lendas dizendo que as construções foram feitas por europeus e asiáticos e não por africanos?

MÓDULO 2

A escravidão

O trabalho escravo existiu em muitas épocas e locais, desde a Antiguidade, como forma de obter mão de obra ou marcar a dominação dos povos vencidos em guerras. Com a expansão comercial europeia (século XV) e a colonização da América (século XVI), teve início uma nova modalidade de escravidão.

A escravidão na África

A escravidão na África remonta à Antiguidade. Os escravos eram geralmente obtidos durante guerras, pois os derrotados eram escravizados pelos vencedores. As guerras podiam envolver diferentes povos, tribos ou até famílias, dependendo do motivo do conflito.

Nos reinos bantos, a escravidão era hereditária, ou seja, o filho do escravizado consequentemente seria escravo. Entretanto, com o passar das gerações, as obrigações das pessoas nessa condição diminuíam consideravelmente. Assim, uma família formada por escravos poderia se integrar à comunidade e aos poucos ganhar funções e responsabilidades iguais às de pessoas livres.

Em outros casos, como no reino de Mali, o escravizado podia acumular riquezas e postos de prestígio com os chefes locais, embora não deixasse de ser propriedade de outra pessoa. Houve casos de escravos que ocuparam cargos de conselheiros reais, comandantes de exército ou chefes da guarda real.

Grupo de africanos capturados para serem vendidos como escravos. Gravura anônima do século XIX.

A partir do século X, ocorreu um crescimento da escravidão nos territórios da África Ocidental Subsaariana. Esse crescimento foi resultado do aumento do comércio na região, provocado pela expansão muçulmana e pelo surgimento dos reinos de Gana, Mali, Songai e Ioruba, entre outros. Nesse comércio, os africanos eram escravizados e entregues aos povos islamizados em troca de especiarias, tecidos e armas.

Escravizados sendo conduzidos pela região do Sudão ocidental. Gravura de Pierre Trémaus. *L' Illustration*, Paris, 1856.

Os portugueses na África

Quando os portugueses chegaram ao norte da África, no início do século XV, seu principal objetivo era prosseguir a reconquista das terras ocupadas pelos árabes, séculos antes. A primeira região conquistada foi a cidade de Ceuta, em 1415.

No entanto, o objetivo inicial mudou e, nas décadas seguintes, os portugueses empreenderam uma série de viagens marítimas ao longo do litoral da África Ocidental. Agora o motivo era outro: as caravelas buscavam chegar às minas de onde se extraía o ouro que as caravanas traziam das desconhecidas terras ao sul do Saara.

Ao alcançar a Costa da Mina, no atual golfo da Guiné, no início da década de 1470, os navegadores lusos chegaram aos portos onde o ouro que vinha das regiões produtoras era comercializado.

A cidade de Ceuta, reproduzida no livro *Civitates Orbis Terrarum*, de Georg Braun e Franz Hogenberg, publicado na Alemanha em 1572.

Caravelas contra caravanas

Os reis de Portugal, em contato com Estados africanos, fizeram alianças com os governantes locais, o que permitiu o estabelecimento de negócios lucrativos para ambos.

A ocupação portuguesa na África Ocidental limitou-se a algumas **feitorias** instaladas no litoral – armazéns fortificados que garantiam o controle luso sobre o ouro e o marfim. Arguim, primeira feitoria africana de Portugal, implantada em 1443 na costa da atual Mauritânia, ainda dependia do abastecimento das caravanas. Três décadas depois, a grande feitoria portuguesa de São Jorge da Mina, estabelecida no golfo da Guiné (atual Gana) em 1482, já fazia comércio direto com os produtores do ouro. Com isso, as rotas de caravanas que cruzavam o Saara se tornaram menos importantes.

Fonte de pesquisa: Leila Leite Hernandez. *A África na sala de aula*. São Paulo: Selo Negro, 2005. p. 46.

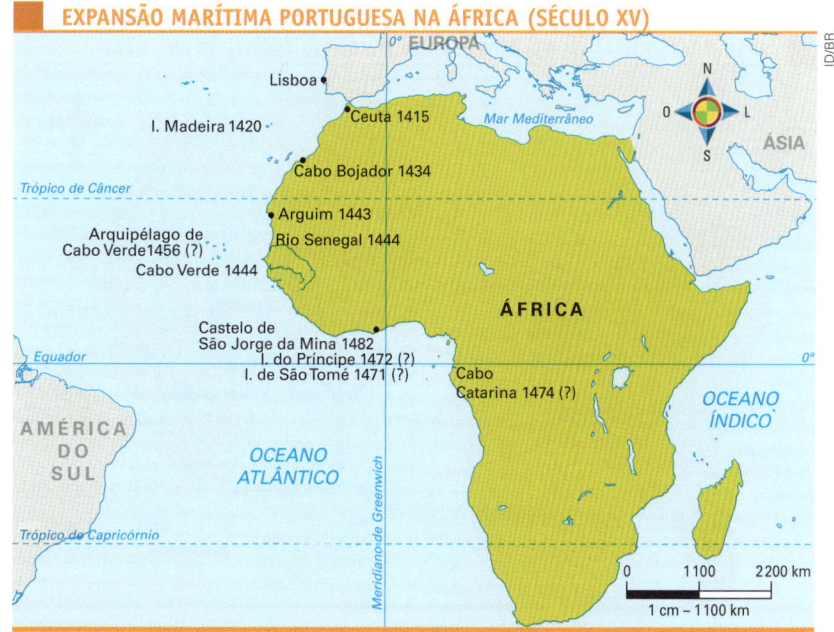

●●● O tráfico escravista

Os portugueses, desde cedo, interessaram-se pelo comércio de escravos que os muçulmanos faziam. O tráfico de seres humanos se mostrava uma atividade lucrativa, e os recém-chegados trataram de praticá-lo também.

De início, esse tráfico era feito visando ao mercado europeu, que possuía razoável oferta de mão de obra e não necessitava de grandes quantidades de cativos.

Entretanto, o crescimento da produção e do consumo do açúcar de cana no Ocidente, em fins do século XVI, criou uma grande demanda de mão de obra nos engenhos das colônias tropicais exploradas pelos europeus. A procura por africanos escravizados então cresceu, e os portugueses montaram uma estrutura de comercialização de seres humanos nunca antes vista.

O sistema de feitorias

Os portugueses implantaram um sistema de feitorias e bases coloniais, de onde controlavam o comércio de pessoas vindas das diversas regiões da África. Essa estrutura era muito lucrativa e passou a ser disputada por holandeses, franceses e ingleses a partir do século XVII.

Além de tomar várias das feitorias e domínios de Portugal, esses europeus adotaram a estratégia portuguesa de provocar e incentivar conflitos entre os povos africanos, que vendiam prisioneiros de guerra como escravos. Milhões de africanos foram escravizados nesse comércio internacional entre os séculos XVI e XIX. Pela quantidade de mortes e tragédias causadas, provavelmente tenha sido o pior extermínio de seres humanos da História. Essa situação desestabilizou muitos reinos africanos e seu comércio. Cidades litorâneas cresceram, enquanto muitas rotas de caravanas perderam importância.

> **Verifique o que aprendeu** ●●●
> 1. Qual era o objetivo dos portugueses quando iniciaram suas viagens à África?
> 2. Quais fatores causaram o aumento do tráfico de escravos no final do século XVI?
> 3. Explique como os europeus conseguiram impor seu interesse comercial aos reinos africanos.

PRINCIPAIS ROTAS DE ESCRAVOS PARA O BRASIL (SÉCULOS XVI-XIX)

Fonte de pesquisa: Marina de M. Souza. *África e Brasil africano*. São Paulo: Ática, 2006. p. 82.

ATIVIDADES

1. Observe a imagem e resolva as questões.

   a) Descreva as personagens retratadas e suas respectivas atitudes.

   b) A cena retratada era comum na África? Justifique.

   c) Considerando a época em que a imagem foi produzida, qual seria o destino provável das pessoas seminuas?

   d) O que mais chamou a sua atenção na gravura?

   Gravura retratando caravana de africanos escravizados no Sudão oriental. Autor desconhecido. c. 1847-1854.

2. Leia o texto a seguir.

   > **O que o Atlântico uniu, ninguém irá separar**
   >
   > O Brasil é um país extraordinariamente africanizado. [...] O escravo ficou dentro de todos nós, qualquer que seja a nossa origem. Afinal, sem a escravidão o Brasil não existiria como hoje é, não teria sequer ocupado os imensos espaços que os portugueses lhe desenharam. Com ou sem remorsos, a escravidão é o processo mais longo e mais importante de nossa história.
   >
   > Alberto da Costa e Silva. Em: Carlos Serrano e Mauricio Waldman. *Memória d'África*: a temática africana em sala de aula. São Paulo: Cortez, 2007. p. 15.

   a) Segundo o autor, qual foi a importância da escravidão africana para o Brasil?

   b) O que o autor quis dizer com a frase "sem a escravidão o Brasil não existiria como hoje é"?

   c) A escravidão africana é considerada um dos maiores genocídios da História da humanidade. Mesmo assim, o autor procurou consequências positivas para esse acontecimento. Retire do texto dois trechos em que é possível se perceber isso.

3. Leia o texto abaixo.

   > Criança Escrava. Era a criança que já vinha da África na condição de escrava, como "cria", ou que nascia no Brasil de mãe escrava. Em ambos os casos, era um peso quase morto dentro dos valores do modo de produção escravista, pois o seu senhor tinha de sustentá-la até que fosse útil como máquina de trabalho. Além de dificultar o trabalho da mãe, somente após os dez anos, mais ou menos, começava a trabalhar. Por outro lado, as crianças eram vendidas a preços baixos, o que levava muitos indivíduos a comprá-las para revendê-las posteriormente como adultas.
   >
   > Clóvis Moura. *Dicionário da escravidão negra no Brasil*. São Paulo: Edusp, 2004. p. 118.

   a) Segundo o texto, quem eram as crianças escravas?

   b) Na economia, peso morto é um termo utilizado para designar um produto pouco rentável no mercado. Por que as crianças eram consideradas peso morto?

   c) Por que alguns indivíduos preferiam comprar crianças escravas?

MÓDULO 3

O trabalho escravo no Brasil

Durante quatro séculos, cativos africanos chegaram ao Brasil, onde foram vendidos e escravizados. Exploradas em todo tipo de tarefa, essas pessoas resistiram como puderam num ambiente estranho e numa cultura muito diferente da delas.

A viagem para a América

Entre os séculos XVI e XVIII, a América portuguesa recebeu centenas de milhares de africanos escravizados vindos de três centros exportadores de cativos: a antiga costa da Guiné (onde hoje estão situados o Senegal e a Gâmbia), a antiga costa do Ouro ou da Mina (atual golfo de Benin) e a região de Angola (hoje Congo e Angola).

No século XIX, o Brasil independente, mas ainda escravista, passou a ser também abastecido por africanos vindos da costa oriental do continente, atual Moçambique.

Membros das várias etnias, depois de capturados, eram levados do interior para portos no litoral e ali embarcavam nos navios que os transportariam para a América. As condições das viagens eram péssimas, as pessoas eram amontoadas nos porões das embarcações, com precárias condições de mobilidade, ventilação e higiene. A viagem marítima entre a África e a América do Sul demorava muitas semanas e, ao longo desse tempo, as mortes eram frequentes.

Mas o preço que se pagava no Brasil pelos africanos cativos era tão alto que, mesmo com a morte de alguns deles durante a viagem, os traficantes obtinham enormes lucros.

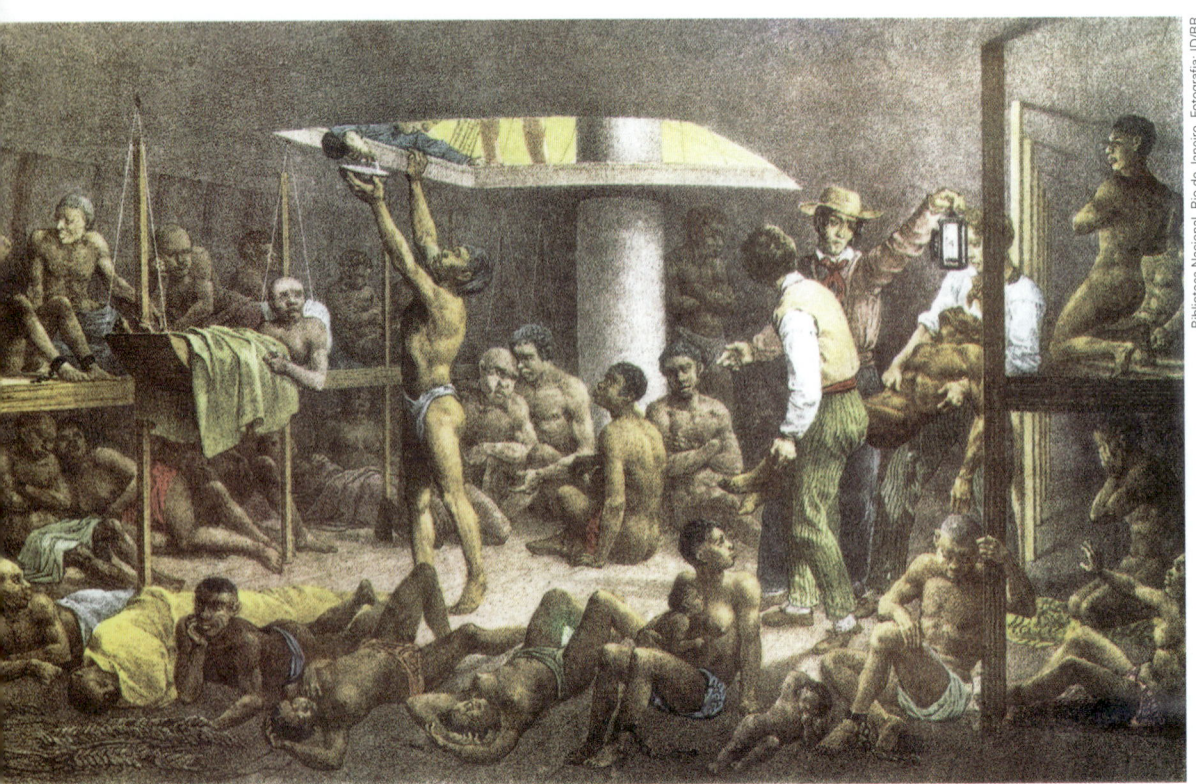

Uma cena comum nos porões dos navios que transportavam africanos cativos para o Brasil, retratada pelo artista Johann Moritz Rugendas. *Negros no porão do navio*, século XIX. Gravura.

●●● O trabalho escravo

Os africanos escravizados e seus descendentes representavam a quase totalidade da mão de obra utilizada no Brasil, seja no meio rural, seja no meio urbano. Para a maioria das pessoas livres da América portuguesa, executar um trabalho que exigisse esforço físico era considerado indigno; assim, lhes convinha que apenas os escravizados exercessem essas tarefas.

No campo, onde formavam a maioria da população, os africanos trabalhavam nas fazendas e nos engenhos de açúcar e farinha de mandioca. Cultivavam a terra, construíam edifícios e abriam caminhos.

Nas cidades, cumpriam as mais diversas tarefas. Além dos serviços domésticos, em cidades como Salvador e Rio de Janeiro era grande a quantidade de mão de obra escrava que executava trabalhos de pintura, marcenaria, construção, transporte, limpeza urbana, comércio, etc.

Quando a mineração se tornou uma atividade importante na Colônia, as pessoas escravizadas desempenharam a maioria das funções, procurando metais em riachos, escavando, desviando o curso dos rios, garimpando e selecionando pedras preciosas.

No século XIX, alguns escravos urbanos exerciam a função de "escravos de ganho". Eles prestavam serviços como os de carregador, vendedor ou barqueiro e recebiam pagamento em dinheiro pelo seu trabalho. Entregavam parte de seus ganhos ao senhor e com o restante pagavam suas despesas; alguns conseguiam economizar para comprar sua alforria. Dessa maneira, o senhor tinha garantida uma remuneração semanal sem arcar com os custos de manutenção do escravo.

Apesar da grande utilidade de seu trabalho, os escravizados não eram considerados cidadãos; sofriam com a exclusão e o preconceito. Caso não cumprissem devidamente uma ordem, eram castigados fisicamente e não recebiam comida, chegando, muitas vezes, a morrer. Para servir de exemplo, os castigos eram praticados publicamente, sobretudo nas cidades.

Representação de africanas escravizadas. Jean-Baptiste Debret. Detalhes da tela *Manoé, pouding quente – sonhos*, século XIX.

Gravura retratando o trabalho dos "escravos de ganho" exercendo o ofício de sapateiro. A palmatória, mostrada na ilustração, era muito usada pelo homem livre para castigar essas pessoas. Jean-Baptiste Debret. *Sapataria*, século XIX.

As formas de resistência

Durante o período em que o trabalho escravo predominou no Brasil, os africanos resistiram de diversas maneiras à escravidão. As formas de resistência mais conhecidas e importantes foram os **quilombos** e as associações religiosas de ajuda mútua, denominadas **irmandades**.

Os quilombos eram vilas formadas por pessoas que fugiam do cativeiro. Muitos quilombos prosperaram; os ex-escravos trabalhavam para sustentar-se e chegaram a praticar comércio com fazendas e vilas externas.

O quilombo dos Palmares foi o maior e mais duradouro agrupamento independente de escravos fugidos. Estabelecido em meados do século XVI, na serra da Barriga, atual estado de Alagoas, Palmares existiu até o fim do século XVII.

Nem todos os escravos que fugiam procuravam os quilombos. Alguns optavam por refugiar-se em cidades distantes, apresentando-se como alforriados e, assim, conseguiam trabalho. Porém, muitos deles eram reconhecidos, aprisionados e obrigados a voltar para o cativeiro.

> **O levante dos malês**
>
> Uma insurreição urbana que merece destaque foi a Revolta dos Malês, em 1835, em Salvador, Bahia.
>
> Organizada pela comunidade dos muçulmanos escravizados da cidade, a insurreição conseguiu, por uma noite, o domínio da capital baiana, levando as elites ao desespero. A revolta envolveu cerca de 600 homens, o que para a época era um número assustador. Porém, o levante foi derrotado, e os participantes foram brutalmente reprimidos.

O QUILOMBO DOS PALMARES

Fonte de pesquisa: *Rebeldes brasileiros*. São Paulo: Casa Amarela, 2000. n. 1. p. 6 (Coleção Caros Amigos).

As formas de resistência às vezes eram violentas: revoltas urbanas, guerrilhas nas estradas, assassinato de senhores. O suicídio também era uma forma de resistência à escravidão. Ocorriam também manifestações mais sutis, como diminuir o ritmo de trabalho ou sabotar equipamentos.

As mulheres de origem africana também tiveram um papel importante na luta pela liberdade. Exerciam função de destaque nas festas e ritos religiosos e, com isso, ajudaram a estruturar as comunidades afrodescendentes nas cidades. Enquanto vigorou a escravidão no Brasil, persistiu um clima de instabilidade.

> **Verifique o que aprendeu**
>
> 1. Que atividades os africanos escravizados exerceram no Brasil?
> 2. É correto afirmar que os africanos aceitaram facilmente sua condição de escravos no Brasil? Justifique.
> 3. O que foi o levante ou Revolta dos Malês?
> 4. Explique o que faziam os "escravos de ganho".

ATIVIDADES

1. Observe a imagem ao lado.
   a) Qual é a ação central retratada na gravura?
   b) Qual é a atitude do homem em pé ao centro?
   c) Por que a mulher está sendo castigada em público?

   Gravura de J. M. Rugendas, *Castigos domésticos*, século XIX.

2. O texto a seguir fala da presença dos negros nas cidades brasileiras durante o século XIX.

   > Os espaços urbanos negros não pertenciam tão somente aos escravos. As várias cidades [...] concentravam consideráveis populações de negros libertos e livres desde os séculos XVII e XVIII. E as relações entre libertos e cativos não eram apenas de solidariedade. [...] [Eles] eram igualmente vítimas da intolerância e truculência das formas de repressão policial e controle social nas cidades.
   >
   > Carlos Eduardo Moreira e outros. *Cidades negras*: africanos, crioulos e espaços urbanos no Brasil escravista do século XIX. São Paulo: Alameda, 2006. p. 63.

   GLOSSÁRIO

   Truculência: violência, brutalidade.

   a) O que havia em comum entre os negros escravizados e os livres nas cidades?
   b) Por qual razão os negros libertos sofriam como os escravizados?
   c) Em sua opinião, por que o texto afirma que não havia apenas solidariedade entre cativos e livres?

3. Leia o texto a seguir.

   > Os quilombos resultaram dessa exigência vital dos africanos escravizados, no esforço de resgatar sua liberdade e dignidade através da fuga do cativeiro e da organização de uma sociedade livre. A multiplicação dos quilombos fez deles um autêntico movimento amplo e permanente. [...] rapidamente se transformou de uma improvisação de emergência em metódica e constante vivência das massas africanas que se recusavam à submissão, à exploração e à violência do sistema escravista.
   >
   > Abdias Nascimento. Quilombismo: documentos da militância pan-africanista. Em: Maria Nazareth Soares Fonseca (Org.). *Brasil afro-brasileiro*. Belo Horizonte: Autêntica, 2006. p. 313.

   a) Segundo o texto, o que moveu a criação dos quilombos?
   b) Para o autor, os quilombos foram uma forma de resistência que deu certo? Justifique.
   c) Por que os quilombos eram, para o africano escravizado, uma forma de resgatar a liberdade?

APRENDER A...

Analisar uma escultura

Desde a Antiguidade, os seres humanos realizam obras de arte utilizando-se dos mais diversos materiais (tinta, tecido, papel, madeira, pedra, bronze, etc.) para expressar seus sentimentos, representar outros seres humanos ou divinos, ou simplesmente para criar uma forma nova.

Você já deve ter visto esculturas em vários lugares, como nas igrejas católicas, nos museus ou mesmo na casa das pessoas. Também é possível encontrar grandes esculturas em praças ou outros lugares públicos. As esculturas podem simplesmente decorar um ambiente ou expor ideias e sensações.

- **Definição de escultura**

Chamamos de escultura as obras de arte feitas em relevo, isto é, que possuem três dimensões (a altura, a largura e a profundidade). Elas se diferenciam das pinturas, por exemplo, que possuem apenas duas dimensões (a altura e a largura), pois estão sobre um plano.

Uma escultura pode representar qualquer coisa, seja um sentimento, seja um objeto, mas com frequência são retratadas figuras humanas ou religiosas. Elas podem ser produzidas apenas pela vontade do artista ou por encomenda de alguma pessoa ou instituição. Há esculturas produzidas para ocupar uma praça pública, a fachada de um edifício ou o interior de uma casa.

- **Observação de elementos estruturais**

As esculturas são formas no espaço que possuem volume. Mas, embora apresentem caráter tridimensional, é possível observar em todas elas um "desenho" de linhas retas e curvas.

Alguns artistas criam formas independentes dos significados que possam ser atribuídos a elas – são as obras abstratas. Nesse tipo de escultura, o que vale é a forma pela forma.

Já as esculturas figurativas sempre possuem como referência algo do mundo que podemos reconhecer, como pessoas, objetos, circunstâncias, etc.

1. Observe a imagem ao lado e descreva todos os elementos representados.

2. Trata-se de esculturas abstratas ou figurativas? Justifique.

Esculturas em madeira de obá, ou rei de Benin, e mulher com espelho, ambos da região de Benin, na África do século XVII.

- **Contextualização histórica e cultural**

3. Leia as informações a seguir e compare com os dados da legenda.

A palavra *oba* na língua africana ioruba significa "rei" ou "governante". Nas sociedades organizadas em torno da língua e da cultura ioruba, além de governar, o *oba* também exercia outras funções, como a de líder espiritual e a de juiz.

O Império de Benin, que se localizava na região hoje conhecida como Nigéria, teve várias dinastias entre 1180 e 1897.

A riqueza do Império de Benin era baseada no comércio e no artesanato. Importava-se cobre para fazer instrumentos e ornatos para as elites. O ferro também era forjado com habilidade, produzindo objetos de culto e instrumentos diversos.

Na grande cidade de Benin, capital do império, eram comercializados produtos como noz de cola (um estimulante natural apreciado desde a Antiguidade, hoje usado na indústria de refrigerantes), marfim, ouro, tecidos coloridos. A agricultura era também desenvolvida. Cultivava-se o inhame, pimentas, o dendê, o algodão.

A religião praticada naquela região baseava-se no culto a várias entidades denominadas orixás, que representavam as forças da natureza. Dentre os orixás, dois se destacam: Ogum e Oxum.

Ogum é o orixá senhor da guerra e defensor da lei e da ordem; é representado segurando uma espada.

Oxum é a senhora dos rios e simboliza a feminilidade e a fertilidade. Por ser uma orixá considerada vaidosa, é caracterizada segurando um espelho pequeno.

- **Comparação integrada entre escultura e informações**

4. De acordo com a legenda da obra, qual é a função que o homem retratado exerce no Império de Benin?

5. A data de produção das esculturas corresponde a qual período da região que conhecemos como Nigéria?

6. Faça a relação entre os objetos que representam os orixás e os que aparecem nas esculturas.

7. Durante o século XVII, as obras não recebiam títulos, e o nome do autor, em geral, não era mencionado. Com base nessa afirmação, é possível concluir que a informação que consta na legenda teria sido acrescentada posteriormente? Considerando essa hipótese, podemos supor que as esculturas representadas na página anterior fazem referência aos dois orixás citados no item 3 desta página? Justifique a resposta.

> Esta atividade ensina você a comparar os elementos visuais de uma escultura com informações textuais que podem ser pesquisadas. Aqui você leu um texto breve; em outras circunstâncias, você pode pesquisar informações sobre o contexto histórico em que a obra se insere, a autoria, o local onde a peça foi produzida, o estilo artístico, etc.

- **Finalização**

8. Elabore uma nova legenda para a imagem.

9. Represente as esculturas de forma bidimensional, ou seja, crie um desenho inspirado nessa temática e compare o resultado com o trabalho elaborado pelos colegas.

MÓDULO 4
Os laços entre os africanos e os afro-brasileiros

Não se sabe exatamente o número de africanos vindos para o Brasil durante mais de três séculos de existência do tráfico escravista. É certo, porém, que sua vinda mudou completamente o cenário demográfico e cultural tanto na África quanto no Brasil.

••• A diáspora africana

Diáspora é um termo que define a dispersão de povos por motivos políticos ou religiosos, em razão de perseguição de grupos dominadores intolerantes. Essa palavra é utilizada atualmente para definir também a mudança forçada de continente a que os africanos foram submetidos entre os séculos XVI e XIX.

Durante mais de três séculos, diferentes grupos populacionais africanos chegaram à América portuguesa. Em sua grande maioria eram provenientes da região subsaariana. Por isso a composição étnica e cultural dos africanos escravizados trazidos ao Brasil foi muito variada.

Num primeiro momento, a diversidade linguística dos africanos dificultou a comunicação entre eles. Mas, por isso mesmo, eles se esforçaram para manter sua unidade e se organizavam em grupos culturais.

Os africanos escravizados e seus descendentes influenciaram de maneira decisiva a cultura brasileira nos hábitos alimentares, no vocabulário, nas práticas religiosas e nas mais diversas manifestações culturais.

Família brasileira de ascendência africana passeia no parque do Ibirapuera, em São Paulo. Fotografia de 2008.

OS AGUDÁS

Um fato interessante e pouco conhecido é a instalação de comunidades brasileiras na África nos séculos XVIII e XIX. Formadas geralmente por mercadores e grupos de ex-escravos que voltavam para o continente de origem, essas comunidades se instalavam nas grandes cidades da costa, onde seus integrantes eram tratados com grande respeito e admiração. Muitas dessas cidades, como Lagos, Porto Novo, Agoué e Anécho, guardam a marca da presença brasileira na arquitetura, na cultura e na comida local. No Benin, antigo reino ioruba, os brasileiros foram denominados agudás, nome usado até hoje para designar os descendentes de brasileiros na região.

Religiosidade afro-brasileira

Os vários povos que formaram os Ioruba mantinham intensos contatos com outras regiões da África, e do intercâmbio de informações e culturas entre essas várias regiões surgiu a religião que cultuava os orixás, chamada inicialmente de **calundu**.

Os Ioruba trouxeram esse culto para o Brasil, e aqui ele foi chamado de **candomblé**. Em Salvador, Bahia, os Ioruba chegaram a constituir metade da população negra. Por isso, as religiões afro-brasileiras são muito presentes nessa cidade.

O culto aos orixás iniciou-se no Brasil no século XVII e intensificou-se no século XIX. No entanto, os africanos não podiam praticá-lo livremente, pois lhes era imposta a religião católica.

O catolicismo português via as práticas do candomblé como rituais demoníacos.

Somente no século XX, com a popularização e a luta dos movimentos negros contra o preconceito, a prática do candomblé foi reconhecida como uma legítima manifestação cultural e religiosa afro-brasileira.

> **Cidadania hoje**
> Enquanto submetido à escravidão, o negro não foi considerado cidadão no Brasil. Com a abolição da escravatura, deu-se início a uma árdua luta para os ex-escravos e seus descendentes serem integrados à sociedade.
>
> I. Após mais de 120 anos da abolição, os afro-brasileiros possuem os mesmos direitos que os demais cidadãos? Discuta com seus colegas.

O sincretismo religioso

No Brasil, houve uma combinação de diversas tradições africanas que, por sua vez, incorporaram elementos das culturas portuguesa e indígena. A cultura africana foi influenciada pelo catolicismo. O resultado dessa mistura é chamado de **sincretismo religioso**.

O sincretismo era também uma forma de resistência: no período colonial, devido à proibição oficial do candomblé, seus praticantes passaram a cultuar publicamente alguns santos católicos. Na verdade, esses santos possuíam um orixá correspondente. Por exemplo, Santa Bárbara personificava a orixá Iansã, enquanto Iemanjá era identificada com Nossa Senhora da Conceição.

Apesar de ter sido imposto, o catolicismo contribuiu para a união dos afrodescendentes em associações e comunidades, caso, por exemplo, das irmandades leigas. Nelas, além de todo o trabalho de solidariedade, era possível misturar rituais católicos com músicas e danças africanas.

Culto em homenagem a Iemanjá, orixá africano, deusa mais antiga do candomblé, em fevereiro de 2011, no bairro Rio Vermelho, Salvador, BA.

●●● Os afrodescendentes na sociedade brasileira

Além da luta contra a escravidão e da construção de seus próprios caminhos espirituais, a presença do afrodescendente foi fundamental na formação das culturas popular e letrada brasileiras.

O lundu é uma dança de origem africana muito popular no Brasil do século XIX. Gravura de J. M. Rugendas. *Dança lundu*, c. 1835.

Boa parte das expressões populares hoje consideradas símbolos de brasilidade, como o **samba** e a **capoeira**, é de origem africana. Essa influência pode ser observada também na alimentação, na gestualidade, no falar, na musicalidade, na espiritualidade, etc. Isso ocorreu, em grande parte, por consequência da miscigenação iniciada ainda na época colonial.

Também na cultura letrada houve significativa participação. Ainda no tempo da escravidão, surgiram personalidades importantes, como os jornalistas Luís Gama e Cipriano Barata, os escritores Machado de Assis e Cruz e Sousa, o artista plástico Aleijadinho, entre outros.

Muitos deles tinham ascendência africana, assim como boa parte dos brasileiros atuais.

Verifique o que aprendeu ●●●

1. O que foi a diáspora africana?
2. Quais contribuições a cultura brasileira recebeu dos afrodescendentes?
3. Quem são os agudás?
4. O que é sincretismo religioso?

MACHADO DE ASSIS

Joaquim Maria Machado de Assis nasceu em 1839 no Rio de Janeiro. Filho de pais humildes, começou a trabalhar muito cedo e frequentou a escola por pouco tempo. Mesmo assim, ele estudava por conta própria e, aos 16 anos, publicou seu primeiro poema. Trabalhou em jornais como escritor e revisor e conheceu vários autores da época. Na década de 1860, publicou seu primeiro livro. Escreveu poemas, romances, contos, peças de teatro e se tornou um dos maiores escritores brasileiros.

O jovem Machado de Assis, em fotografia de 1864. Rio de Janeiro, RJ.

ATIVIDADES

1. Observe a gravura ao lado.
   a) Essa gravura retrata uma manifestação cultural, ainda popular no Brasil. Você consegue identificá-la? Quais elementos da imagem o auxiliaram na identificação?
   b) Esse tipo de jogo chegou a ser proibido por lei, mesmo após o fim da escravidão. Durante muito tempo ele foi considerado uma prática de "vadios". Em sua opinião, por que havia tanto preconceito?

   Detalhe de ilustração de J. M. Rugendas. *Capoeira*, século XIX.

2. Você conhece manifestações culturais brasileiras que apresentem influências africanas, além da que aparece na imagem da atividade anterior? Troque ideias com os colegas e elabore um parágrafo com as informações recolhidas no grupo.

3. Leia o trecho da reportagem a seguir, veiculada no jornal *Folha de S.Paulo* em 5 de novembro de 2005.

   > **Brasil tem primeira condenação por racismo de torcedores**
   >
   > O Juventude é o primeiro time do Brasil a ser [levado a julgamento e] punido pela Justiça Desportiva por atos de cunho racista de seus torcedores. [...] a 4ª Comissão Disciplinar do STJD (Superior Tribunal de Justiça Desportiva) condenou o clube de Caxias do Sul à perda de dois mandos de campo e multa no valor de R$ 200 mil. [...]
   >
   > O árbitro Alício Pena Júnior registrou na súmula do jogo contra o Internacional, em 22 de outubro, que parte dos torcedores do Juventude imitava macacos sempre que o volante adversário Tinga, que é negro, tocava na bola. [...]
   >
   > Luís Ferrari e Márvio dos Anjos. Brasil tem primeira condenação por racismo de torcedores. *Folha de S.Paulo*. Disponível em: <http://www1.folha.uol.com.br/folha/esporte/ult92u95123.shtml>. Acesso em: 12 ago. 2014.

   a) Por qual razão o Juventude foi condenado?
   b) Por que os torcedores do Juventude imitavam macacos quando o jogador negro tocava na bola?
   c) Em sua opinião, a Justiça Desportiva agiu corretamente? Justifique sua resposta.

4. Em grupo, discuta as seguintes questões.
   a) Em sua opinião, o Brasil é um país racista?
   b) Você já presenciou alguma situação em que alguém tenha sido vítima de racismo? Faça um relato da situação.
   c) Por quais razões persiste o racismo no Brasil? O que fazer para combatê-lo?
   d) Além dos afrodescendentes, que outros grupos você conhece que também são vítimas de discriminação? Por quê?
   e) Elabore um texto com as conclusões do grupo.

ARTE e CULTURA

A presença afro-brasileira

O Brasil possui a maior população de origem africana fora da África. O grande número de africanos que para aqui vieram durante o período de colonização, assim como os descendentes desses povos, contribuiu para a formação da população e da cultura do país.

A forte influência da herança afro pode ser percebida em diversas manifestações culturais do brasileiro: festas populares de rua, objetos de arte, sincretismo religioso, entre tantas outras.

O maracatu é uma manifestação cultural afro-brasileira que representa um cortejo real dançante e musical em homenagem aos antigos reis do Congo. Na fotografia, desfile em Nazaré da Mata, em Pernambuco, capital, 2011.

A música e as mulheres afrodescendentes eram a temática preferida do pintor Di Cavalcanti. *Samba*, 1928. Óleo sobre tela.

154

A religiosidade afro-descendente influenciou a obra de artistas plásticos brasileiros. Óleo sobre tela da artista paulista Djanira Motta e Silva. *Três orixás*, 1966.

Um dos mais conhecidos exemplos do sincretismo religioso no Brasil é a festa da lavagem das escadarias da igreja de Nosso Senhor Bom Jesus do Bonfim, Salvador, Bahia. Ela ocorre na segunda quinta-feira após a Festa de Reis, em 6 de janeiro. Durante o cortejo, o povo dança, canta e reza. Fotografia de 2011.

■ Atividades

1. Quais imagens estão relacionadas à religiosidade afro-brasileira?
2. Observando as imagens e lendo as legendas, é possível afirmar que a música é uma característica marcante na tradição afro-brasileira? Justifique.

DOSSIÊ

Os quilombos e seus remanescentes

Símbolo de resistência

Os quilombos foram a principal forma de resistência ao escravismo no Brasil. Quilombos se formaram de norte a sul da Colônia, durante os séculos em que vigorou o sistema escravocrata, constituindo uma alternativa de vida aos escravos fugidos e aos homens livres pobres.

O mais conhecido dos quilombos foi Palmares, localizado na serra da Barriga, hoje União dos Palmares, região pertencente ao estado de Alagoas.

Palmares teria se formado em meados do século XVII. Esse quilombo teve dois líderes conhecidos: Ganga Zumba e Zumbi. Ganga Zumba defendeu o quilombo de ataques externos por muitas décadas. Entretanto, segundo estudos, Ganga Zumba tornou-se inimigo de Zumbi por ter feito um acordo com o governador de Pernambuco.

Zumbi: o grande líder

Zumbi tornou-se um dos maiores símbolos brasileiros contra a escravidão. Sob seu comando, Palmares conseguiu derrotar diversas campanhas luso-brasileiras contra o quilombo.

Entretanto, após várias vitórias, Palmares foi derrotado em fins do século XVII pela campanha liderada por Domingos Jorge Velho, bandeirante paulista.

Em seu auge, Palmares chegou a ter uma população de 20 mil pessoas, sobretudo escravos fugidos, indígenas e homens livres que escapavam da miséria e do poder repressor das autoridades portuguesas.

Outros quilombos conhecidos foram os de Ambrósio e Campo Grande, ambos em Minas Gerais. No século XIX, diversos quilombos menores foram construídos em regiões mais próximas dos centros urbanos, como o quilombo do Jabaquara, na serra do Mar, no caminho entre a cidade de São Paulo e o litoral paulista.

Apesar de menores, esses quilombos foram importantes nos ataques e nas revoltas no período final da escravidão. Os quilombolas organizavam guerrilhas nas estradas e serviam de refúgio aos escravos fugidos das fazendas.

Muitos quilombos eram vilas organizadas e prósperas. Além da produção agrícola interna, os quilombolas trocavam e negociavam seus produtos com fazendeiros e comerciantes luso-brasileiros. Esse comércio foi essencial para a manutenção dos

Antônio Diogo da Silva Parreiras. *Zumbi*, 1917. Óleo sobre tela.

quilombos, que passaram a abastecer de produtos as vilas vizinhas.

Os remanescentes

Atualmente, existem muitas comunidades rurais situadas no mesmo território dos quilombos. Seus moradores são descendentes dos antigos quilombolas e são chamados de **remanescentes de quilombos**. Esses remanescentes obtiveram o direito de tornar-se possuidores dessas terras.

Para obter esse direito, é necessário comprovar a ligação histórica e hereditária com os quilombolas que viveram na região.

A demarcação de terras dos remanescentes dos quilombolas é uma das ações promovidas pelos movimentos afrodescendentes contemporâneos. Com essas e outras atitudes importantes, pretende-se amenizar as perdas sofridas por muitos afrodescendentes.

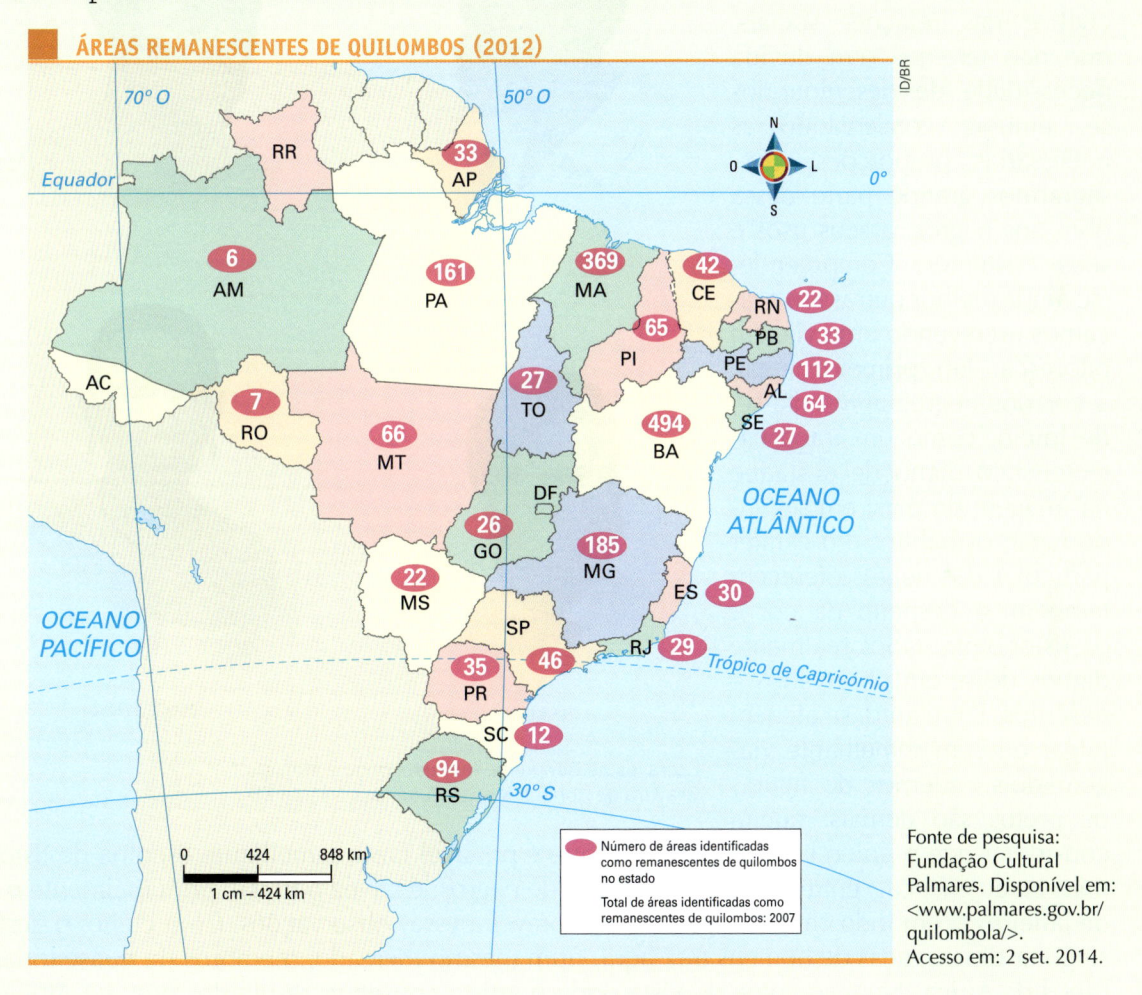

ÁREAS REMANESCENTES DE QUILOMBOS (2012)

Fonte de pesquisa: Fundação Cultural Palmares. Disponível em: <www.palmares.gov.br/quilombola/>. Acesso em: 2 set. 2014.

■ Discussão sobre o texto

1. Qual foi o papel dos quilombos na vida colonial brasileira?
2. Em 1995, o dia 20 de novembro, data da morte de Zumbi, foi adotado como o dia da Consciência Negra no Brasil. Por qual razão foi escolhida essa data? Discuta com seus colegas.
3. Em sua opinião, o que significa "amenizar as perdas sofridas por muitos afrodescendentes"?
4. Como as comunidades remanescentes de quilombos adquiriram o direito às terras em que vivem atualmente?

FAZENDO HISTÓRIA

A África representada no Brasil

Você lerá, a seguir, o relato do artista alemão Johann Moritz Rugendas, que esteve no Brasil no início do século XIX documentando aspectos da natureza e da sociedade.

A raça africana constitui uma parte tão grande da população dos países da América e, principalmente no Brasil, um elemento tão essencial da vida civil e das relações sociais, que não teremos sem dúvida necessidade de desculpar-nos se, embora conservando as necessárias proporções, consagrarmos grande parte dessa obra aos negros, a seus usos e seus costumes. Compreende-se ainda melhor que assim o façamos escrevendo uma viagem pitoresca. Em primeiro lugar, a cor dos negros apresenta-se, de início, como um traço característico digno de destaque na imagem do país; em segundo lugar, os hábitos e o caráter particular dos negros oferecem também, a despeito da cor e da fisionomia, lados realmente dignos de serem observados e descritos. Entretanto, se alguém julgar que em semelhante viagem dois cadernos de figuras de pretos são demais, queira considerar que o único lugar da terra em que é possível fazer semelhante escolha de fisionomias características, entre as diferentes tribos de negros, é talvez o Brasil, principalmente o Rio de Janeiro; é, em todo caso, o lugar mais favorável a essas observações. Com efeito, o destino singular dessas raças de homens traz aqui, num mesmo mercado, membros de quase todas as tribos da África. Num só golpe de vista pode o artista conseguir resultados que, na África, só atingiria através de longas e perigosas viagens a todas as regiões dessa parte do mundo. [...]

Johann Moritz Rugendas. *Viagem pitoresca através do Brasil*. Belo Horizonte: Itatiaia; São Paulo: Universidade de São Paulo, 1979. p. 111.

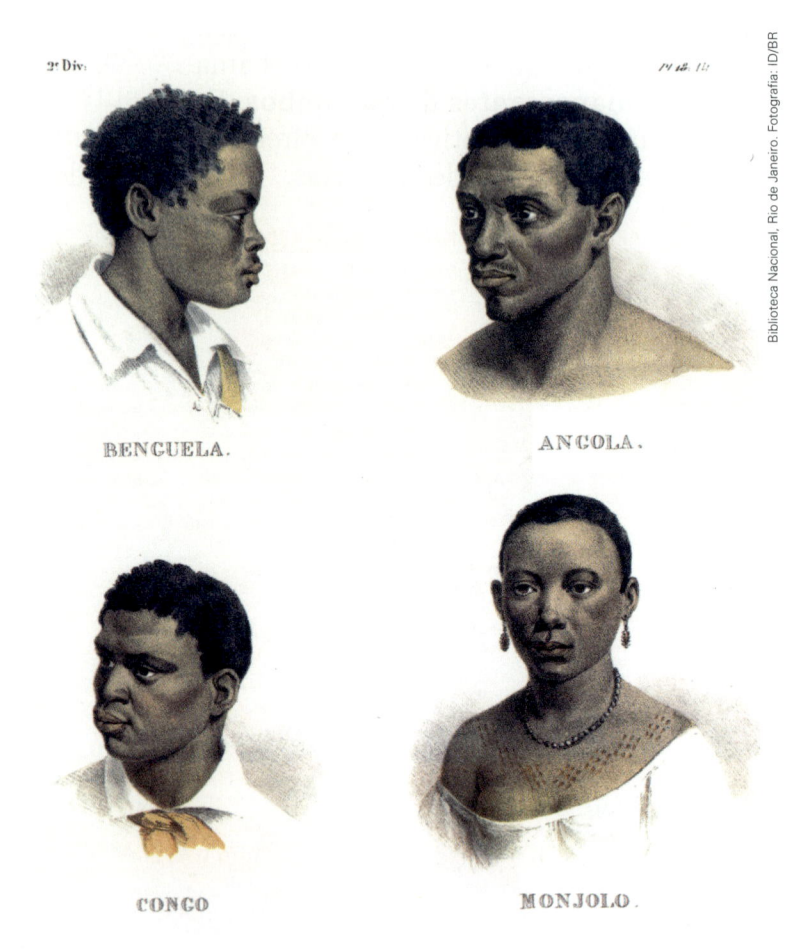

Escravos de Benguela, Angola, Congo e Monjolo. Gravura de Johann Moritz Rugendas, século XIX.

1. Identifique no texto as palavras ou expressão que o artista utiliza para se referir aos africanos escravizados.
2. O que o artista considera digno de ser representado?
3. Em sua opinião, o artista reconhece a importância dos povos africanos que vieram para a América? Justifique.

LENDO HISTÓRIA

Antes de ler

- Leia o título do texto. Qual é o significado da expressão "lugar ao sol"?
- Considerando a imagem que acompanha o texto e o que você aprendeu no capítulo, sobre o que você acha que o texto vai tratar?

Em busca do lugar ao sol

Um século depois do fim da escravidão, o país continua a receber os filhos da África [...]

Percorrer léguas de distância, sofrer com o preconceito e amargar a saudade da família para realizar um único sonho: conseguir condições melhores de vida. [...] [Essa é] a esperança dos inúmeros africanos que desembarcam no Brasil anualmente. [...] De acordo com o Consulado de Angola, em 1996 o Brasil recebeu 15 mil imigrantes vindos daquele país [...]. De Cabo Verde, vieram mais de 3 mil [...].

[...] há grupos vindos principalmente da Nigéria, Costa do Marfim, Moçambique, Guiné-Bissau, África do Sul, Libéria, Gana e São Tomé e Príncipe. [...]

A vinda de africanos passou por [...] fases importantes. A primeira, é claro, ocorreu durante o período escravista, quando mais de 4 milhões de africanos foram trazidos à força para o país [...]. Na década de 1980, [...] os conflitos civis, principalmente nos Países Africanos de Língua Oficial Portuguesa (Palops), aumentaram a vinda de refugiados negros. [Em geral, trata-se de] homens de 25 a 35 anos, com nível educacional superior. [...]

Mas não são apenas refugiados que chegam ao país. Graças à aproximação político-econômica entre o Brasil e alguns países da África, vários são os africanos que vêm para cá legalmente, com o intuito de estudar. [...]

Juliana Tavares. Em busca do lugar ao sol. Revista *História Viva*, temas brasileiros: presença negra, São Paulo, Duetto, s/d, n. 3, p. 94-95.

Mulher atuando no mercado de trabalho. São Paulo, SP. Fotografia de 2010.

De olho no texto

1. Atualmente, por que os imigrantes africanos vêm para o Brasil?
2. Quais diferenças você pode apontar entre os africanos que chegavam ao Brasil entre os séculos XVI e XIX e os que vêm para cá hoje?

QUESTÕES GLOBAIS

1. Observe a imagem ao lado.
   a) Descreva a gravura, procurando identificar referências à cultura europeia.
   b) Segundo a imagem, o contato entre os portugueses e o manicongo é pacífico ou conflituoso? Justifique.
   c) Essa gravura foi baseada na noção de realeza que os europeus tinham na época e não corresponde à realidade cultural africana. Por que você acha que a imagem retrata a cultura europeia? Discuta com um colega e redija as conclusões a que chegaram.

   Gravura do século XVII que mostra o manicongo recepcionando representantes de Portugal.

2. Observe a charge ao lado e responda às questões.
   a) Qual é a data do feriado mencionado?
   b) Descreva como são as pessoas que estão na praia e o que estão fazendo.
   c) Em sua opinião, qual é a crítica que o desenhista quis manifestar com essa charge?

   Charge do cartunista Angeli.
   Disponível em: <www1.folha.uol.com.br/fsp/opiniao/inde20112006.htm>.
   Acesso em: 12 ago. 2014.

PARA SABER MAIS

Livros

No tempo da escravidão no Brasil, de Eduardo Carlos Pereira. São Paulo: Scipione, 1998.
Narra o dia a dia de uma menina negra moradora de uma fazenda de café durante a escravidão no final do século XIX.

África: essa mãe quase desconhecida, de Eduardo D'Amorim. São Paulo: FTD, 1997.
Apresenta a diversidade do continente africano buscando compreender as raízes culturais brasileiras.

Histórias da Preta, de Heloisa Pires Lima. São Paulo: Companhia das Letrinhas, 2006.
Traz histórias da mitologia africana e apresenta reflexões com base em situações do cotidiano atual, destacando o papel do negro na sociedade brasileira.

Site

<http://www.museuafrobrasil.com.br>. *Site* da Associação Museu Afro Brasil.
Informa sobre os eventos e as exposições do museu e permite ao internauta visualizar uma parte do acervo, que contém: esculturas, estatuetas, tapeçaria, vestimentas, máscaras, etc.
Acesso em: 12 ago. 2014.

••• Síntese

A África antes dos europeus
- As rotas comerciais pelo continente
- Formação dos Impérios africanos Mali e Songai
- Os falantes da língua ioruba
- Os reinos bantos
- O reino do Congo

A escravidão
- A escravidão entre os povos africanos
- Portugueses exploram a África
- Comerciantes portugueses iniciam o tráfico de escravos

O trabalho escravo no Brasil
- A vinda para o continente americano
- O trabalho escravo no Brasil
- A resistência à escravidão
- O quilombo dos Palmares e a Revolta dos Malês

Os laços entre os africanos e os afro-brasileiros
- A diáspora africana
- Comunidades brasileiras na África
- O sincretismo religioso
- A cultura popular e letrada no Brasil

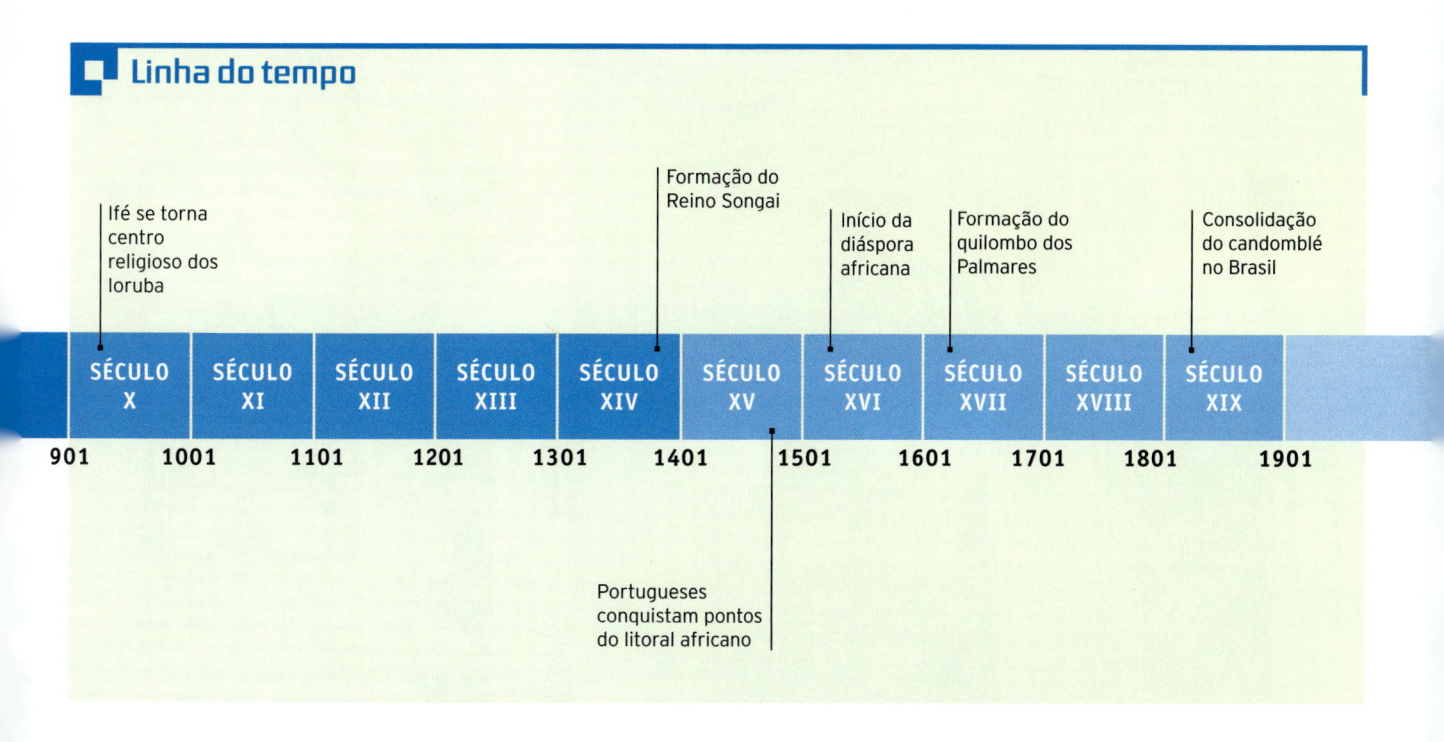

Linha do tempo

- **Século X** (901) — Ifé se torna centro religioso dos Ioruba
- **Século XI** (1001)
- **Século XII** (1101)
- **Século XIII** (1201)
- **Século XIV** (1301)
- **Século XV** (1401) — Formação do Reino Songai; Portugueses conquistam pontos do litoral africano
- **Século XVI** (1501) — Início da diáspora africana
- **Século XVII** (1601) — Formação do quilombo dos Palmares
- **Século XVIII** (1701)
- **Século XIX** (1801) — Consolidação do candomblé no Brasil
- (1901)

A partir do século XVII, várias expedições compostas de homens livres brancos, mestiços ou indígenas percorreram o interior da América portuguesa à procura de metais preciosos.

Esses viajantes aprisionavam indígenas para escravizá-los. Descobriram ouro e diamantes na região centro-sul e, em pouco tempo, as áreas mineradoras se tornaram o centro econômico, político e social da Colônia, principalmente a região das Minas Gerais.

A idade do ouro no Brasil

CAPÍTULO 7

O QUE VOCÊ VAI APRENDER

- O surgimento das bandeiras
- A ocupação do interior da América portuguesa
- A descoberta e a exploração das minas de ouro e diamantes
- A decadência da mineração aurífera

CONVERSE COM OS COLEGAS

A fotografia ao lado retrata o altar da igreja de Nossa Senhora da Conceição, em Ouro Preto, Minas Gerais, construída no século XVIII. Durante esse período, igrejas com esse estilo de decoração foram construídas nos centros urbanos da Colônia.

1. Você conhece alguma igreja ou outra edificação que seja semelhante a essa? Onde ela está situada?
2. Procure apontar todos os elementos que compõem o altar.
3. Por que você acha que essa igreja foi tão ricamente decorada?
4. Que materiais foram utilizados para esculpir as imagens ou o restante da decoração? Que elementos ajudaram você na identificação?
5. O que mais chamou sua atenção na decoração da igreja? Por quê?
6. Um dos materiais utilizados na decoração do altar foi o ouro. Você sabe qual era a sua procedência? Em sua opinião esse ouro era explorado aqui no Brasil ou veio de outro lugar? Troque ideias com um colega a respeito desse assunto.

A igreja de Nossa Senhora da Conceição, em Ouro Preto, foi construída no estilo barroco.

163

MÓDULO 1

Os bandeirantes

No século XVII, a crise da economia portuguesa em função do preço do açúcar no mercado internacional levou a administração da Colônia a buscar outras riquezas.

••• A crise econômica portuguesa

Depois de expulsos do Brasil, os holandeses implantaram o cultivo da cana-de-açúcar em suas colônias nas Antilhas (Aruba e Curaçao). Usando técnicas mais modernas de plantio, conseguiram aumentar a produtividade dos canaviais e, consequentemente, vender o açúcar a preços mais baixos no mercado internacional.

Cultivado de forma rudimentar e, portanto, produzindo menos, o açúcar brasileiro não conseguiu competir com o produzido nas Antilhas, levando Portugal a uma crise econômica.

Diante da crise econômica, a Coroa passou a financiar expedições em busca de ouro e prata no interior do território brasileiro.

Entradas e bandeiras

Desde o início da colonização, saíam da capitania de São Vicente grupos de homens brancos, acompanhados de mamelucos e indígenas, que se embrenhavam nas matas com o objetivo de capturar nativos. Somente no século XVII, entretanto, as expedições passaram a buscar, além de cativos, metais preciosos.

As expedições organizadas pelas autoridades coloniais eram chamadas de **entradas**. E as particulares, organizadas por proprietários rurais, comerciantes e donos de minas, recebiam o nome de **bandeiras**.

As maiores expedições levavam meses para ser organizadas, e seus integrantes, que podiam chegar a centenas, eram das mais variadas origens: portugueses, paulistas, índios escravizados, mamelucos e, às vezes, mulheres, geralmente de origem indígena. Os povos indígenas amigos dos paulistas, por vezes, serviam de guias para os bandeirantes.

Domingos Jorge Velho

O bandeirante paulista Domingos Jorge Velho ficou conhecido por ter sido responsável pela destruição do quilombo dos Palmares, entre 1694 e 1695. Segundo relatos, ele era mameluco, tinha estatura baixa, era magro e usava barba rala, aparência bem diferente da representada pelo artista Benedito Calixto, logo abaixo.

Ele participou de várias expedições pelo interior da Colônia. Conviveu com os indígenas por muitos anos e talvez por isso falasse mal o português. Dizem que ele se assemelhava aos Tapuia. Apesar do convívio, também ficou famoso pela violência empregada contra os indígenas cativos.

Detalhe de tela de Benedito Calixto retratando Domingos Jorge Velho, 1903. Óleo sobre tela.

MAMELUCOS

Os mamelucos, descendentes de indígenas e europeus, tinham importante papel nas expedições. Como conheciam a língua tupi e a língua portuguesa, faziam a ponte entre os dois grupos. Seus conhecimentos eram decisivos para a sobrevivência no sertão, pois sabiam se orientar nas matas seguindo o curso dos rios e os movimentos do Sol, reconheciam animais e plantas que poderiam servir de alimentos e medicamentos, dominavam técnicas de caça e pesca, além de saber como obter matéria-prima para construir embarcações.

Albert Eckhout. *Mameluca*, século XVII. Óleo sobre tela.

As expedições

Não era fácil a vida desses exploradores. Caminhavam distâncias enormes, pelas margens dos rios ou por trilhas indígenas no meio da mata. Abriam picadas nas matas ou se orientavam pelos rastros dos animais, sempre vulneráveis a ataques de indígenas ou de animais selvagens.

Tinham de improvisar abrigos e alimentos para o tempo que duravam as expedições, que poderiam ser meses ou até mesmo anos. Era comum pararem por dois ou três meses para plantar roças de feijão e mandioca em clareiras abertas. Assim refaziam algumas provisões. Porém, alguns bandeirantes se fixavam nesses lugares de pouso, dando origem a vilas que serviriam depois ao abastecimento de outras expedições.

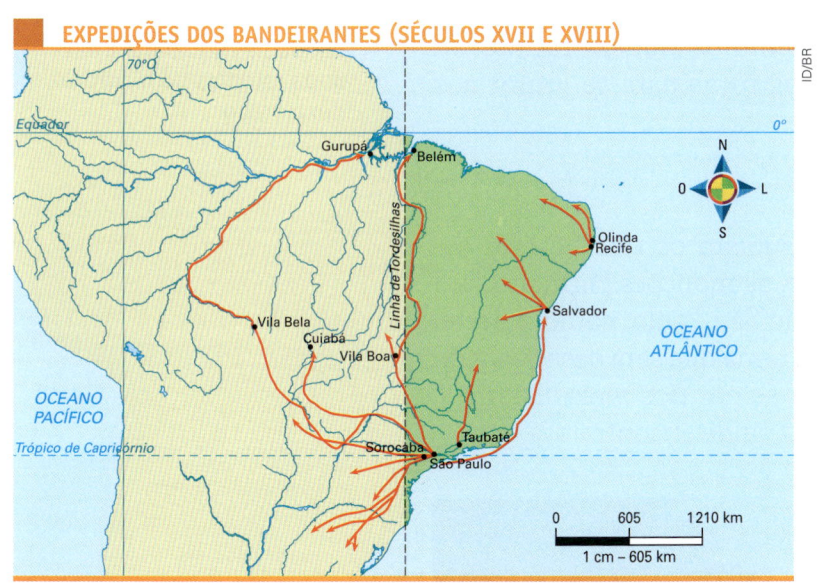

EXPEDIÇÕES DOS BANDEIRANTES (SÉCULOS XVII E XVIII)

Fonte de pesquisa: *Atlas histórico escolar*. Rio de Janeiro: FAE, 1973. p. 18.

Raposo Tavares

Manuel Victor Filho. *Antônio Raposo Tavares*, c. 1950. Óleo sobre tela.

Antônio Raposo Tavares (1598-1658) nasceu em Portugal e veio para o Brasil porque seu pai, Fernão Vieira Tavares, foi designado governador da capitania de São Vicente. Participou de várias expedições pelo interior do Brasil. Lutou contra jesuítas espanhóis no Rio Grande do Sul e contra holandeses na Bahia e em Pernambuco. Em sua última expedição, chegou à foz do rio Amazonas. Morreu em São Paulo.

Desbravando a Colônia

As entradas e bandeiras tomaram várias direções na Colônia. Em 1647, por exemplo, Antônio Raposo Tavares, apoiado pela Coroa, organizou uma grande expedição. Essa entrada percorreu cerca de 12 mil quilômetros em direção à Amazônia. O objetivo era encontrar metais preciosos e desbravar o território colonial. Entretanto, após três anos de viagem, nada foi encontrado.

OS BANDEIRANTES ERAM HERÓIS?

No século XIX, historiadores consideravam os bandeirantes membros destemidos da elite paulista, tratando-os como heróis. Estudos recentes mostram que os bandeirantes eram homens simples e pobres e que se utilizaram da violência contra os indígenas. Alguns foram pagos para exterminar indígenas e escravos fugitivos.

João Batista do Corte. *Casa de Raposo Tavares*, s/d. Óleo sobre tela.

A vila de São Paulo e os bandeirantes

Com a expansão das bandeiras, no século XVII, a vila de São Paulo começou a ganhar notoriedade. Diversificaram-se as plantações, a criação de gado se expandiu e aumentou a produção de carne-seca, de couro e de farinha. A importação de produtos era quase nula, e o comércio era feito à base de trocas.

Apesar da presença dos jesuítas na educação e catequização dos indígenas e colonos, a cultura dos nativos era bastante difundida entre os paulistas, que se habituaram a andar descalços, por exemplo. A "língua geral", uma mistura de língua indígena e o português, era costumeiramente falada na região.

Da vila de São Paulo saíram muitas expedições. Elas se mostraram uma importante atividade econômica. Além da necessidade de mão de obra, o sonho da riqueza fácil levou muitos paulistas a abandonar suas roças para se juntar aos exploradores do sertão.

As monções

As expedições que desciam e subiam os rios ficaram conhecidas como **monções**. De início, as monções permaneciam restritas aos rios próximos à vila de São Paulo, como o Tietê. Mas, após a Guerra dos Emboabas, tema que será desenvolvido a seguir, os bandeirantes lançaram-se por rios mais distantes, como o rio Cuiabá, no Mato Grosso, onde encontraram ouro.

Almeida Jr. *A partida da monção*, 1817. Óleo sobre tela.

A economia na capitania de São Vicente

Inicialmente, a economia canavieira prosperou na capitania de São Vicente, porém essa atividade não se sustentou na região.

Aos poucos, os colonizadores venceram a barreira representada pela serra do Mar e estabeleceram-se no planalto de Piratininga. Dali rumaram para o sertão, levando, além da pecuária, a cultura de uva, algodão e trigo para áreas ainda remotas do território inexplorado.

Verifique o que aprendeu

1. O que eram bandeiras e entradas?
2. Cite os principais fatores que levaram os colonos paulistas à atividade bandeirante.
3. Qual era o objetivo da expedição de Antônio Raposo Tavares de 1647?
4. Explique o que eram as monções.

ATIVIDADES

1. Observe o mapa. Ele representa uma expedição que ocorreu durante o período colonial brasileiro.
   a) Identifique o percurso da expedição que está representado no mapa.
   b) É possível definir qual tipo de expedição o mapa retrata? Justifique.

O CAMINHO DE UMA EXPEDIÇÃO COLONIAL (SÉCULO XVII)

Fonte de pesquisa: Sérgio Buarque de Holanda. *Monções*. São Paulo: Brasiliense, 1989. p. 145.

2. Leia o texto.

> [...] andavam quase sempre a pé, levando a sua espingarda com pólvora e chumbo [...], o gibão de couro e as bombachas de algodão, poucas ceroulas e camisas, [...] o capote e chapéu e poucas coisas mais, foram deixando um vazio de índios à sua passagem, um caminho percorrido sempre mais dentro do sertão.
>
> Luiz Seráphico. *Os caminhos do Brasil*. São Paulo: Previdenciária, 1990. p. 14.

a) Quem está sendo descrito no texto?
b) Explique o seguinte trecho: "foram deixando um vazio de índios à sua passagem".

3. O texto a seguir comenta a importância do indígena para as expedições bandeirantes.

> [...] o indígena se [tornou] seu principal iniciador e guia. Ao contato dele, os colonos, atraídos para um sertão cheio de promessas, abandonam, ao cabo, todas as comodidades da vida civilizada. O simples recurso às rudes vias de comunicação, abertas pelos naturais do país, já exige uma penosa aprendizagem [...].
>
> Sérgio Buarque de Holanda. *Monções*. São Paulo: Brasiliense, 1990. p. 16-17.

a) O que o autor quis dizer com "sertão cheio de promessas"?
b) Em sua opinião, quais seriam as "comodidades da vida civilizada" mencionadas pelo autor?
c) Quais eram as vias de comunicação utilizadas pelos bandeirantes?

4. Como as entradas e bandeiras eram organizadas?

5. Os indígenas desempenharam diferentes papéis durante o processo de interiorização da Colônia. Você concorda com essa afirmação? Discuta com um colega e escreva um parágrafo com as suas conclusões.

MÓDULO 2

Ouro e diamantes

A descoberta de metais preciosos e diamantes no centro-sul da Colônia causou um grande fluxo migratório de colonos e portugueses para essa região. A busca provocou conflitos armados e foi um dos fatores da expansão das fronteiras da América portuguesa.

••• A descoberta do ouro

Em 1695, incentivadas pelas recompensas prometidas pela Coroa, entradas e bandeiras fizeram as primeiras descobertas significativas de ouro na região do atual estado de Minas Gerais.

Novas descobertas foram registradas na região dos atuais estados de Goiás e Mato Grosso, no início do século XVIII. O metal foi encontrado em abundância na encosta dos morros, no leito e nas margens dos rios. Esse ouro encontrado na superfície era chamado de **ouro de aluvião**.

A notícia se espalhou por toda a Colônia, o que provocou a migração em massa para as regiões auríferas. Esperançosos de enriquecer rapidamente, portugueses e colonos deram início a uma verdadeira corrida ao ouro no século XVIII, e a região das Minas Gerais transformou-se num novo polo econômico da Colônia.

O capital necessário para explorar ouro era pequeno, o que estimulava ainda mais a sua procura. O número de pessoas que deixou Portugal e outras capitanias foi tão grande que assustou as autoridades, pois elas temiam que houvesse despovoamento dessas áreas.

Fonte de pesquisa: Flávio de Campos e Miriam Dolhnikoff. *Atlas história do Brasil*. São Paulo: Scipione, 2006. p. 145.

A Guerra dos Emboabas

Com a descoberta das minas, os bandeirantes paulistas buscavam defender a exclusividade na exploração do ouro. Entretanto, os novos exploradores também estavam interessados na posse das terras. Isso gerou uma sequência de conflitos, cujos resultados foram violentos confrontos armados, entre 1708 e 1709, que culminaram na **Guerra dos Emboabas**.

Essa guerra terminou com a vitória dos "forasteiros". Vencidos, os paulistas organizaram monções e partiram para Mato Grosso e Goiás em busca de ouro.

Em 1709, temendo perder o controle da região, Portugal desmembrou a antiga capitania de São Vicente nas capitanias de São Paulo e de Minas do Ouro.

Os emboabas

Emboabas era como os paulistas se referiam aos portugueses e brasileiros de outras capitanias. Originalmente, dizia respeito a uma ave de pernas emplumadas.

Os paulistas zombavam dos portugueses que usavam botas de cano longo e ficavam parecidos com as emboabas.

●●● O Distrito Diamantino

No século XVIII, além do ouro, a extração de diamantes também impulsionou a ocupação das Minas Gerais. No final da década de 1720, oficializou-se a sua exploração. Por conta disso, a região chamada Serro Frio, onde estava localizado o Arraial do Tijuco, atual município de Diamantina, sofreu uma ocupação desordenada.

Para controlar a extração de diamantes e evitar o contrabando, a Coroa portuguesa estabeleceu uma série de medidas, submetendo os garimpeiros a uma rígida fiscalização.

Em 1734, a Coroa criou o **Distrito Diamantino**, cuja administração ficou a cargo da **Intendência dos Diamantes**. A área foi delimitada e isolada do restante da Colônia. A atividade de extração de diamantes ficou restrita a pessoas escolhidas pela Coroa. Posteriormente, a Metrópole assumiu o monopólio da extração, criando a Real Extração de Diamantes.

Apesar dos esforços da Coroa, o controle da extração e do comércio do ouro e dos diamantes não inibiu o contrabando, realizado das mais variadas formas pelos proprietários, exploradores das minas, escravizados e estrangeiros. Calcula-se que mais da metade do ouro e dos diamantes extraídos no século XVIII na Colônia tenha sido contrabandeada para a Europa.

O atual município de Diamantina, em Minas Gerais, ainda preserva muito da arquitetura do século XVIII. Fotografia de 2011.

SANTO DO PAU OCO

Você conhece a expressão "santo do pau oco"? Hoje ela é utilizada para designar uma pessoa mentirosa e hipócrita. Ela surgiu durante o auge da mineração.

"Acredita-se que as imagens de santos esculpidas em madeira oca eram recheadas de ouro e pedras preciosas para passar pelos postos de fiscalização da Coroa portuguesa. Assim, evitava-se o pagamento de impostos altíssimos. Como não foi encontrado nenhum registro preciso de um caso como esse, as estatuetas com aberturas nas costas, típicas dessa época, são a única pista de que a prática tenha realmente existido, além, é claro, da tradição oral [...]"

Francarlos Ribeiro. Como surgiu a expressão "santo do pau oco"? Disponível em: <http://super.abril.com.br/superarquivo/2002/conteudo120924.shtml>.
Acesso em: 3 set. 2010.

Imagem de Nossa Senhora do Rosário, em madeira, com abertura nas costas, Minas Gerais, século XVIII. A abertura também tornava a imagem mais leve para que ela fosse carregada durante as procissões.

A expansão das fronteiras

Com o passar do tempo, a fronteira que tinha sido determinada pelo Tratado de Tordesilhas em 1494 ia, aos poucos, sendo desrespeitada. A expansão da pecuária, as missões jesuíticas, as entradas, bandeiras e monções levaram à ampliação dos territórios da Colônia portuguesa em quase três vezes, incorporando aos seus domínios as áreas que hoje pertencem às regiões Sul, Centro-Oeste e parte da Região Norte do Brasil.

Essa expansão foi legitimada com a ocupação populacional de Minas Gerais, Mato Grosso e Goiás, no século XVIII, como resultado da exploração do ouro e de diamantes.

Tanto espanhóis quanto portugueses tinham interesses em muitas áreas estratégicas da América. Após décadas de disputas, em 1750, as duas Coroas decidiram resolver as questões fronteiriças com um acordo, o **Tratado de Madri**. As novas fronteiras entre a América portuguesa e a espanhola foram delineadas com base nos territórios ocupados.

Porém, em 1777, esse tratado foi contestado e um novo acordo foi assinado, o **Tratado de Santo Ildefonso**. Segundo esse acordo, Portugal perdia uma parte do atual Rio Grande do Sul. Essas terras, no entanto, voltariam à possessão portuguesa em 1801.

Com esses tratados ficavam demarcados, em sua quase totalidade, os limites atuais do território brasileiro.

OS TRATADOS DE MADRI E DE SANTO ILDEFONSO

Fonte de pesquisa: *Atlas histórico escolar*. Rio de Janeiro: FAE, 1973. p. 22.

O tropeirismo

As regiões mineradoras rapidamente se tornaram importantes mercados consumidores. Para abastecer esses mercados, era necessário transportar os alimentos a partir dos locais em que eram produzidos. Esse transporte era feito em tropas de mulas, que, na volta, levavam carregamentos de ouro e diamantes para os portos, de onde eram enviados para Portugal.

Os tropeiros viajavam grandes distâncias durante o dia. À noite, eles paravam para descansar em ranchos. Com o passar do tempo, os principais locais onde os tropeiros pousavam se transformaram em vilas.

Charles Landseer. *Rancho dos tropeiros*, 1827. Óleo sobre madeira.

Verifique o que aprendeu

1. Por que um grande número de pessoas dirigiu-se à região das minas no século XVIII?
2. Onde foram encontradas as primeiras minas de ouro?
3. O que foi a Guerra dos Emboabas?
4. Além do ouro, qual foi a outra riqueza mineral explorada na região das minas?
5. Quais tratados delimitaram as novas fronteiras da Colônia?

ATIVIDADES

1. Leia o texto a seguir.

   > Não se sabe ao certo quando se achou o primeiro ouro das Gerais – fruto antes da descoberta de várias expedições mais ou menos simultâneas ou sucessivas do que do esforço de um só homem. Pode-se afirmar, contudo, que tais feitos ocorreram entre 1693 (bandeira de Antônio Rodrigues Arzão) e 1700 (descoberta do ribeirão do Carmo por João Lopes de Lima). Era ouro de aluvião, ou seja, que se catava nas águas dos rios, efêmero mas abundantíssimo, fruto de depósitos ocorridos ao longo dos milênios.
   >
   > Laura de Mello e Souza e Maria Fernanda Baptista Bicalho. *1680-1720*: o império deste mundo. São Paulo: Companhia das Letras, 2000. p. 26.

   a) Segundo o texto, como ocorreu a descoberta do ouro na Colônia?
   b) Por que se afirma que não foi fruto do "esforço de um só homem"?
   c) Quais eram as características do ouro encontrado no Brasil?

2. O texto a seguir faz um comentário sobre a Guerra dos Emboabas. Leia-o e responda às questões.

   > [...] A imagem de uma terra sem lei, dominada por poderosos que faziam valer seus interesses por meio da força, é típica de uma região de fronteira, à margem das formas de controle do Estado português [...]. A inexistência de órgãos de justiça dava lugar às arruaças, às tropas de negros armados e às vinganças pessoais, marcadas por extrema crueldade. Compreensível, pois, que paulistas e emboabas entrassem em confronto.
   >
   > Adriana Romeiro. Uma guerra no sertão. Revista *Nossa História*, São Paulo, Vera Cruz, p. 71, nov. 2005.

   a) Por qual razão a autora diz que a região estava "à margem das formas de controle do Estado português"?
   b) Se o Estado português não exercia poder na região, quem eram os poderosos citados no texto?
   c) A autora aponta que os poderosos "faziam valer seus interesses por meio da força". Quais eram esses interesses?

3. De que maneira a Coroa portuguesa buscou garantir o monopólio da extração de diamantes na região das minas?

4. Observe a tabela a seguir.

Total de imigrantes portugueses no Brasil (1500-1817)	
Período	América portuguesa
1500-1580	100 000
1581-1640	
1641-1700	s/d
1701-1760	600 000
1808-1817	24 000

   Fonte de pesquisa: *Brasil*: 500 anos de povoamento. Rio de Janeiro: IBGE, 2000. Disponível em: <http://brasil500anos.ibge.gov.br/territorio-brasileiro-e-povoamento/portugueses>. Acesso em: 2 set. 2014.

   a) Qual é o tema da tabela?
   b) Em qual período registra-se o maior número de imigrantes?
   c) A que fato você atribui essa vinda maciça de imigrantes?

5. Observe o mapa. No caderno, escreva as informações que estão faltando, conforme o roteiro a seguir.

   Fonte de pesquisa: *Atlas histórico escolar*. Rio de Janeiro: FAE, 1973. p. 22.

   a) Elabore uma legenda para o mapa identificando as três linhas imaginárias representadas. Insira datas para auxiliar a identificação.
   b) Que título você daria ao mapa?

MÓDULO 3

O ouro em Minas Gerais

A Coroa portuguesa, interessada em manter o controle sobre a extração e o comércio do ouro na Colônia, estabeleceu uma série de leis e tributos. Porém, essas medidas revoltaram os mineradores e a população.

••• A exploração e a regulamentação régia

Portugal temia perder tributos com a exploração aurífera, já que ela poderia ser realizada por qualquer pessoa que encontrasse uma mina.

A Coroa percebeu então que era necessário disciplinar a exploração da terra, regulamentar a extração do ouro e fiscalizar as operações relacionadas à mineração. Assim, em 1702, a Coroa criou um órgão chamado **Intendência das Minas** e promulgou o **Regimento das Minas de Ouro**.

As minas descobertas eram informadas à Intendência, que as dividia em lotes ou datas. O descobridor escolhia duas datas. Uma terceira se tornava propriedade da Coroa, que a vendia em leilões públicos. As demais eram sorteadas entre os interessados, que deveriam ter no mínimo doze escravizados e se comprometer a explorá-las em certo período de tempo. Essas medidas impediam que pessoas sem posses explorassem as minas.

Casa de Intendência da cidade de Diamantina, Minas Gerais, construída entre 1733 e 1735. Fotografia de 2011.

Lavra e faiscação

Havia duas formas de extração de ouro: **lavra** e **faiscação**.

Nas lavras, que eram empreendimentos organizados, utilizavam-se ferramentas especializadas e mão de obra essencialmente escrava para o trabalho.

A faiscação era realizada por homens pobres, livres e brancos, além de mulatos, ex-escravos e até cativos que procuravam ouro em datas abandonadas ou pouco produtivas.

Gravura de Johann Moritz Rugendas. *Lavagem do mineral de ouro*, século XIX.

●●● A cobrança de impostos

Um dos impostos cobrados pela Coroa nas regiões auríferas era o **quinto**, ou seja, a quinta parte de todo o minério extraído.

Para controlar a arrecadação e impedir o contrabando do ouro, foram criadas as **casas de fundição**. Nessas casas, o minério era fundido e transformado em barras, nas quais era gravado o símbolo real. Durante esse processo, já se fazia a separação da parte reservada à Coroa, e apenas as barras marcadas com o selo real eram consideradas legais.

Esse sistema, entretanto, era constantemente burlado, e muito ouro foi desviado.

A Coroa optou então por um sistema de cotas, pelo qual o quinto deveria chegar, obrigatoriamente, a 100 arrobas – por volta de 1500 quilos – de ouro anuais. Esse sistema logo entrou em crise, pois, com a escassez do ouro, os mineradores tinham cada vez mais dificuldade em conseguir reunir o montante imposto pela Coroa.

O controle régio não foi suficiente para conter o contrabando. A partir da década de 1720, a Coroa aumentou a vigilância militar da região.

Com o objetivo de centralizar ainda mais a administração, em 1763 Portugal transferiu a capital da Colônia de Salvador para o Rio de Janeiro, pois era de lá que os minérios eram enviados para a Europa.

Casa dos Contos, em Ouro Preto, MG. Fotografia de 2011.

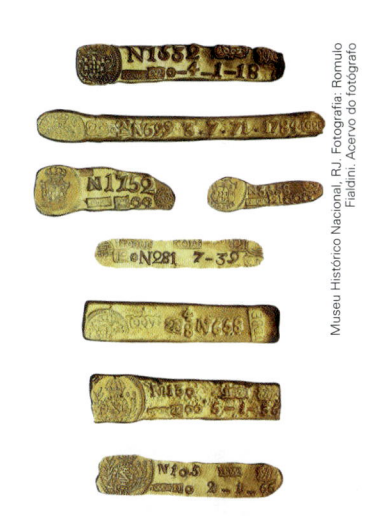

Barras de ouro cunhadas nas casas de fundição, século XIX.

A Revolta de Vila Rica (1720)

As medidas tomadas pela Coroa revoltavam os mineradores e a população. Além dos altos impostos e do rígido controle, os preços dos alimentos eram exorbitantes.

Em 1720, mineradores de Vila Rica, liderados pelo português Felipe dos Santos, pressionaram as autoridades locais contra os abusos cometidos. Após uma rápida vitória, o movimento foi definitivamente derrotado em julho de 1720. Como intimidação aos colonos, Felipe dos Santos foi enforcado e esquartejado pelas autoridades portuguesas, e seu corpo ficou exposto em praça pública.

Neste quadro de Antonio Parreiras, o minerador é apresentado afrontando com imponência as autoridades portuguesas. *O julgamento de Felipe dos Santos*, c. 1923. Óleo sobre tela.

173

●●● O ouro do Brasil e a economia portuguesa

Além da crise da exportação canavieira, Portugal tinha dívidas com a Inglaterra, que havia financiado as guerras de libertação contra a Espanha durante o final da União Ibérica.

Por esse motivo, a exploração do ouro transformou a região das Minas Gerais no foco de atenção da Coroa portuguesa no século XVIII.

Com o crescimento da extração e da exportação do ouro e dos diamantes durante as décadas de 1710 a 1760, a Metrópole acreditava que seus problemas econômicos estavam resolvidos.

Entretanto, boa parte do que era extraído nem passava pelos cofres da Coroa porque era utilizada para o pagamento das dívidas, principalmente com a Inglaterra, ou era contrabandeada.

Consequências do surto minerador

O ouro levado para Portugal foi utilizado na decoração interna de igrejas e em gastos supérfluos da Corte. Mas a riqueza da Coroa portuguesa trazida pelo ouro brasileiro não duraria eternamente.

A mineração, todavia, transformou a sociedade colonial brasileira. A população aumentou consideravelmente, e a sociedade tornou-se mais diversificada. Os interesses dos colonos ficavam cada vez mais distantes daqueles da Metrópole.

> **Verifique o que aprendeu** ●●●
> 1. O que era o quinto?
> 2. O que eram as casas de fundição?
> 3. O que foi a Revolta de Vila Rica?
> 4. Como a Coroa portuguesa utilizou o ouro extraído e exportado do Brasil?

Igreja de São Francisco, Porto, Portugal. Fotografia de 2008.

ATIVIDADES

1. Identifique as principais medidas tomadas pelo governo português para garantir o controle da exploração das minas e dos diamantes.

2. As afirmações a seguir estão incorretas. Corrija-as e reescreva-as em seu caderno.
   a) A criação das casas de fundição foi plenamente apoiada pelos mineradores.
   b) Visando controlar a exploração aurífera, a Coroa criou um órgão chamado Intendência dos Diamantes em 1702.

3. Leia o texto.

   > A extração de ouro e diamantes deu origem à intervenção regulamentadora mais ampla que a Coroa realizou no Brasil. O governo português fez um grande esforço para arrecadar os tributos. Tomou também várias medidas para organizar a vida social nas minas e em outras partes da Colônia, seja em proveito próprio, seja no sentido de evitar que a corrida do ouro resultasse em caos. Na tentativa de reduzir o contrabando e aumentar suas receitas, a Coroa estabeleceu formas de arrecadação dos tributos que variaram no curso dos anos.
   >
   > Boris Fausto. *História do Brasil*. São Paulo: Edusp, 1999. p. 99-100.

   a) Como Portugal realizou sua "intervenção regulamentadora" na Colônia?
   b) Segundo o texto, que dificuldades Portugal enfrentou na exploração e arrecadação do ouro e dos diamantes?

4. Explique o que foi o sistema de cotas implementado por Portugal.

5. O ouro arrecadado na região das Gerais solucionou os problemas econômicos do reino português? Justifique.

6. Observe o gráfico ao lado.
   a) Identifique:
      - As regiões mineradoras citadas.
      - A região que obteve maior produção.
      - As décadas de maior produção de ouro em cada uma das regiões.
   b) A partir das informações deste gráfico, elabore um texto para explicar a evolução da produção aurífera no século XVIII.

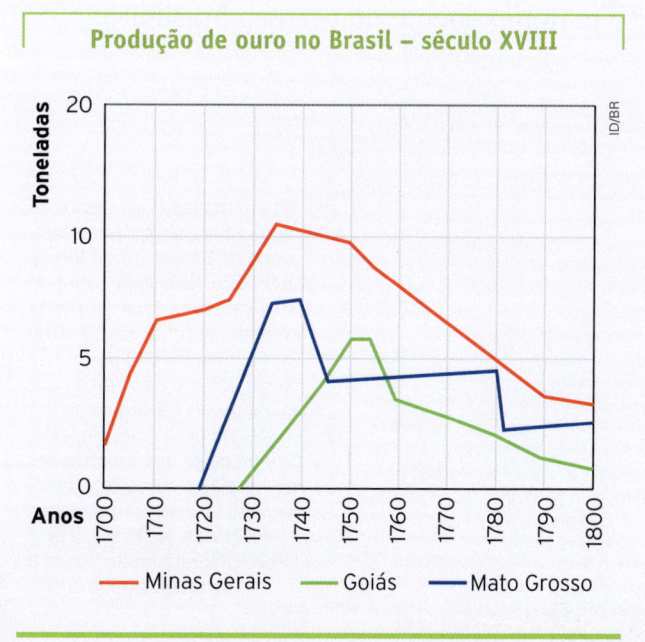

   Produção de ouro no Brasil – século XVIII

   Fonte de pesquisa: Virgílio Noya Pinto. *O ouro brasileiro e o comércio anglo-português*. São Paulo: Nacional-MEC, 1979. s/p.

   — Minas Gerais — Goiás — Mato Grosso

7. Forme um grupo com seus colegas. Pesquisem em livros, revistas, jornais, *sites* da internet, etc. aspectos de Minas Gerais nos dias atuais que remetam ao período da mineração no século XVIII.

ARTE e CULTURA

O estilo barroco

As riquezas geradas pela mineração permitiram o desenvolvimento de um estilo artístico, literário e arquitetônico que ficou conhecido como **barroco**. Originário da Europa no século XVII, foi difundido na América portuguesa sobretudo no século XVIII.

O estilo barroco teve características próprias no Brasil colonial, especialmente nas regiões da mineração. Obras magníficas da arte barroca também são encontradas em outras antigas cidades brasileiras, como Salvador, Rio de Janeiro, Recife, São Luís do Maranhão e São Paulo.

As construções e obras de arte barrocas atraem turistas do Brasil e do mundo até hoje. Durante o século XX, muitas das antigas cidades mineradoras se tornaram importantes centros turísticos.

Francisco da Silva Lisboa (1738?-1814), o Aleijadinho, é considerado um dos maiores artistas plásticos do Brasil. Filho de português com uma escrava africana, fora apelidado de Aleijadinho por possuir deformidades físicas provenientes de uma doença grave e degenerativa. Porém, isso não o impediu de continuar aperfeiçoando seu trabalho, tornando-se o maior expoente do barroco brasileiro.

Painéis em madeira da pilastra do altar de São Gonçalo do Amarante, igreja de São Pedro do Rio de Janeiro, RJ, 1801-1802. Obra de Mestre Valentim. Esse artista foi arquiteto, escultor e urbanista. Foi responsável por várias construções e elaborações de imagens sacras na cidade do Rio de Janeiro em fins do século XVIII. Grande parte das construções das igrejas e obras de arte foi encomendada pelas irmandades religiosas. No Brasil, a arte barroca está muito ligada à religiosidade cristã.

Nas artes plásticas, o barroco caracterizou-se pela representação de movimento e sentimento das personagens retratadas. Escultura em madeira de Aleijadinho. *O carregamento da cruz* (ou *O Salvador carregando o madeiro*), 1796-1799. Santuário do Bom Jesus de Matosinhos, Congonhas do Campo, Minas Gerais.

Detalhe de painel em azulejo do convento de São Francisco, Salvador, Bahia, século XVIII. Somente no térreo do convento há um conjunto com 37 painéis, com cerca de dois metros de altura cada um. As imagens retratam episódios mitológicos e são baseadas em obras do pintor holandês Otto van Veen.

■ Atividades

1. Observando as imagens, podemos afirmar que a arte barroca só retratava temas religiosos? Justifique.
2. Em qual das imagens o ouro proveniente das regiões mineradoras do século XVIII está em evidência?

177

ARTE e CULTURA

Profeta Isaías, esculpido em pedra-sabão por Aleijadinho, c. 1800-1805. Este é um dos profetas esculpidos nas escadarias da basílica de Bom Jesus de Matosinhos em Congonhas do Campo, Minas Gerais. Existe hoje uma grande preocupação com a conservação de seus trabalhos em praça pública, pois eles estão ameaçados pela ação do intemperismo e da poluição.

A riqueza barroca não se restringiu às regiões mineradoras. A igreja de São Francisco, em Salvador, Bahia (século XVIII), é uma das mais imponentes e deslumbrantes do Brasil. Seu interior é recoberto em ouro. A sacristia é decorada com azulejos que retratam a vida de São Francisco. Fotografia de 2011.

Fachada da basílica de Bom Jesus de Matosinhos, Congonhas do Campo, Minas Gerais, século XVIII. O projeto arquitetônico, os ornamentos da fachada e o conjunto de esculturas são de autoria do mestre Aleijadinho. Na escadaria, Aleijadinho esculpiu uma de suas obras mais famosas: os doze profetas do Antigo Testamento. Fotografia de 2009.

Senhor Deus menino, século XIX. Museu de Arte Sacra, Salvador, BA. Escultura proveniente do convento de Nossa Senhora dos Humildes, em Santo Amaro da Purificação, BA. Essa rica peça foi esculpida pelas freiras do convento, que não pouparam ouro e diamantes para adornar as imagens. Na escultura, cheia de detalhes, estão representados vários símbolos cristãos, como anjos e pombas brancas.

■ Atividades

1. Observe os detalhes da estátua *Profeta Isaías* e indique como a ação do tempo e da poluição afetam a obra.

2. Compare a escultura de Aleijadinho (página 178) com a feita pelas freiras do convento de Nossa Senhora dos Humildes (acima). Embora ambas as obras sejam barrocas, existem diferenças entre elas. Indique-as.

MÓDULO 4

Uma sociedade urbana

O grande afluxo de pessoas para a região das minas, bem como as necessidades geradas pela extração e pelo comércio de minérios, possibilitou o desenvolvimento de uma sociedade urbana e diversificada.

Novas cidades

Entre os séculos XVII e XVIII, próximo às jazidas de ouro e diamantes, formaram-se arraiais e vilas que originaram várias cidades. As mais conhecidas atualmente são Ouro Preto, Sabará, Congonhas, Mariana, Diamantina, Caetés, Tiradentes e São João del Rey.

O crescimento urbano desse período ocorreu devido ao desenvolvimento da infraestrutura necessária para o comércio e a administração. A existência de um grupo enriquecido pela mineração estimulou o crescimento do comércio e do transporte de mercadorias.

Arraiais

Os arraiais eram pequenos vilarejos de povoamento provisório formados por pessoas que exerciam atividades temporárias, como a extração de ouro e diamantes.

Comércio interligado

As pessoas envolvidas na atividade mineradora não tinham como produzir seu próprio sustento. Tudo aquilo de que precisavam tinha de ser comprado. Portanto, muitas regiões na Colônia passaram a fornecer carne, leite, frutas e hortaliças, entre outros produtos.

Esse crescimento da produção agropecuária também colaborou para o desenvolvimento econômico da região centro-sul e para interligar as cidades.

Thomas Ender. *Vila Rica* (atual Ouro Preto), século XIX. Aquarela sobre lápis.

Poucos ricos e muitos pobres

Na sociedade mineradora, havia um grande número de homens livres, que se dedicavam ao comércio ambulante ou de pequeno porte, aos ofícios artesanais e ao transporte. Essas pessoas, porém, não conseguiram enriquecer com a mineração nem obter prestígio social.

Em contraste com essa vasta população pobre, havia homens ricos com fortuna proveniente da extração do ouro e de outras atividades, como pecuária, comércio ou administração metropolitana.

Para a administração metropolitana das novas vilas e cidades que surgiam, foram instalados órgãos administrativos portugueses. Dessa forma, outros profissionais se integravam à vida urbana mineira, como advogados e militares, professores e médicos. Muitos desses profissionais haviam estudado em universidades na Europa, já que na Colônia não existiam instituições desse nível de ensino.

Jean-Baptiste Debret. *Tropeiros pobres de Minas*, século XIX. Gravura.

A população escravizada

Assim como na economia açucareira, a exploração das minas foi baseada no trabalho escravo, apesar da grande quantidade de homens livres.

A população escravizada era numerosa. Entre 1698 e 1770, foram enviados por volta de 341 mil escravos para a região aurífera de Minas Gerais. Eles deveriam entregar determinada porção de ouro aos seus proprietários e, se encontrassem uma quantidade maior que a estipulada, poderiam ficar com o excedente e comprar sua alforria.

Nas minas, os cativos trabalhavam especialmente nas lavras, onde a extração do ouro era mais difícil. Já nos ambientes urbanos que se formavam ao redor das minas, tinham outras funções, como a de mecânicos, fabricantes de carroças e até soldados.

O destino dos impostos

A Coroa portuguesa cobrava o "quinto" sobre todo o ouro extraído das terras brasileiras. A tributação era uma maneira de garantir a sua parte sobre as riquezas encontradas em seu Império.

I. Discuta com seus colegas: Quais são os impostos cobrados atualmente pelo governo brasileiro e em que os recursos obtidos com os impostos devem ser aplicados?

II. Pesquisem notícias em jornais, revistas e na internet sobre o destino dos impostos pagos no Brasil.

Escravos na mineração

O trabalho nas minas era ainda mais árduo do que o trabalho no campo. O contato permanente com a água fria dos rios favorecia o desenvolvimento de doenças, como a tuberculose e a pneumonia.

Muitas vezes, os escravizados tentavam esconder e contrabandear os minérios encontrados. Se fossem descobertos, eram terrivelmente castigados ou mortos.

Carlos Julião. *Extração de diamantes na região de Serro Frio*, 1776. Aquarela.

••• A decadência do ouro

Após um período de crescimento vertiginoso entre as décadas de 1730 e 1750, a mineração do ouro e de diamantes entrou em decadência. Desde então, a economia mineira viveu um longo processo de crise, entrando em declínio.

Isso ocorreu pelo esgotamento das jazidas, o contrabando, a expropriação da Coroa e a falta de investimentos nas técnicas de exploração dos minérios.

Essa crise foi trágica para a população, pois a queda na extração não impediu que a Coroa continuasse a cobrar os impostos.

Brasil – Produção de ouro no século XVIII

Ano	Total (kg)	Ano	Total (kg)
1700-1710	29 400	1750-1759	141 880
1711-1720	65 000	1760-1769	101 290
1721-1729	80 500	1770-1779	84 485
1730-1739	115 670	1780-1789	55 975
1740-1749	144 795	1790-1799	44 545

Fonte de pesquisa: Virgílio Noya Pinto. *O ouro brasileiro e o comércio anglo-português*. São Paulo: Nacional-MEC, 1979. p. 114.

Com a decadência da atividade extrativista, as pessoas começaram a migrar para outras regiões. Por volta de 1770, havia poucas jazidas rentáveis.

A diminuição da produção teve diversas consequências para a economia da região. Além da diminuição da atividade comercial, houve um aumento das alforrias dos escravos, pois vários proprietários não tinham mais como sustentá-los.

A derrama

Em virtude da diminuição da produção aurífera, muitos mineradores passaram a dever impostos para a Coroa.

Em 1765, para tentar recuperar os impostos não pagos, foi decretada a primeira **derrama**, isto é, a cobrança forçada dos impostos atrasados feita pelas autoridades coloniais, de casa em casa.

As derramas eram muito temidas pela população local, sobretudo a mais pobre, pois eram feitas de modo violento e podiam durar semanas ou meses. Elas representaram o ápice do controle da Coroa portuguesa sobre os colonos.

O conflito de interesses entre os mineradores e as autoridades portuguesas era cada vez maior, contribuindo para um forte clima de insatisfação em fins do século XVIII.

O caminho do ouro

Fonte de pesquisa: Instituto Estrada Real. Disponível em: <http://www.institutoestradareal.com.br/estrada-real/caminhos>. Acesso em: 2 set. 2014.

Para evitar o contrabando e facilitar o escoamento do ouro, o governo português criou a "Estrada Real". Ela ligava Rio de Janeiro, São Paulo e Minas Gerais e ficou conhecida como "Caminho do Ouro". O tamanho e a forma de execução (pedra sobre pedra, encaixes perfeitos e sistemas de drenagem eficientes) impressionam ainda hoje as pessoas que visitam os trechos preservados. Em 1707, com a inauguração da estrada que ligava Ouro Preto direto ao Rio de Janeiro ("Caminho Novo"), o antigo Caminho do Ouro passou a ser conhecido como "Caminho Velho".

Verifique o que aprendeu •••

1. Como era a vida dos escravizados nas minas de ouro?
2. Além dos escravos, que tipo de trabalhador fazia parte da sociedade mineradora?
3. Em que condições vivia essa camada da população?
4. Por que ocorreu a rápida decadência da extração mineradora?

ATIVIDADES

1. Relacione o crescimento urbano da Colônia no século XVIII à mineração.

2. Leia o texto a seguir.

> Mesmo assim, foi possível ganhar muito dinheiro em pouco tempo, tirando com bateias o ouro das águas; escavando as margens dos regatos em catas e grupiaras; carregando tropas de mulas com gêneros alimentícios ou de consumo; tocando boiadas vindas do São Francisco; trazendo negros africanos desembarcados nos principais portos do litoral. Ao terminar a primeira década do novo século, algumas fortunas já haviam sido assim amealhadas nas Minas [...].
>
> Laura de Mello e Souza e Maria Fernanda Baptista Bicalho. *1680-1720*: o império deste mundo. São Paulo: Companhia das Letras, 2000. p. 31.

a) Identifique quais atividades possibilitaram às pessoas "ganhar muito dinheiro em pouco tempo" na região da mineração.

b) Segundo o que você aprendeu neste capítulo, esse enriquecimento atingiu todas as parcelas da sociedade? Justifique.

3. Leia a seguir um texto sobre o acúmulo de riquezas da sociedade mineira. De acordo com o que você estudou neste capítulo, responda às questões.

> Lembremos porém que essas riquezas ficaram nas mãos de uns poucos: um grupo dedicado não só à extração incerta do ouro mas aos vários negócios e oportunidades que se formaram em torno dela [...]. Abaixo desse grupo, a ampla camada de população livre foi constituída de gente pobre ou de pequenos funcionários, empreendedores ou comerciantes, com limitadas possibilidades econômicas. [...]
>
> Boris Fausto. *História do Brasil*. São Paulo: Edusp, 1999. p. 105.

a) Quais eram os "negócios e oportunidades que se formaram em torno" da atividade mineradora e que propiciaram a riqueza de alguns indivíduos?

b) Qual era o ofício dos "funcionários, empreendedores ou comerciantes, com limitadas possibilidades econômicas"?

4. Observe os dados da tabela a seguir.

Valor aproximado de algumas mercadorias em meados do século XVIII

Mercadorias	Valor em São Paulo	Valor em Minas
1 alqueire de farinha de mandioca	640 réis	43 000 réis
1 libra de açúcar	120 réis	1 200 réis
1 caixa de marmelada	240 réis	3 600 réis
1 galinha	160 réis	4 000 réis
1 queijo da terra	120 réis	3 600 réis
1 queijo flamengo	640 réis	19 200 réis
1 boi de corte	2 000 réis	120 000 réis
1 cavalo	10 000 réis	120 000 réis

Fonte de pesquisa: Affonso Taunay. História geral das bandeiras paulistas. Em: Antonio Mendes Júnior; Luiz Roncari; Ricardo Maranhão. *Brasil história*: texto e consulta. São Paulo: Brasiliense, 1976. v. 1 (Colônia). p. 246.

GLOSSÁRIO

Alqueire: antiga medida de massa utilizada para cereais. Um alqueire era equivalente a 13,8 quilogramas.

Grupiara: depósito de cascalho acima do nível das águas de um rio.

Libra: medida de massa inglesa. Uma libra equivale a 0,45 quilograma.

a) Compare os preços das mercadorias em São Paulo e em Minas Gerais durante o século XVIII.

b) Por que havia essa diferença de preços entre as localidades?

DOSSIÊ

As irmandades religiosas

As irmandades religiosas surgiram na Europa durante a Idade Média. Por meio de atividades, cerimônias e festas, esses grupos ajudavam a valorizar a religiosidade dos leigos, difundiam o culto a determinados santos e auxiliavam o trabalho de catequização dos missionários.

Essas irmandades também cumpriam um papel social muito importante, pois prestavam assistência aos necessitados, ajudavam viúvas e órfãos e providenciavam os funerais de seus membros. Além disso, organizavam festas religiosas para muitas pessoas, uma das únicas oportunidades de convívio social e diversão. As irmandades eram mantidas por meio de doações ou dinheiro obtido nas festividades.

Igreja de São Francisco de Assis, Ouro Preto, MG, iniciada em 1766 pela Ordem Terceira de São Francisco de Assis. Fotografia de 2010.

Atuação na Colônia

Como eram muito comuns em Portugal, as irmandades foram facilmente difundidas na América portuguesa.

As irmandades possuíam estatutos chamados Compromissos. Essas leis deveriam ser aprovadas pela Coroa e eram periodicamente fiscalizadas pela administração régia e pela Igreja.

Os escravos e os libertos geralmente se reuniam em irmandades ou associações para garantir aos seus membros ajuda mútua em momentos de dificuldade.

Havia irmandades exclusivas para cada grupo social: escravos libertos, mestiços ou brancos, por exemplo. Entre os afrodescendentes, era comum a devoção a Nossa Senhora do Rosário, Nossa Senhora da Conceição e São Benedito.

A formação de irmandades foi facilitada devido ao crescimento repentino das vilas. As paróquias existentes não davam conta do grande número de fiéis que chegavam, e a Coroa não havia autorizado a formação de conventos e ordens religiosas na região.

Na região das minas, assim como no resto da Colônia, as irmandades mais populares eram a de Nossa Senhora do Rosário e a do Santíssimo Sacramento.

As Santas Casas de Misericórdia foram as irmandades mais difundidas em toda a Colônia. Elas eram responsáveis pela construção e administração de hospitais e prestavam serviços de assistência social à população pobre e doente. Muitos desses hospitais existem até hoje.

Igreja Nossa Senhora do Rosário dos Pretos, Tiradentes, MG. Construída entre 1708 e 1719, pelas Irmandades de Nossa Senhora do Rosário dos Homens Pretos. Fotografia de 2010.

Irmandades e a arte barroca

A presença das irmandades religiosas em Minas Gerais, nos séculos XVIII e XIX, foi fundamental também para o desenvolvimento artístico e arquitetônico da região.

Desde o início da mineração, tais irmandades se tornaram patrocinadoras das obras de arte locais, responsabilizando-se pela construção, decoração e manutenção das igrejas e pela formação e contratação de artistas plásticos, literários e músicos. Em 1711, quando se desenvolviam as primeiras vilas mineiras, já existiam mais de dez irmandades.

O luxo e a beleza das igrejas estavam relacionados a uma competição entre as irmandades. Cada uma buscava mostrar mais riqueza em suas construções e ornamentações.

Artistas eram contratados para qualquer tipo de serviço: esculpir imagens santas, pintar os tetos, reformar os altares, compor e executar canções. O prestígio social das irmandades se dava por meio das obras artísticas que patrocinavam e também das festas religiosas que organizavam.

O acervo artístico das irmandades era uma variável das diferenças sociais e econômicas vigentes na região mineradora. As irmandades mais ricas possuíam acervos mais suntuosos e encomendavam trabalhos aos artistas mais prestigiados.

Gravura de Jean-Baptiste Debret. *Coleta para a manutenção da Igreja do Rosário por uma irmandade negra*, século XIX.

■ Discussão sobre o texto

Com um colega, discuta as questões a seguir.

1. Qual era o papel das irmandades religiosas na sociedade da época?
2. O texto menciona uma competição entre as irmandades. Você acha que essa concorrência trazia algum benefício para a sociedade? Justifique.
3. Com que recursos as irmandades se mantinham?
4. Era possível perceber as diferenças socioeconômicas nas obras criadas pelas irmandades? Por que havia essas diferenças?

FAZENDO HISTÓRIA

Duas visões sobre a expansão territorial

1. A imagem reproduzida ao lado retrata Bartolomeu Bueno da Silva, bandeirante apelidado de Anhanguera pelos indígenas, que, em um dialeto tupi-guarani, significa "diabo velho". Esse apelido lhe foi atribuído porque ele havia ateado fogo em um recipiente com álcool, dizendo a eles que era água.

   a) Descreva a ação da imagem.
   b) Como os bandeirantes e indígenas estão representados?
   c) Em que parte do quadro Bartolomeu Bueno e os outros paulistas foram desenhados?
   d) Em que posição Anhanguera foi desenhado?
   e) Qual seria o objetivo do pintor ao representar Anhanguera dessa forma?
   f) Em que posição os indígenas estão desenhados e que parte do quadro ocupam?
   g) Qual seria o objetivo do pintor ao representar os indígenas nessa posição?

   Teodoro Braga. *Anhanguera*, 1930. Óleo sobre tela.

2. Leia o texto a seguir, escrito pelo Padre André João Antonil (1649-1716), em seu livro *Cultura e opulência do Brasil por suas drogas e minas*, escrito no início do século XVIII.

   > A sede insaciável de ouro estimulou a tantos a deixarem suas terras e a meterem-se por caminhos tão ásperos como são os das Minas, que dificultosamente se poderá dar conta do número de pessoas que atualmente lá estão. Contudo, os que assistiram nelas nestes últimos anos por largo tempo, e as correram todas, dizem que mais de trinta mil almas se ocupam, umas em catar e outras em mandar catar nos ribeiros do ouro, e outras em negociar, vendendo e comprando o que se há mister não só para a vida, mas para o regalo, mais que nos portos do mar.
   >
   > Cada ano, vêm nas frotas quantidades de portugueses e de estrangeiros para passarem às Minas. Das cidades, vilas, recôncavos e sertões do Brasil, vão brancos, pardos e pretos, e muitos índios, de que os paulistas se servem. A mistura é de toda a condição de pessoas: homens e mulheres, moços e velhos, pobres e ricos, nobres e plebeus, seculares e clérigos, e religiosos de diversos institutos, muitos dos quais não têm no Brasil convento nem casa.

   André João Antonil. *Cultura e opulência do Brasil por suas drogas e minas*. Lisboa: Comissão Nacional para as Comemorações dos Descobrimentos Portugueses, 2001. p. 242.

   a) A que período da história da Colônia brasileira o texto se refere?
   b) Segundo o autor, de que se ocupavam as pessoas que foram para as minas com a "sede insaciável de ouro"?
   c) Por que o autor descreve os índios como aqueles "de que os paulistas se servem"?
   d) Como você caracterizaria a sociedade mineira com a leitura desse texto?

LENDO HISTÓRIA

Antes de ler

- Você vai ler o trecho de um artigo do repórter Maurício Monteiro Filho sobre a região de Serra Pelada, no Pará. O que você sabe sobre essa região?
- Em sua opinião, os processos de extração de minerais continuam sendo iguais aos realizados no século XVII? Explique.

A extração de ouro em Serra Pelada

Às 4 horas da madrugada de um dia de junho de 1982, mais um "furão" – denominação dada àqueles que entravam em Serra Pelada sem autorização da Receita Federal, através da mata – chegava para engrossar a massa de garimpeiros. Duas frases bastam para expressar o sentimento do cearense José Lopes, ao se deparar pela primeira vez com aquele formigueiro humano. "Eu me assombrei. Tive vontade de voltar para trás", conta ele [...]

Lopes chegou a Serra Pelada dois anos após o início da febre que atraía, além de aventureiros de todo o país, a atenção do governo federal. Desde o final da década de 1970, crescia a exploração de recursos minerais na Amazônia, a ponto de o então ministro de Minas e Energia [...] declarar que pagaria a dívida externa brasileira com o produto da extração.

O governo também via Serra Pelada como uma espécie de válvula de escape para os conflitos sociais da região. Geograficamente, aquela "ferida aberta na selva" localizava-se perto tanto do semiárido nordestino quanto do norte de Goiás – hoje estado de Tocantins – e de Mato Grosso. Assim, o garimpo poderia absorver as levas de lavradores nordestinos, principalmente maranhenses e piauienses, vitimados pela seca. Serviria também para aliviar a tensão resultante da luta pela terra travada entre grileiros e posseiros nos estados ao sul do Pará. Além disso, a região passou a ser alvo de migrações de contingentes provenientes do centro-sul do país, pois representava uma nova alternativa para a recessão que se seguiu ao "milagre econômico" da ditadura militar.

Maurício Monteiro Filho. Órfãos de Serra Pelada. *Site Repórter Brasil*, 2004. Disponível em: <http://www.reporterbrasil.org.br/exibe.php?id=35>. Acesso em: 12 ago. 2014.

Garimpeiros em Serra Pelada, PA, 1986.

De olho no texto

1. O que o autor quis dizer com as expressões "febre" e "ferida aberta na selva"?
2. Com base na experiência de José Lopes ao chegar a Serra Pelada, mencionada no texto, e na fotografia acima, como você supõe que fossem as condições de trabalho dos mineradores?
3. Como Serra Pelada era vista pelo poder público?
4. É possível fazer várias comparações entre esse texto e o que foi estudado sobre a exploração do ouro no século XVIII. Elabore um parágrafo estabelecendo essas comparações.

QUESTÕES GLOBAIS

1. Descreva os tipos de expedições para o interior que foram organizadas na América portuguesa entre os séculos XVII e XVIII.

2. Observe a imagem ao lado.
   a) Descreva a cena representada.
   b) Em qual lugar da Colônia e em que época essa cena poderia ter ocorrido? Justifique sua resposta com base no que você aprendeu neste capítulo.

Gravura de Jean-Baptiste Debret. *Soldados índios da província de Curitiba, escoltando selvagens*, século XIX.

3. Leia com atenção o texto.

> [...] Um modo de ser *brasileiro*, com características próprias, começava a exprimir-se, não só nos protestos, mas também na obra de numerosos artistas que o ouro atraiu: músicos, poetas, pintores, arquitetos, escultores, entalhadores. Trabalhando em geral como simples operários, esses homens fizeram brilhar o estilo Barroco na terra mineira. O ouro luzia nas igrejas de Minas Gerais, nas casas dos funcionários da Coroa e, principalmente, nos suntuosos edifícios e palácios monumentais de Portugal.
>
> Edgard Luiz de Barros. *Os sonhadores de Vila Rica*: a Inconfidência Mineira de 1789. São Paulo: Atual, 1989. p. 4.

a) De acordo com o texto, como se exprimia o "modo de ser brasileiro"?
b) Como o ouro aparecia nas vilas e cidades mineiras?

PARA SABER MAIS

Livros

Bandeirantes, de Regina Helena de Araújo Ribeiro. São Paulo: Saraiva, 2004.
Ficção sobre um jovem morador da Vila de São Paulo de Piratininga, no século XVII, que deseja ser bandeirante e se torna amigo de um índio.

Antônio Francisco Lisboa – O Aleijadinho, de Lígia Rego e Angela Braga. São Paulo: Moderna, 1999.
Biografia do artista Aleijadinho enfocando os aspectos sociais e artísticos da região das minas no auge da exploração de ouro e diamantes.

Sites

<http://www.ouropreto.org.br>. *Site* do município de Ouro Preto.
Informa sobre o patrimônio histórico, as datas festivas e as principais atrações turísticas da cidade. Acesso em: 12 ago. 2014.

<http://www.mao.org.br>. *Site* do Museu de Artes e Ofícios de Belo Horizonte.
O museu preserva centenas de peças e objetos de trabalho originais dos séculos XVIII ao XX. Acesso em: 12 ago. 2014.

Síntese

Os bandeirantes
- A crise econômica portuguesa
- As primeiras expedições ao sertão
- Bandeiras, entradas e monções

Ouro e diamantes
- A descoberta do ouro
- A migração e a Guerra dos Emboabas
- A descoberta de diamantes e o Distrito Diamantino
- A expansão das fronteiras e os tratados de Madri e Santo Ildefonso

O ouro em Minas Gerais
- A Coroa mantém o controle
- Criação da Intendência das Minas
- Os impostos abusivos e as casas de fundição
- Mineradores se insurgem: Revolta de Vila Rica
- As consequências do surto minerador para a Metrópole e a Colônia

Uma sociedade urbana
- A formação de arraiais, vilas e cidades
- O crescimento urbano e comercial
- As diferenças sociais: uma sociedade com muitos pobres e poucos ricos
- A necessidade de mão de obra escrava para a economia mineira
- A decadência aurífera
- Portugal decreta a derrama

Linha do tempo

SÉCULO XVII (1601 – 1701)
- 1647 – Início da expedição de Antônio Raposo Tavares à Amazônia
- 1695 – Descoberta do ouro em Minas Gerais

SÉCULO XVIII (1701 – 1801)
- 1702 – Criação da Intendência das Minas
- 1708-1709 – Guerra dos Emboabas
- 1720 – Revolta de Vila Rica
- 1734 – Fundação do Distrito Diamantino
- 1750 – Tratado de Madri
- 1763 – Rio de Janeiro se torna a capital da Colônia
- 1777 – Tratado de Santo Ildefonso

PROJETO

Relatos: testemunhos da história

Nesta atividade, vamos pesquisar a vida de alguns dos habitantes do Brasil colonial nos séculos XVI e XVII. A partir do conhecimento adquirido nos capítulos anteriores, e por meio de pesquisa histórica e iconográfica (pesquisa de imagens), serão elaborados, em grupos, relatos em primeira pessoa sobre essas personagens.

Nesses relatos, as personagens contarão suas impressões sobre a terra em que vivem, a situação em que se encontram, suas preocupações sobre o presente e suas expectativas para o futuro.

Ao final do projeto, a leitura dos vários relatos diferentes possibilitará a toda a classe conhecer um pouco mais sobre aspectos do cotidiano de diversos sujeitos históricos do período colonial.

Anote
- Relato é uma exposição escrita ou oral sobre um acontecimento; narração, descrição, informação.

Organização do trabalho

■ Com a ajuda do professor, a classe deverá ser dividida em grupos de três a cinco alunos.

■ Cada grupo ficará responsável por um dos relatos a seguir.

• Relato de um escravo contando sobre suas tarefas diárias e como é a cidade em que vive.

• Relato de uma senhora, esposa de um administrador português, narrando a ida à igreja e o tipo de atividade que realiza em casa.

Gravura de Jean-Baptiste Debret. *Senhora em liteira*. Em: *Viagem pitoresca e histórica ao Brasil*, do mesmo autor, século XIX.

• Relato de um bandeirante sobre as experiências de apresamento dos indígenas.

• Relato de um índio após enfrentar bandeirantes e retornar para a aldeia.

Jean-Baptiste Debret. *Bandeirantes e aliados indígenas em batalha contra os botocudos em Mogi das Cruzes, São Paulo*. Em: *Viagem pitoresca e histórica ao Brasil*, do mesmo autor, século XIX.

Preparação para a redação dos relatos

- Consulte livros e revistas de História, enciclopédias e internet para buscar descrições, imagens e informações sobre o modo de vida da personagem que assinará os relatos, como ela garantia seu sustento e quais eram as principais dificuldades que enfrentava.
- Pesquise também a respeito do tema que essa personagem abordará no relato (por exemplo: o modo de vida indígena, tema que poderia ser abordado por um jesuíta).
- A partir dos dados coletados, você e seu grupo deverão imaginar as características da personagem histórica escolhida, que também será narradora do relato. Para facilitar, você e sua equipe podem criar uma ficha com os dados pessoais dessa pessoa.
- Em seu caderno, desenhe uma ficha, fazendo um campo para cada um dos itens abaixo. Se se lembrar de mais alguma característica que ajude a enriquecer sua personagem, acrescente-a à ficha.
    a) Nome;
    b) idade;
    c) procedência;
    d) língua;
    e) lugar onde vive;
    f) tempo que vive nesse lugar;
    g) trabalho ou função que desempenha;
    h) habitação;
    i) vestimenta;
    j) alimentação;
    k) papel na sociedade.

Redação dos relatos

- Lembre-se: o relato deve ser escrito em primeira pessoa.
- Desenvolva seu relato caprichando nos detalhes: o narrador-personagem pode informar fatos ocorridos com ele recentemente, contar sobre suas condições de vida naquele momento e relatar alguns de seus hábitos, problemas, temores e planos.
- É importante definir em que época esse indivíduo está escrevendo.
- Depois de escrever o relato, verifique se os acontecimentos ou as informações estão coerentes com o período histórico em que a personagem vive.

Apresentação dos relatos

- O trabalho deverá ser passado a limpo numa folha de papel para facilitar a leitura na apresentação do relato.
- Antes da apresentação, mostre o relato ao seu professor, para ver se ele está de acordo com o que foi proposto.
- Ao final, cada grupo deverá ler, para os colegas, o relato que produziu.
- Para tornar a atividade mais divertida, combine com o professor e os colegas de improvisar vestimentas para distinguir as personagens. Bastam alguns detalhes, como uma peça de roupa (um colete ou um chapéu), enfeites ou um detalhe que as caracterize.
- Finalizada a apresentação, a classe poderá fazer perguntas sobre o tema exposto.

Entre os séculos XVII e XVIII, uma série de movimentos políticos ocorridos no Ocidente questionou o Absolutismo e o Mercantilismo.

A Inglaterra foi a primeira nação a derrubar o Antigo Regime. Pensadores europeus contestaram a ordem estabelecida e propuseram um novo modelo político e econômico, que foi aplicado primeiro na América do Norte.

A crise do Antigo Regime

CAPÍTULO 8

John Trumbull. *Assinatura da declaração de Independência, 4 de julho de 1776*. Óleo sobre tela. Capitol Collection, Washington. Fotografia: Bridgeman/Keystone

A Declaração de Independência dos Estados Unidos buscou inspiração nas ideias iluministas.

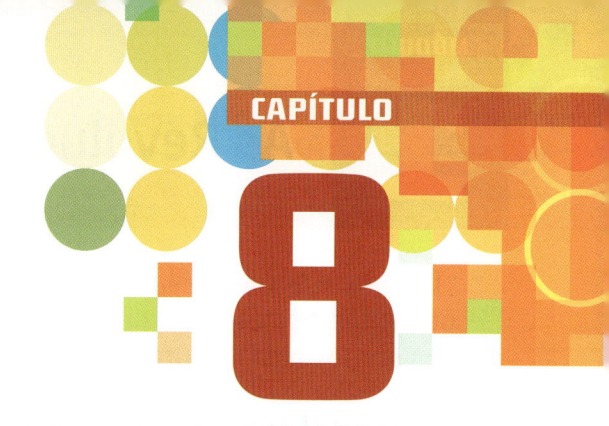

O QUE VOCÊ VAI APRENDER

- As transformações econômicas na Inglaterra no século XVII
- O Iluminismo e a crise do Antigo Regime
- A Independência dos Estados Unidos da América
- A nova organização política

CONVERSE COM OS COLEGAS

A tela do artista estadunidense John Trumbull reproduzida ao lado retrata a apresentação da Declaração de Independência dos Estados Unidos ao Congresso, que reuniu representantes das Treze Colônias inglesas da América do Norte.

Os Estados Unidos conquistaram a sua independência em 1776 e, ainda hoje, são considerados a maior potência mundial.

1. O que você sabe sobre os Estados Unidos?
2. Por que eles são considerados a maior potência do mundo?
3. Na cultura dos estadunidenses, o patriotismo é muito valorizado. Você sabe por quê?
4. Sobre a imagem, responda:
    a) Como as pessoas estão vestidas? As roupas identificam o grupo social ao qual elas pertencem? Qual grupo seria?
    b) Qual é o comportamento das pessoas?
    c) Observando a tela, como você imagina que tenha sido o processo de independência estadunidense?

193

MÓDULO 1

As Revoluções Inglesas

Durante o século XVII, a Inglaterra viveu um período de grandes transformações econômicas e sociais. Burguesia e nobreza se fortaleceram, gerando conflitos entre esses grupos pela disputa de poder.

••• Transformações econômicas na Inglaterra

A produção e o comércio de lã cresceram no século XVII. Para aumentar a criação de ovelhas, os nobres apropriaram-se das terras comunais, que estavam ocupadas por camponeses havia séculos.

Esses trabalhadores não possuíam nenhum certificado de propriedade e não havia nada que assegurasse seu direito de posse. As terras foram cercadas pelos proprietários da nobreza rural e os camponeses foram obrigados a deixá-las. Esse processo foi chamado de cercamento.

Alguns camponeses conseguiram permanecer no campo e passaram a trabalhar para os nobres. No início da colonização, a maioria migrou para outras regiões da Inglaterra e para a América do Norte.

As atividades agrícolas foram substituídas por pastagens de ovelhas. Com os lucros da lã aumentou o poderio econômico da nobreza rural e também o seu prestígio junto à Coroa.

Ao mesmo tempo, o comércio marítimo com outros continentes também cresceu. A Coroa britânica investia nessa atividade e financiava até a pirataria.

> **Parlamento**
>
> Nos países regulados por uma Constituição, o Parlamento é o local onde se reúnem as assembleias legislativas.
>
> O **Parlamento britânico**, surgido na Idade Média, é um dos mais antigos do mundo. Inicialmente, havia apenas representantes da nobreza. No século XIII, a Coroa convocou representantes dos burgos.
>
> No século XIV, os nobres e o alto clero passaram a compor a Câmara Alta (chamada de Câmara dos Lordes), e os representantes da burguesia formavam a Câmara Baixa (chamada Câmara dos Comuns).

A cidade de Londres representada em gravura francesa do século XVII. Autor desconhecido.

O Palácio de Westminster, sede do Parlamento britânico, Londres, Inglaterra. Fotografia de 2011.

A Revolução Puritana

A Coroa controlava a economia, fornecendo o monopólio de exploração de várias mercadorias às companhias de comércio britânicas. Os burgueses, no entanto, queriam um governo que controlasse menos as atividades econômicas. Passaram então a reivindicar maiores poderes para o **Parlamento** inglês, pois os representantes eleitos poderiam evitar, por exemplo, os aumentos dos impostos propostos pela Coroa e acabar com o monopólio real.

Entretanto, na maior parte do tempo, o rei governava sozinho. O Parlamento, composto de nobres e burgueses, só se reunia quando convocado pelo monarca. Por esse motivo, foram constantes os conflitos entre a Coroa e o Parlamento, principalmente em momentos de aumento dos impostos.

Havia também problemas religiosos. Os parlamentares dividiam-se entre católicos, anglicanos, calvinistas e puritanos. Grande parte da burguesia era puritana e exigia reformas que a beneficiassem.

No governo de Carlos I as tensões aumentaram. O rei era anglicano e quis impor sua religião aos ingleses e à população da Irlanda. Muitos ingleses fugiram para o chamado Novo Mundo, e os irlandeses revoltaram-se.

Para conter os irlandeses, o rei Carlos I precisava ter o controle do exército, o que foi recusado pelo Parlamento. Inconformado, Carlos I reuniu seus aliados e tentou, sem sucesso, prender os opositores. Expulso de Londres, o rei organizou um exército particular.

John Weesop. *Representação da execução do rei Carlos I da Inglaterra*, 1649. Detalhe de óleo sobre tela.

Os parlamentares convocaram o exército inglês e lutaram contra o rei de 1642 a 1646. Vencido, Carlos I foi preso e executado. Esse conflito ficou conhecido como Revolução Puritana, pois as tropas foram lideradas pelo puritano Oliver Cromwell.

O governo de Oliver Cromwell

O líder da revolução assumiu o governo e instaurou a **República**. Sob seu governo, a Inglaterra fortaleceu-se como uma potência comercial marítima.

Entre 1651 e 1663, Cromwell assinou os **Atos de Navegação**, determinando que todas as mercadorias vindas das áreas coloniais e de outras nações para a Inglaterra deveriam ser transportadas somente em navios ingleses.

Oliver Cromwell retratado por Gaspar de Hayer, século XVII. Óleo sobre tela.

A Revolução Gloriosa

Apesar de os Atos de Navegação terem propiciado grande crescimento econômico, os ingleses estavam insatisfeitos com Cromwell, que, em 1653, havia se tornado ditador vitalício e hereditário. Com isso, após sua morte, em 1658, Carlos II, filho de Carlos I, apoiado pela burguesia e pelo Parlamento, assumiu o poder.

Carlos II faleceu em 1685 e seu irmão, o católico Jaime II, ocupou o trono. O novo rei procurou diminuir o poder do Parlamento e restabelecer o catolicismo como religião oficial.

O Parlamento, a Igreja anglicana e a burguesia opuseram-se e passaram a conspirar para derrubar Jaime II e colocar no trono a filha de Carlos II, Maria, casada com Guilherme de Orange, rei dos Países Baixos.

Com as pressões, Jaime II abdicou, e os opositores do rei entregaram o trono ao protestante Guilherme de Orange, que se comprometeu a cumprir a **Declaração dos Direitos**.

O documento, elaborado pelo Parlamento, consistia em exigências que o rei deveria cumprir durante seu governo. O período que vai da queda de Jaime II até a assinatura da Declaração ficou conhecido como Revolução Gloriosa.

Uma monarquia parlamentar

Com essas medidas, a Inglaterra se tornou uma **monarquia parlamentar**. O rei deveria obedecer a uma Constituição e ao Parlamento, pois quem governava de fato eram os parlamentares, liderados pelo primeiro-ministro.

Esse sistema de governo vigora até hoje na Inglaterra e significou um grande avanço para o capitalismo inglês.

Gravura retratando a Câmara Alta do Parlamento inglês presidida por Guilherme III, século XVII.

A Declaração dos Direitos

Leia alguns trechos do documento:

"1. Que o pretenso direito da autoridade real de suspender as leis ou a sua execução [...] é ilegal;

2. Que o pretenso direito da autoridade real de se dispensar das leis ou da sua execução [...] é ilegal;

[...]

4. Que qualquer levantamento de dinheiro para a Coroa ou para seu uso [...] sem o consentimento do Parlamento [...] é ilegal;

[...]

8. Que as eleições dos membros do Parlamento devem ser livres; [...]."

Adelino Brandão. *Os direitos humanos*: antologia de textos históricos. São Paulo: Landy, 2001. p. 80-81.

Verifique o que aprendeu

1. O que foi o cercamento e quais foram as suas consequências para os trabalhadores e para a agricultura?

2. Quais eram as reivindicações da burguesia?

3. O que foi a Revolução Puritana?

4. Qual é a importância dos Atos de Navegação para o desenvolvimento comercial e marítimo da Inglaterra?

5. O que foi a Revolução Gloriosa?

ATIVIDADES

1. Quais foram as consequências do cercamento para os trabalhadores e para a agricultura da Inglaterra?

2. Leia o texto a seguir.

   > Os lordes espirituais [clero] e temporais [nobreza] e os comuns, reunidos em parlamento, humildemente lembram ao rei, nosso soberano e senhor, que nenhum [...] tributo [...] seria cobrad[o] neste reino pelo rei ou seus herdeiros sem o consentimento dos arcebispos, bispos, condes, barões, cavaleiros, burgueses e outros homens livres do povo deste reino; [...]
   >
   > Nenhum homem livre podia ser detido ou preso ou privado dos seus bens, das suas liberdades [...] ou de qualquer modo molestado, a não ser por virtude de sentença legal dos seus pares ou da lei do país.
   >
   > Petição de Direitos do Parlamento ao Rei em 7 de junho de 1628. *Biblioteca virtual de direitos humanos*. Universidade de São Paulo. Disponível em: <http://www.direitoshumanos.usp.br>. Acesso em: 12 ago. 2014.

   a) De que forma o texto limita o poder do rei?
   b) O texto garante algum benefício ao povo? Qual?

3. As frases abaixo estão incorretas. Em seu caderno, reescreva-as, fazendo as correções necessárias.
   a) Oliver Cromwell foi um dos líderes da Revolução Gloriosa.
   b) Na monarquia parlamentar, o rei é a autoridade máxima, mas pode ser auxiliado pelo Parlamento.

4. Levante dados e faça uma comparação entre a forma e o sistema de governo da Inglaterra (monarquia parlamentar) e do Brasil (república presidencialista) na atualidade.

5. Observe a imagem abaixo, que representa a dissolução do Parlamento britânico por Oliver Cromwell, em 1653.

   Pintura do artista estadunidense Benjamin West (1738-1820). *Cromwell dissolve o Parlamento*. Óleo sobre tela.

   a) Como Oliver Cromwell, o exército e os parlamentares são retratados?
   b) Com base no conteúdo do capítulo, o que levou Cromwell a dissolver o Parlamento?

MÓDULO 2

As ideias iluministas

Em muitos países da Europa, a burguesia era um grupo social com grande importância econômica, porém excluída da participação política. Os nobres mantinham seus privilégios e direitos. No século XVIII, essa situação foi questionada, e alternativas foram propostas.

O Antigo Regime

O dinamismo e o enriquecimento da burguesia não lhe garantiam espaço nas decisões políticas. Isso ocorria porque a sociedade era estratificada, ou seja, dividida em três grupos sociais que classificavam as pessoas segundo o seu nascimento.

As pessoas que pertenciam à nobreza e ao clero eram as mais privilegiadas. Elas não pagavam impostos e eram sustentadas com a renda dos tributos pagos pelo restante da sociedade.

Na sociedade do Antigo Regime, o poder absoluto dos reis e o lugar de cada indivíduo nas três ordens não se alteravam. Todos os negócios da burguesia eram obrigados a seguir as regras mercantilistas impostas pelo rei e seus ministros.

O Iluminismo

Cientistas, matemáticos e filósofos contestaram, em livros e cartas, as desigualdades geradas pelo Antigo Regime. Passaram a defender a ideia de que era possível reorganizar a sociedade e torná-la mais justa. No entanto, para isso era necessário que o ser humano priorizasse a razão na busca do conhecimento, desligando-se de valores essencialmente religiosos. O novo pensamento recebeu o nome de **Iluminismo**, pois acreditava-se que as luzes da razão iluminariam o caminho dos seres humanos na busca por um mundo melhor.

A divulgação do conhecimento era fundamental para os iluministas. Por isso, uma equipe de estudiosos, dirigidos pelos franceses Denis Diderot e Jean le Rond D'Alembert, produziu uma obra chamada *Enciclopédia*. Composta de um resumo de tudo o que o ser humano conhecia ou havia produzido, a obra foi dividida em 28 volumes e publicada entre 1751 e 1772.

Isaac Newton

A ciência ganhou impulso durante o século XVIII. Os estudiosos iluministas acreditavam que o Universo era regido por leis, portanto todos os fenômenos da natureza poderiam ter uma explicação racional.

Um dos cientistas mais notáveis foi o inglês **Isaac Newton**. Ele contribuiu para a Matemática e a Física, elaborando uma série de cálculos importantes e estudando a força da gravidade.

Isaac Newton em gravura de James Mac Ardel, século XVIII.

Joseph Wright. *Experiência com bomba de ar*, 1768. Óleo sobre tela.

O liberalismo político

O pensamento político iluminista ficou conhecido como **liberalismo político**. Os teóricos liberais pregavam a limitação, por meio de leis, do poder político. Segundo eles, caberia a um grupo de representantes da sociedade criar essas leis.

Acreditavam que os seres humanos eram livres por natureza e iguais em direitos, por isso deveriam se organizar em sociedade segundo seus talentos e seu trabalho, não segundo privilégios de nascimento. Assim, os filósofos iluministas difundiram a ideia de que a sociedade deveria ser governada por leis e não pela vontade dos monarcas.

Quem participa das decisões

Apesar de os liberais pregarem ideais de liberdade e igualdade, eles tinham diferentes opiniões sobre a participação política do povo.

Por exemplo, o barão de Montesquieu (1689-1755), filósofo francês, achava que para votar era necessário o cidadão ter uma renda mínima, o chamado **voto censitário**.

Jean-Jacques Rousseau (1712-1778), pensador suíço, era a favor da participação popular irrestrita no poder. Ele afirmava que o bom governo era resultado de um pacto, um **contrato social** baseado em leis feitas por representantes de todos os segmentos sociais. Todos teriam direito ao voto, e o governo deveria atender aos interesses da maioria. Assim se formaria uma democracia.

Outras questões também preocupavam os liberais. O pensador francês Voltaire (pseudônimo de François-Marie Arouet) chamou atenção para a intolerância religiosa, defendendo um Estado laico em que todos tenham o direito de manifestar sua fé pessoal, sem imposição de outra. Ele também defendia a liberdade de expressão, ou seja, a possibilidade de todas as pessoas expressarem suas ideias sem ser reprimidas por algum governante ou religioso.

O voto é para todos?

Muitas pessoas que lutaram pelo fim do poder absoluto dos reis acreditavam que somente uma elite financeira ou intelectual deveria ter direito a participar das eleições.

I. Na sua opinião, o que motivava esse tipo de postura?

II. Atualmente, no Brasil e na maioria dos países, todos têm direito ao voto, não importando gênero, origem ou condição social. Na sua opinião, qual a importância da liberdade de voto para todos os indivíduos da sociedade?

A DIVISÃO DO PODER POLÍTICO

Para evitar a formação de um governo autoritário, Montesquieu propôs a separação do poder político em três instâncias, com funções diferentes e independentes entre si. São elas:
- O Legislativo: discute e cria as leis.
- O Judiciário: fiscaliza o cumprimento das leis.
- O Executivo: administra o Estado e coloca as leis em prática.

Atualmente, essa divisão é utilizada em grande parte dos países democráticos, incluindo o Brasil.

Retrato de Montesquieu, autor desconhecido, 1728.

●●● O liberalismo econômico

Os liberais também elaboraram propostas para a economia, criticando o mercantilismo e a falta de liberdade para os negociantes realizarem suas atividades comerciais.

Acreditavam que o Estado não deveria interferir no funcionamento da economia. De acordo com os liberais, os comerciantes precisavam ter liberdade para realizar seus investimentos e para estabelecer os preços de seus produtos.

"Deixai fazer, deixai passar"

O inglês Adam Smith foi um dos mais importantes teóricos do **liberalismo econômico**. Seu principal livro, *Uma pesquisa sobre a natureza e as causas da riqueza das nações*, foi publicado em 1776.

Para esse pensador, a principal riqueza de uma nação é o trabalho do seu povo. As teses mercantilistas que defendiam o acúmulo de metais como sinônimo de riqueza da nação foram combatidas por ele. Somente a divisão e a especialização do trabalho é que garantiriam o crescimento da produção e o enriquecimento nacional.

Adam Smith defendeu também a livre concorrência, que na França ganhou forma no lema *laissez faire, laissez passer*, que significa "deixai fazer, deixai passar". Sem o controle do Estado, os burgueses disputariam o mercado consumidor entre si. Para ganhar o mercado, eles melhorariam a qualidade da sua produção e ofereciam melhores preços.

Adam Smith em gravura do século XVIII. Autor desconhecido.

Verifique o que aprendeu ●●●

1. O que foi o Iluminismo?
2. Qual a importância da razão para os filósofos iluministas?
3. O que Montesquieu e Rousseau pensavam sobre a participação do povo na política?
4. Quais as principais críticas feitas pelos economistas liberais ao sistema econômico do Antigo Regime?

Ancient-Charles Lemonnier. *O salão de Madame Geoffrin*, 1812, onde aparecem representados vários iluministas importantes: (1) Rousseau, (2) D'Alembert, (3) Diderot, (4) Turgot, (5) busto de Voltaire. Óleo sobre tela.

ATIVIDADES

1. Estabeleça relações entre o Antigo Regime e o Iluminismo. No caderno, faça um quadro comparativo contemplando os seguintes itens:
   - Governo
   - Economia
   - Religião
   - Sociedade

2. Escreva no caderno um parágrafo relacionando o crescimento da burguesia ao desenvolvimento das ideias iluministas.

3. Leia o texto abaixo.

   > Visto que homem algum tem autoridade natural sobre seus semelhantes e que a força não produz nenhum direito, só restam as convenções como base de toda a autoridade legítima existente entre os homens.
   >
   > Jean-Jacques Rousseau. *Do contrato social*. São Paulo: Nova Cultural, 1999. p. 61.

   a) O que são as convenções de que fala o texto?
   b) Para o autor, em que condições um ser humano possui autoridade sobre outro?
   c) Você concorda com a ideia de Rousseau? Converse com os colegas.

4. Observe a imagem.
   A figura que aparece iluminada ao centro da imagem representa a razão.
   a) Por que lhe foi dado esse destaque?
   b) O que justifica esta gravura estar na primeira página da *Enciclopédia*?

   Frontispício da *Enciclopédia*, 1772. Desenho de Charles Nicolas Cochin e Bonaventure-Louis Prévost, c. 1762-1777.

5. Leia o depoimento do sr. Aziz Nemi, proprietário de um pequeno negócio na cidade de Ribeirão Preto.

   > Eu tenho uma pequena fábrica de sabão. Trabalham na minha fábrica dez funcionários. Sempre consegui vender toda a produção da fábrica. Meus operários trabalham, em média, oito horas por dia. De uns tempos para cá, há mais uns quatro produtores de sabão aqui em Ribeirão Preto. Até uma fábrica estrangeira se instalou por aqui. Já não consigo vender tudo que produzo e estou com dificuldades para pagar o salário dos meus empregados. O que posso fazer?
   >
   > Depoimento de Aziz Nemi. Abril de 2007.

   a) Que conselhos você daria para o sr. Aziz?
   b) Na sua opinião, o que aconteceu à fábrica do sr. Aziz?
   c) Como um liberal iluminista avaliaria a situação?

MÓDULO 3

A independência dos Estados Unidos

Desde o início da colonização inglesa na América, as áreas coloniais do norte sofreram menor controle. Como consequência, houve o desenvolvimento do comércio interno e o fortalecimento de uma elite econômica com interesses bem diferentes daqueles dos ingleses. Esse grupo liderou o movimento de independência.

●●● O comércio triangular

As colônias do norte dos Estados Unidos tornaram-se tão independentes da economia inglesa que conseguiram formar sua própria marinha comercial.

Os comerciantes dessa região passaram a vender e a comprar produtos de outras regiões dentro e fora das Treze Colônias, sem nenhuma interferência da Metrópole.

Os colonos do norte vendiam madeira, cereais e tecidos no sul e nas Antilhas. Das colônias inglesas do sul, compravam rum, melaço, algodão e açúcar. O rum era trocado por cativos na África. Os escravizados eram vendidos nas colônias do sul. As relações econômicas ocorridas entre essas regiões foram chamadas de **comércio triangular**.

A Coroa inglesa tentou impedir esse livre comércio já no século XVII, mas os colonos resistiram. No século seguinte, a situação se agravou, porque as atividades mercantis das Treze Colônias começaram a concorrer com as da Metrópole.

Xilogravura de autor desconhecido. *Tecelã*, início do século XIX, Estados Unidos.

A GUERRA DOS SETE ANOS (1756-1763)

A **Guerra dos Sete Anos** acabou agravando as tensões entre Metrópole e Colônia. O conflito envolveu principalmente a França e a Inglaterra, que disputavam territórios coloniais na América do Norte.

A Inglaterra venceu e conquistou grandes territórios, porém terminou a guerra com sérios problemas financeiros. A Coroa inglesa afirmava que a guerra fora realizada para proteger os colonos ingleses dos avanços dos franceses. Por isso, as Treze Colônias deveriam ajudar a recuperar as finanças da Coroa pagando novos impostos.

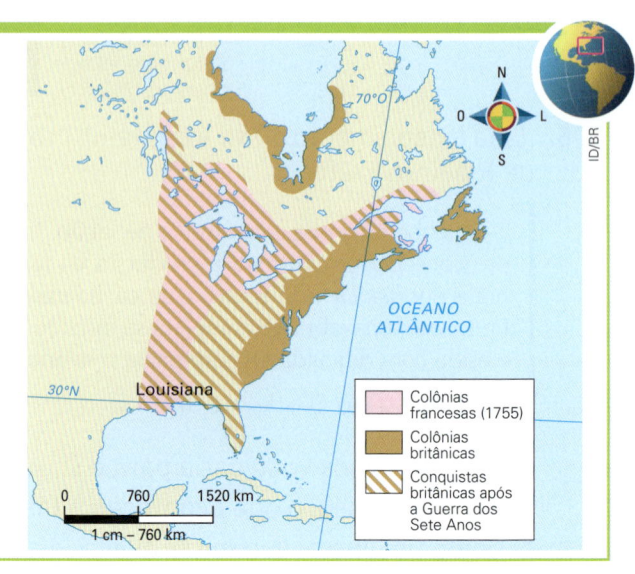

Fonte de pesquisa: *Atlas histórico*. Madri: SM, 2005. p. 94.

••• Os conflitos entre os colonos e a Metrópole

Para aumentar a arrecadação de impostos, a Coroa britânica criou uma série de leis entre as décadas de 1760 e 1770.

A **Lei do Açúcar**, de 1764, impôs novas taxas aos carregamentos que chegassem das Antilhas. Essa medida encareceu o melaço do açúcar que os colonos usavam para fabricar rum.

A **Lei do Selo**, criada em 1765, determinava que todo material impresso que circulasse pela Colônia deveria conter um selo que só a Metrópole vendia. Os colonos suspenderam as atividades mercantis com a Inglaterra até conseguir a revogação da lei.

A Coroa britânica criou, em 1773, a **Lei do Chá**, que obrigava os colonos a comprar chá apenas da Metrópole. Em protesto, um grupo de colonos jogou ao mar um carregamento de chá que chegara da Europa em um navio ancorado no porto de Boston.

Tela de Currier e Yves. *A destruição de chá no porto de Boston*, 1846.

O estopim da revolta

Em 1774, a Coroa aprovou uma série de leis que foram chamadas pelos colonos de **Leis Intoleráveis**. Elas determinaram o fechamento do porto de Boston, e ocorreram a prisão e o julgamento dos colonos rebeldes. Essas leis foram o estopim para que os colonos começassem a organizar a luta pela independência.

Representantes das Treze Colônias se reuniram no **Primeiro Congresso Continental**, na Filadélfia. Decidiram boicotar o comércio de todos os produtos vindos da Inglaterra enquanto a Coroa não revogasse as Leis Intoleráveis. Mesmo assim, a Metrópole não cedeu.

No ano seguinte, os conflitos armados se intensificaram. Era o início da **Guerra de Independência**.

O general George Washington foi um dos líderes do movimento de independência das Treze Colônias. Tela de Eastman Johnson e Emanuel Leutze, *Washington atravessando o rio Delaware*, 1851.

A Declaração de Independência

Em meio à luta, os representantes das colônias reunidos no Segundo Congresso Continental aprovaram a Declaração de Independência dos Estados Unidos, em 1776.

Mesmo assim, o conflito continuou. Os colonos receberam auxílio da grande rival dos britânicos, a França, e isso ajudou a decidir a guerra. O exército inglês se rendeu em 1781, mas a Inglaterra só reconheceu a independência dois anos depois.

O primeiro encontro do presidente estadunidense George Washington e o marquês de La Fayette, Filadélfia, agosto de 1777. Gravura de N. Currier e J. M. Ives, 1876. O general Lafayette liderou o exército francês na Guerra de Independência estadunidense e se tornou um dos símbolos do movimento.

OS ESTADOS UNIDOS PÓS-INDEPENDÊNCIA

Fonte de pesquisa: Werner Hilgemann e Hermann Kinder. *Atlas historique*. Paris: Perrin, 2006. p. 286.

Inspiração iluminista

Assim como ocorrera na Europa, as ideais iluministas circulavam entre as elites econômicas e intelectuais da América.

A Declaração de Independência norte-americana foi, portanto, inspirada nos ideais de liberdade e igualdade dos iluministas, especialmente do filósofo inglês John Locke, que defendia a igualdade entre os homens, o direito à vida e à liberdade.

DECLARAÇÃO DE INDEPENDÊNCIA DOS ESTADOS UNIDOS

Consideramos estas verdades como evidentes por si mesmas, que todos os homens foram criados iguais, foram dotados pelo Criador de certos direitos inalienáveis, que entre estes estão a vida, a liberdade e a busca da felicidade. Que a fim de assegurar esses direitos, governos são instituídos entre os homens, derivando seus justos poderes do consentimento dos governados [...]

Nós, por conseguinte, representantes dos Estados Unidos da América, reunidos em Congresso Geral [...] publicamos e declaramos solenemente: que estas colônias unidas são e de direito têm de ser Estados livres e independentes, que estão desoneradas de qualquer vassalagem para com a Coroa Britânica.

Declaração de Independência dos Estados Unidos. Disponível em: <http://lemad.fflch.usp.br>. Acesso em: 12 ago. 2014.

Verifique o que aprendeu

1. O que foi o comércio triangular?
2. Por que a Coroa britânica resolveu cobrar mais impostos das Treze Colônias?
3. Dê dois exemplos de leis impostas pela Metrópole que desagradaram aos colonos americanos.
4. Qual foi o desfecho da Guerra de Independência dos Estados Unidos?
5. Qual é a principal característica da Declaração de Independência norte-americana?

ATIVIDADES

1. A charge ao lado faz referência à revolta dos colonos estadunidenses com uma das leis impostas pelos ingleses. Observe-a e faça as atividades.

   Charge de Paul Revere. *A América engolindo um gole amargo*, 1774.

   a) Descreva a imagem.
   b) A que lei, em sua opinião, a imagem está se referindo?
   c) De que forma a charge está se referindo à situação de imposição da lei?
   d) Com base no assunto estudado neste capítulo, explique o que eram as "Leis Intoleráveis" e qual era a relação existente entre a imposição dessas leis e a independência das colônias inglesas na América.

2. Com um colega, elaborem uma nova charge criticando uma das leis contestadas pelos colonos. Sigam as orientações abaixo.

   a) No caderno, façam apenas um desenho.
   b) Não utilizem diálogos. Se for necessário, criem uma frase de efeito.
   c) Procurem transmitir a possível indignação que os colonos sentiram.

3. O texto abaixo foi retirado de um panfleto escrito pelo ativista político inglês Thomas Paine. Apesar de sua nacionalidade, ele foi um dos grandes divulgadores das ideias anticoloniais nas Treze Colônias. Leia-o e responda às questões.

   > A Inglaterra é, apesar de tudo, a pátria-mãe, dizem alguns. Sendo assim, mais vergonhosa resulta sua conduta, porque nem sequer os animais devoram suas crias nem fazem os selvagens guerra a suas famílias; de modo que esse fato volta-se ainda mais para a condenação da Inglaterra. [...] este novo continente foi asilo dos amantes perseguidos da liberdade civil e religiosa [...] a mesma tirania que obrigou os primeiros imigrantes a deixar o país segue perseguindo seus descendentes.
   >
   > Thomas Paine. Senso comum. Em: Leandro Karnal e outros. *História dos Estados Unidos*: das origens ao século XXI. São Paulo: Contexto, 2007. p. 85.

   a) Por que a Inglaterra é chamada de pátria-mãe?
   b) O que significa dizer que a América "foi asilo dos amantes perseguidos da liberdade civil e religiosa"?
   c) Quem praticou a tirania citada na última frase?

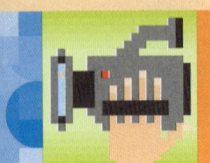

ARTE e CULTURA

A arte neoclássica

A arte do fim do século XVIII foi influenciada pelo Iluminismo e pelos valores da burguesia em ascensão.

Ela recebeu o nome de **neoclássica**, pois os artistas se inspiraram na cultura clássica greco-romana, assim como ocorrera durante o Renascimento.

Por que retomar os valores artísticos da Antiguidade? No século XVIII, ocorreram descobertas arqueológicas importantes na Itália. A partir delas, cientistas e artistas puderam ter muito mais contato e estudar melhor a arte da Roma antiga.

Os valores iluministas propunham a redescoberta da arte greco-romana. O Neoclassicismo combinou razão e simplicidade em contraposição a temas religiosos.

Um dos mais importantes artistas do Neoclassicismo foi o francês Jacques-Louis David. Suas obras retrataram personagens e episódios épicos ou políticos. *O rapto das Sabinas*, 1799. Óleo sobre tela.

A arte neoclássica, sobretudo na Inglaterra, buscava inspirar-se na natureza e na vida simples do campo. Em meados do século XVIII, na Inglaterra, era moda entre os ricos proprietários de terra posar em frente às paisagens de suas propriedades. Thomas Gainsborough, *Robert Andrews e sua esposa, Frances*, c. 1750. Óleo sobre tela.

Por causa do racionalismo e do ateísmo iluminista, a temática religiosa não foi a preferida da maioria dos artistas do século XVIII. Um dos poucos artistas que retrataram episódios bíblicos foi o veneziano Giovanni Battista Tiepolo. Muitas de suas obras estão em igrejas e palácios na Itália. Acima, detalhe do afresco *Raquel escondendo os ídolos de seu pai, Labão*, produzido entre 1726 e 1728.

■ Atividades

1. Qual é o tema de cada uma dessas imagens?
2. Qual desses temas era o menos comum na arte neoclássica? Por quê?

207

ARTE e CULTURA

Museu do Louvre, Paris. Fotografia: ID/ES

É fácil perceber nas esculturas neoclássicas a intenção de resgatar a arte greco-romana. Os temas preferidos dos escultores são a mitologia e as personagens históricas. *Eros e Psiquê*, escultura em mármore do italiano Antonio Canova, esculpida entre 1787 e 1793.

Deus romano do comércio e mensageiro dos deuses, esculpido em mármore. *Mercúrio amarrando suas sandálias aladas*, do escultor francês Jean-Baptiste Pigalle, 1744.

Museu do Louvre, Paris. Fotografia: The Bridgeman Art Library/Keystone

Igreja de Santa Madalena, conhecida como *La Madeleine*, Paris, França. Sua construção demorou quase um século, devido a mudanças no projeto e na finalidade do prédio. Somente em 1842 o edifício, inspirado no Panteão romano, foi inaugurado como uma igreja. Fotografia de 2010.

Residência de Thomas Jefferson, situada na Virgínia, Estados Unidos, concluída em 1796. Também nas Treze Colônias houve a influência da arquitetura neoclássica. Fotografia de 2009.

■ Atividades

1. Você já viu alguma construção como as que aparecem nesta página?
2. O que você sabe sobre os mitos gregos representados nas esculturas da página anterior? Conte a seus colegas.

MÓDULO 4
Como organizar uma nova nação

Logo após a independência, cada colônia transformou-se em um Estado soberano. Juntas, formaram uma Confederação de Estados, que se reuniram para decidir seu futuro político.

●●● A Constituição dos Estados Unidos

Representantes de todos os Estados foram eleitos e reuniram-se na Filadélfia para elaborar uma Constituição, a lei máxima de um país. Esse conjunto de leis fundamentais passaria a regular os direitos e os deveres dos cidadãos e auxiliaria na organização da recém-constituída nação.

O federalismo

Uma das principais discussões na Assembleia era sobre qual sistema de governo os novos Estados adotariam.

Havia duas opiniões diferentes: o grupo dos **republicanos**, liderado por Thomas Jefferson, considerava a existência de um poder central forte, que mantivesse unidos os Estados Unidos; os **federalistas**, liderados por George Washington, eram favoráveis a uma maior autonomia dos Estados.

A Assembleia conciliou as duas propostas, dando origem à chamada **República Federativa**. Segundo a Constituição aprovada em 1787, os treze Estados teriam autonomia para elaborar leis e impostos, mas estariam submetidos a um poder central.

Obra de Howard Chandler Christy. *A assinatura da Constituição dos Estados Unidos em 1787.* Óleo sobre tela de 1940.

●●● A divisão dos poderes

Inspirados nas ideias de Montesquieu, os representantes dos treze Estados estabeleceram a divisão dos poderes em **Executivo**, **Legislativo** e **Judiciário**.

O poder Executivo seria exercido pelo presidente da República eleito por um colégio eleitoral a cada quatro anos. O poder Legislativo seria formado pelo Congresso de deputados e senadores. O poder Judiciário seria responsabilidade dos tribunais.

O colégio eleitoral era formado por um grupo de eleitores escolhidos pelo povo para votar no presidente da República.

Até hoje, as eleições para presidente nos Estados Unidos ocorrem em dois momentos: a votação popular e a do colégio eleitoral.

Participação política seletiva

A Constituição dos Estados Unidos, embora inspirada nos ideais de igualdade e liberdade, baseou-se na crença de muitos iluministas de que a população em geral não estava apta para participar das decisões políticas.

Mulheres, negros, escravizados e homens livres pobres não gozavam do direito de voto, apesar de o texto constitucional começar com a expressão **"Nós, o povo"** (*We the people*).

Então, quem era esse "nós"? Correspondia a uma pequena parcela da sociedade: comerciantes, proprietários de terras e intelectuais urbanos.

George Washington

Primeiro presidente dos Estados Unidos da América, George Washington (1732-1799) foi um dos fundadores da nova nação.

Eleito por unanimidade pelo Colégio Eleitoral, governou o país por dois mandatos consecutivos, de 1789 a 1797.

George Washington em retrato de Gilbert Stuart, c. 1798-1800.

Detalhe da abertura da Constituição norte-americana. No preâmbulo, está escrito: "Nós, o povo dos Estados Unidos, a fim de formar uma União mais perfeita, estabelecer a justiça, assegurar a tranquilidade interna, prover a defesa comum, prover o bem-estar geral e garantir para nós e para os nossos descendentes os benefícios da liberdade, promulgamos e estabelecemos esta Constituição para os Estados Unidos da América".

••• O impacto da independência dos Estados Unidos

A formação dos Estados Unidos da América causou grande impacto no mundo naquele período. Os colonos norte-americanos foram os primeiros a se libertar dos domínios da Metrópole. Foi a primeira República moderna, organizada a partir de uma Constituição que estabelecia as regras de convívio político e de ação dos governantes.

As colônias espanholas da América, inspiradas pela experiência ocorrida nos Estados Unidos, também declararam independência e estabeleceram repúblicas. Algumas delas foram, no entanto, mais liberais que a norte-americana, promulgando, por exemplo, o fim da escravidão.

As ideias iluministas, sobretudo as relacionadas à liberdade, não tardaram a chegar ao Brasil. Em 1789, por exemplo, ocorreu a **Inconfidência Mineira**, que consistiu na primeira rebelião colonial de intuito emancipatório.

O federalismo foi adotado por outros países, incluindo o Brasil, no fim do século XIX. Por meio desse sistema, os estados podiam estabelecer suas próprias cobranças de impostos, além de definir leis específicas para sua realidade social. Ao mesmo tempo, deviam contribuir com o governo central pagando tributos e participando da vida pública. No Congresso Nacional havia representantes de todos os estados, e o poder Judiciário tinha seções estaduais e federais.

Repercussões na França

Na Europa, a independência dos Estados Unidos repercutiu mais diretamente na França. Os ideais iluministas já circulavam pelo país, mas o discurso antiabsolutista tornou-se mais forte após a participação de soldados franceses na Guerra de Independência estadunidense.

Os gastos com a guerra pioraram a situação econômica francesa. Os soldados que haviam participado do conflito questionavam o fato de terem lutado contra a tirania inglesa na América e ainda deverem obediência a um governo absolutista na França.

A crise e o clima de insatisfação contribuíram para que, em 1789, também ocorresse uma revolução em território francês.

> **Verifique o que aprendeu** •••
> 1. Qual foi o sistema de governo criado pelos constituintes norte-americanos? Como ele funcionava?
> 2. Quais ideias iluministas foram aplicadas na Constituição?
> 3. Por que a independência dos Estados Unidos causou tanto impacto na época?

A obra de Louis Charles Auguste Couder, *Cerco de Yorktown, 17 de outubro de 1781*, retrata o apoio francês à causa estadunidense. Óleo sobre tela de 1836.

ATIVIDADES

1. Observe a imagem abaixo e faça o que se pede.

Percy Moran, *O nascimento da velha glória*, 1917.

a) Descreva a tela.
b) O homem ao centro é o presidente George Washington. Que posição ele ocupa em relação às demais personagens representadas na tela?
c) Qual a ideia que a tela nos apresenta sobre a confecção da bandeira dos Estados Unidos?

2. A frase abaixo foi retirada da Constituição estadunidense. Escreva um parágrafo justificando essa determinação.

> Nenhum título de nobreza será conferido pelos Estados Unidos.

3. O texto a seguir é o preâmbulo da atual Constituição do Brasil, promulgada em 1988.

> Nós, representantes do povo brasileiro, reunidos em Assembleia Nacional Constituinte para instituir um Estado democrático, destinado a assegurar o exercício dos direitos sociais e individuais, a liberdade, a segurança, o bem-estar, o desenvolvimento, a igualdade e a justiça como valores supremos de uma sociedade fraterna, pluralista e sem preconceitos, fundada na harmonia social e comprometida, na ordem interna e internacional, com a solução pacífica das controvérsias, promulgamos, sob a proteção de Deus, a seguinte Constituição da República Federativa do Brasil.
>
> Preâmbulo da Constituição da República Federativa do Brasil de 1988. Disponível em: <http://www.planalto.gov.br>. Acesso em: 12 ago. 2014.

a) É possível identificar semelhanças com o texto da Constituição dos Estados Unidos da América, estudado neste capítulo?
b) Identifique características iluministas no texto da Constituição brasileira.
c) Com um colega, discuta as questões a seguir. Após a discussão, elabore um pequeno texto com as conclusões de vocês.
   - O texto procura garantir uma série de direitos e valores à população brasileira. Dos direitos e valores mencionados, quais você considera mais importantes?
   - Os direitos citados no texto são efetivamente usufruídos pelo povo?
   - Por que o texto constitucional contrasta com a realidade do país?

APRENDER A...

Compreender um código de leis

Em sua casa e na escola, há uma série de regras que você precisa cumprir. Durante a semana, por exemplo, você tem hora certa para acordar e almoçar. Na escola, existem horários para as aulas e normas para usar a quadra ou para retirar livros na biblioteca.

Essas regras não existem por acaso. Elas garantem o bom funcionamento dos trabalhos coletivos e a boa convivência de todos. Alunos, professores e demais funcionários devem assumir suas responsabilidades e ter seus direitos garantidos.

Regras não existem só em casa e na escola, mas também no trânsito, nos parques, nos clubes; enfim, em todos os lugares frequentados por várias pessoas que precisam conviver e interagir. Também a cidade, o estado e o país têm suas próprias regras, que nós chamamos de **leis**.

Em geral, as regras da nossa casa são combinadas verbalmente entre as pessoas da família, mas as leis do país são escritas e divulgadas, para que todos as conheçam. A Constituição é o conjunto de leis mais importante de um país.

A Constituição reúne as leis que estabelecem os direitos e os deveres dos cidadãos, as obrigações e funções dos governantes e a organização do Estado. Em um país democrático, a Constituição é discutida e votada por uma assembleia de representantes do povo. Ela é soberana perante as demais leis, isto é, todas devem se guiar pelos princípios nela estabelecidos.

Além da Constituição, existem outros conjuntos de leis no país, como o **Estatuto da Criança e do Adolescente** (ECA) e o **Estatuto do Idoso**. Como a Constituição é a lei máxima, as demais leis não podem contrariar os princípios constitucionais.

5 de outubro de 1988: deputados e senadores aprovam a Constituição brasileira no Congresso Nacional.

Veja, abaixo, um trecho da Constituição e entenda como se escrevem as leis.

TÍTULO II
Dos Direitos e Garantias Fundamentais

CAPÍTULO IV
Dos Direitos Políticos

Art. 14º A soberania popular será exercida pelo sufrágio universal e pelo voto direto e secreto, com valor igual para todos, e, nos termos da lei, mediante:
I – plebiscito;
II – referendo;
III – iniciativa popular.
§ 1º O alistamento eleitoral e o voto são:
I – obrigatórios para os maiores de dezoito anos;
II – facultativos para:
a) os analfabetos;
b) os maiores de setenta anos;
c) os maiores de dezesseis e menores de dezoito anos.

Constituição da República Federativa do Brasil de 1988.
Disponível em: <http://www.senado.gov.br>. Acesso em: 12 ago. 2014.

Título: define o tema geral.

Capítulo: trata de um tema dentro do título.

Artigo: é o "coração" da lei, isto é, a definição clara e direta do conteúdo da lei.

Inciso: é subdivisão de um artigo.

Parágrafo: é utilizado sempre que o assunto do artigo precisa de detalhamento ou é necessário abrir alguma exceção.
§: esse é o símbolo de parágrafo e é usado quando o artigo tem mais de um parágrafo.

Agora leia um trecho do Estatuto da Criança e do Adolescente e responda às questões.

TÍTULO II
Dos Direitos Fundamentais

CAPÍTULO I
Do Direito à Vida e à Saúde

Art. 7º A criança e o adolescente têm direito a proteção à vida e à saúde, mediante a efetivação de políticas sociais públicas que permitam o nascimento e o desenvolvimento sadio e harmonioso, em condições dignas de existência.

Art. 8º É assegurado à gestante, através do Sistema Único de Saúde, o atendimento pré e perinatal.

§ 1º A gestante será encaminhada aos diferentes níveis de atendimento, segundo critérios médicos específicos, obedecendo-se aos princípios de regionalização e hierarquização do Sistema.

Estatuto da Criança e do Adolescente. Disponível em: <http://www.planalto.gov.br>. Acesso em: 12 ago. 2014.

1. Identifique o título e o capítulo desse trecho do Estatuto.
2. Do que trata o artigo 7º?
3. Qual é o assunto tratado nesse trecho do Estatuto?
4. O que significa "direitos e garantias fundamentais"?
5. A Constituição garante que todos os jovens com 16 e 17 anos de idade podem optar por votar. Algum município poderia criar uma lei proibindo os jovens dessa idade de votar? Justifique.

DOSSIÊ

A educação e a ciência iluminista

Mesmo com opiniões diferentes a respeito da participação popular na política, os iluministas concordavam que era necessário educar o povo. A educação era vista como o principal caminho para o progresso da sociedade.

Os iluministas foram responsáveis pela divulgação de textos políticos, filosóficos e literários no século XVIII. Em 1762, Rousseau publicou *Emílio*, um livro no qual ele discute um método ideal para educar as crianças. Leia o que escreveu a filósofa brasileira Marilena Chauí sobre esse livro.

[...] Rousseau procura traçar as linhas gerais que deveriam ser seguidas com o objetivo de fazer da criança um adulto bom. Mais exatamente, trata dos princípios para evitar que a criança se torne má, já que o pressuposto básico do autor é a crença na bondade natural do homem. Outro pressuposto de seu pensamento consiste em atribuir à civilização a responsabilidade pela origem do mal. [...] os objetos da educação, para Rousseau, comportam dois aspectos: o desenvolvimento das potencialidades naturais da criança e seu afastamento dos males sociais.

Marilena Chauí. Vida e obra. Em: Jean-Jacques Rousseau. *Do Contrato Social*. Ensaio sobre a origem das línguas. São Paulo: Nova Cultural, 1997. p. 16 (Coleção Os Pensadores).

Muito mais que informações

A *Enciclopédia*, editada por D'Alembert e Diderot, não era uma simples compilação do conhecimento humano.

Os autores pregavam princípios de tolerância religiosa, liberdade de pensamento, igualdade política, os direitos naturais do ser humano, além, é claro, de apresentar um levantamento de todas as conquistas tecnológicas e científicas.

Os livros foram proibidos em muitos lugares pelos reis absolutistas e foram criticados pela Igreja católica. Porém, também havia líderes políticos simpatizantes do iluminismo que permitiram a publicação e distribuição das obras.

Leia um trecho do verbete "Autoridade política", escrito por Diderot para a *Enciclopédia*.

"Nenhum homem recebeu da natureza o direito de comandar os outros. A liberdade é um presente do céu, e cada indivíduo da mesma espécie tem o direito de usufruir dela tão logo tenha o uso da razão. [...] Se examinarmos bem, veremos que a autoridade política tem origem em uma destas duas fontes: a força e a violência daquele que se apoderou ou o consentimento daqueles que se submeteram através de um contrato [...]."

Denis Diderot e Jean Le Rond D'Alembert. *Verbetes políticos da Enciclopédia*. São Paulo: Discurso-Editora Unesp, 2006. p. 37.

Frontispício da *Enciclopédia*, v. 1, 1770.

Nicolas de Largillière. *Voltaire*, c. 1717. Óleo sobre tela.

O início da ciência moderna

Apesar de toda a produção científica desenvolvida durante o Renascimento, somente a partir do século XVIII se consolida a ciência como a conhecemos hoje.

Até então, a ciência continuava ligada à religião e ao misticismo. Quando algum fenômeno da natureza parecia não ter explicação, os pesquisadores atribuíam sua causa à vontade divina ou a acontecimentos sobrenaturais.

Cientistas do Iluminismo, como o químico francês Antoine-Laurent Lavoisier, negavam qualquer tipo de conclusão que não fosse totalmente racional e concreta. Por isso dizemos que a ciência moderna é uma criação dos iluministas.

Antoine-Laurent Lavoisier em gravura de Louis Jean Désiré Delaistre, 1847.

■ Discussão sobre o texto

1. Para Rousseau, todo ser humano nasce bom e é corrompido pelo mal quando passa a conviver em sociedade. Você concorda com essa ideia? Discuta com um colega e elabore um parágrafo com as conclusões de vocês.

2. Quais são as formas de se obter poder político expostas por Diderot? Qual das duas você acha que os iluministas defendiam?

3. Segundo o texto, quais eram as funções da *Enciclopédia*?

4. Por quais motivos a Igreja católica criticou a publicação da *Enciclopédia*?

5. Ainda hoje se costuma explicar certos acontecimentos por meio de fatores sobrenaturais.
   a) Você conhece alguma história desse tipo? Conte-a para os seus colegas.
   b) Apesar do avanço científico, ainda persistem algumas explicações mágicas ou fora do comum para fatos do cotidiano. Por quê? Discuta com os colegas.

FAZENDO HISTÓRIA

Escravidão: teoria e prática

1. O texto abaixo é composto de trechos da obra *Do contrato social*, de Jean-Jacques Rousseau, publicada em 1762. Leia-o e responda às questões.

> Renunciar à liberdade é renunciar à qualidade de homem, aos direitos da humanidade, e até aos próprios deveres. Não há recompensa possível para quem a tudo renuncia. [...] Enfim, é uma inútil [...] convenção a que [...] estipula uma autoridade absoluta, e [...] uma obediência sem limites. [...]
>
> [...] nulo é o direito de escravidão não só por ser ilegítimo, mas por ser absurdo e nada significar. As palavras *escravidão* e *direito* são contraditórias, excluem-se mutuamente. [...]
>
> [...] o pacto social estabelece entre os cidadãos uma tal igualdade, que eles se comprometem todos nas mesmas condições e devem todos gozar dos mesmos direitos. [...]
>
> [...] todo homem pode dispor plenamente do que lhe foi deixado [...] de seus bens e de sua liberdade, [...] o soberano jamais tem o direito de onerar mais a um cidadão do que a outro [...].
>
> Jean-Jacques Rousseau. *Do contrato social*. Ensaio sobre a origem das línguas. São Paulo: Nova Cultural, 1997. v. 1. p. 61, 62, 65, 97 e 98 (Coleção Os Pensadores).

a) Qual é o tema principal do texto?

b) Para o autor, qual é a importância da liberdade?

c) Por que "escravidão" e "direito" são palavras contraditórias?

2. No início do século XIX, os sulistas estadunidenses ainda mantinham a escravidão em suas fazendas. Levando em consideração que a independência dos Estados Unidos foi proclamada em 1776 e que os estadunidenses inspiraram-se nos ideais pregados por Rousseau (texto acima), analise a caricatura abaixo com base no roteiro que segue.

Escravo sendo castigado, gravura do jornal *Le Magasin Universel*, v. 2, Paris, maio de 1835.

a) Faça uma descrição do que aparece na charge.

b) O que a revista que publicou essa imagem está querendo ressaltar?

c) Se considerarmos que os estadunidenses mantiveram a escravidão por muitos anos após a proclamação da independência, o que fica evidente quando comparamos o que é dito no texto de Rousseau com a gravura publicada na revista francesa?

LENDO HISTÓRIA

Antes de ler

- Você já ouviu a expressão que serve de título ao texto a seguir? Em quais circunstâncias?
- Verifique em que ano o texto foi publicado. De qual assunto você imagina que ele vai tratar?

Mal do século

Atualmente, os Estados Unidos são considerados a maior potência mundial. É o país mais rico, possui o exército mais caro e exerce influência política, econômica e cultural em boa parte do planeta.

No final do século XX, era muito fácil ver a afirmação de que esse século foi dominado pelos Estados Unidos. Tal ideia era transmitida tanto do aspecto positivo, pelos estadunidenses e seus admiradores, quanto negativamente, pelos seus críticos, para justificar as guerras e todos os acontecimentos negativos que ocorreram no período.

Muitos países condenam a cultura norte-americana, alegando que ela traz más influências às culturas locais e regionais. Na França, por exemplo, existe uma lei que limita o número de músicas e filmes norte-americanos exibidos.

Nem sempre foi assim. Em fins do século XVIII, os franceses admiravam os norte-americanos. Eles chegaram a escrever aos líderes do movimento de independência, conforme relata o historiador norte-americano Robert Darnton em seu artigo "Mal do Século": "Vosso país é a terra prometida. Quão feliz eu seria de viver num país onde seria um homem, e não um escravo, como aqui".

Em dois séculos a admiração se transformou em repulsa, não só na França. Já ocorreram várias campanhas de boicote a produtos dos Estados Unidos em diferentes países. Se o século XX foi o "século americano", será o XXI o "século antiamericano"?

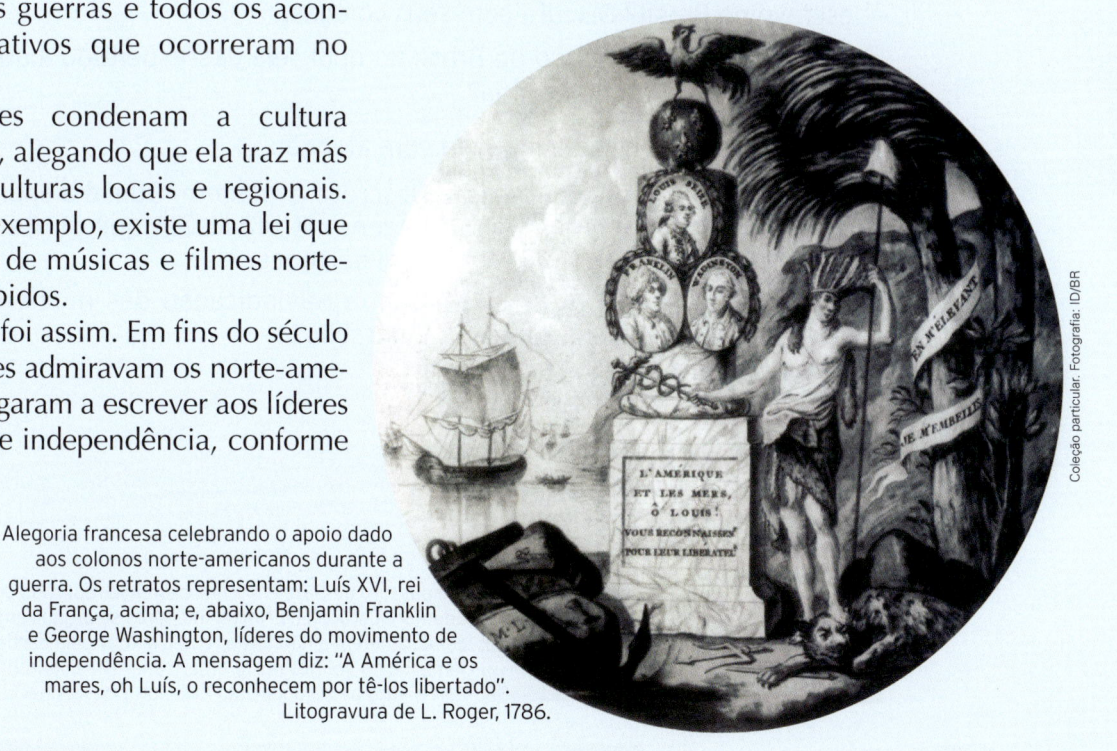

Alegoria francesa celebrando o apoio dado aos colonos norte-americanos durante a guerra. Os retratos representam: Luís XVI, rei da França, acima; e, abaixo, Benjamin Franklin e George Washington, líderes do movimento de independência. A mensagem diz: "A América e os mares, oh Luís, o reconhecem por tê-los libertado". Litogravura de L. Roger, 1786.

De olho no texto

1. Qual é o principal assunto do texto?
2. Segundo o autor, o século XX foi considerado o "século americano". Você conhece algum fato que comprove essa afirmação?
3. Por que os franceses admiravam tanto os estadunidenses?
4. O que pode ter acontecido entre os séculos XVIII e XX para a imagem dos Estados Unidos ter mudado tanto? Discuta com seus colegas.

QUESTÕES GLOBAIS

1. Leia os textos e responda às questões a seguir.

   A Todos são iguais perante a lei, sem distinção de qualquer natureza, garantindo-se aos brasileiros e aos estrangeiros residentes no País a inviolabilidade do direito à vida, à liberdade, à igualdade, à segurança e à propriedade. [...]

   Artigo quinto do primeiro capítulo, título II da atual Constituição do Brasil.
   Disponível em: <http://www.planalto.gov.br>. Acesso em: 12 ago. 2014.

   B **Trabalho escravo: uma mancha vergonhosa que se alastrou pelo país**

   O trabalho escravo envolve produtores e empresas de todo tipo e todo lugar, em vários cantos do Brasil. Casos de escravidão são noticiados em jornais nacionais e internacionais. [...]

   As vítimas da escravidão têm todas as idades: trabalhadores adultos e idosos, jovens, mulheres, crianças, adolescentes. Libertar escravos no Brasil do século 21 virou notícia comum.

   Artigo publicado na revista eletrônica do Pontifício Instituto Missões Exteriores. Disponível em: <http://www.pime.org.br/mundoemissao/justicasocialbrasil.htm>. Acesso em: 22 set. 2011.

   a) Há contradição entre os textos? Quais?

   b) Apesar de a lei garantir o direito à liberdade e à igualdade, por que ainda há trabalho escravo no Brasil? Discuta com seus colegas.

   c) Você conhece outro caso no Brasil no qual seja desrespeitado algum dos princípios constitucionais citados acima?

2. Observe a imagem e leia a legenda com atenção.

   a) Descreva a imagem. Qual é a aparência das personagens retratadas? A que classe social elas parecem pertencer?

   b) Qual a reivindicação das mulheres retratadas na ilustração?

   Em outubro de 1774, em uma cerimônia realizada em Edenton, Carolina do Norte, mulheres se organizam e se comprometem a não tomar chá e a lutar pela participação feminina na política norte-americana. *The Edenton Tea Party*, litogravura do século XIX, autor desconhecido.

PARA SABER MAIS

Livros

A cabana do Pai Tomás, de Harriet B. Stowe. São Paulo: Ediouro, 2002.
Versão adaptada da história do Pai Tomás, velho escravo negro, e os sofrimentos passados por ele e seus companheiros. Escrito no século XIX, o livro mobilizou a sociedade norte-americana.

Iluminismo: a revolução das luzes, de Maria das Graças do Nascimento e Milton Meira do Nascimento. São Paulo: Ática, 1998.
Reflexão sobre o Século das Luzes, o livro aborda o racionalismo do século XVIII; o sentido e o papel da razão para os filósofos iluministas, com destaque para Voltaire, Rousseau e Diderot; o sentido da História para os iluministas, entre outros temas.

●●● Síntese

As revoluções inglesas
- Transformações econômicas na Inglaterra
- A burguesia contra os privilégios da nobreza
- A Revolução Puritana
- O governo de Oliver Cromwell
- A Revolução Gloriosa
- A criação da monarquia parlamentar

As ideias iluministas
- O Antigo Regime
- Os iluministas: contestadores da ordem vigente
- A *Enciclopédia*
- O liberalismo político e seus principais pensadores
- O liberalismo econômico e as ideias de Adam Smith

A independência dos Estados Unidos
- O comércio triangular e a independência econômica das colônias
- As leis criadas pela Metrópole e contestadas pela Colônia
- A Guerra de Independência
- A Declaração de Independência

Como organizar uma nova nação
- A Constituição dos Estados Unidos da América
- A opção pela República Federativa
- A divisão dos poderes segundo Montesquieu
- Quem participava da política
- O impacto da independência

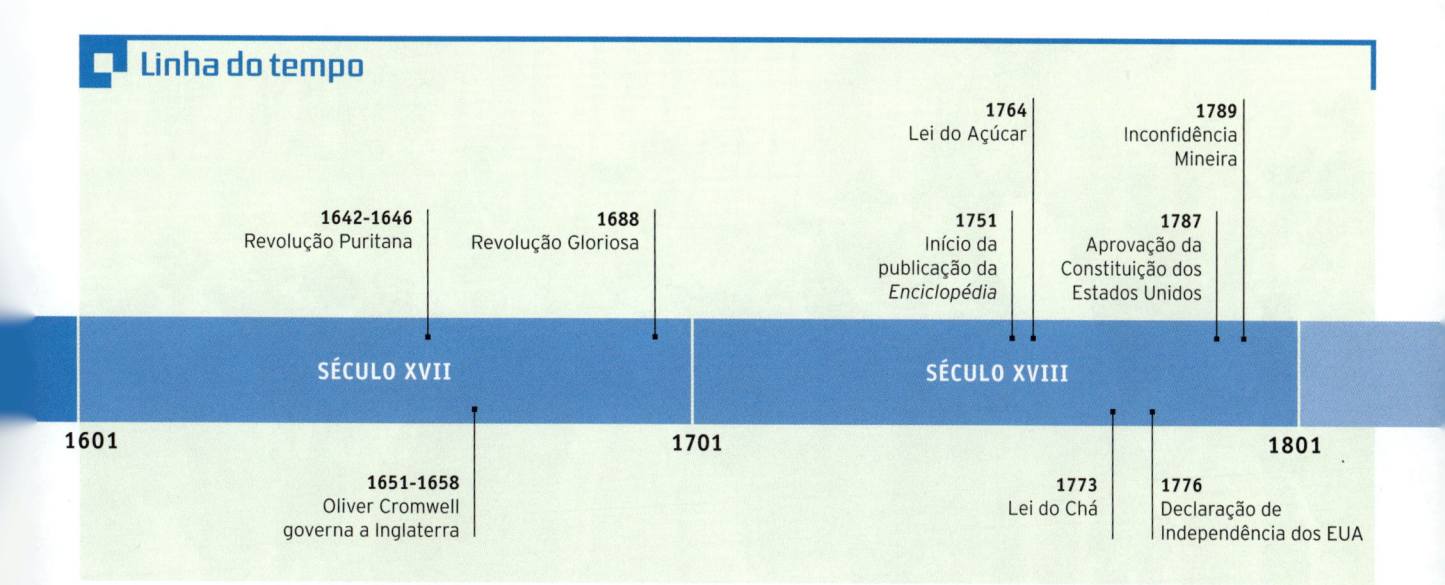

Linha do tempo

SÉCULO XVII (1601 – 1701)
- 1642-1646 Revolução Puritana
- 1651-1658 Oliver Cromwell governa a Inglaterra
- 1688 Revolução Gloriosa

SÉCULO XVIII (1701 – 1801)
- 1751 Início da publicação da *Enciclopédia*
- 1764 Lei do Açúcar
- 1773 Lei do Chá
- 1776 Declaração de Independência dos EUA
- 1787 Aprovação da Constituição dos Estados Unidos
- 1789 Inconfidência Mineira

O Iluminismo inspirou movimentos de libertação política e renovação econômica e social em vários locais do Ocidente. O maior desses movimentos ocorreu na França, berço de muitos iluministas.

Estimulada pelo lema "Liberdade, igualdade e fraternidade", a Revolução Francesa foi uma revolta tão radical que acabou definindo novas estruturas políticas e sociais em várias partes do mundo. Até os políticos mais conservadores foram influenciados pelos ideais franceses.

A Revolução Francesa e a Era Napoleônica

CAPÍTULO 9

Paris durante a Revolução Francesa, retratada por Pierre-Antoine Demachy, 1793-1794.

O QUE VOCÊ VAI APRENDER

- A crise econômica e social na França
- A queda do Antigo Regime
- Napoleão e as conquistas burguesas
- O Código Civil e a divulgação da nova ordem burguesa

CONVERSE COM OS COLEGAS

1. As revoluções políticas costumam trazer muitas mudanças, como a substituição dos governantes e de leis consideradas injustas. Mas elas podem também resultar em violência, com execuções e massacres. Você conhece algum caso de revolução que ocasionou mudanças e violência?

2. O quadro ao lado, do pintor francês Pierre-Antoine Demachy, reproduz uma cena da Revolução Francesa, ocorrida entre 1793 e 1794. O que é representado como tema principal, no centro da imagem?

3. Qual é a participação do povo no evento representado?

4. O que teria causado esse episódio?

MÓDULO 1 — O caminho para a Revolução

Na década de 1780, a França atravessava uma grave crise econômica e social. Grande parte da população passava fome e era obrigada a pagar pesados impostos para manter a Coroa e a Igreja.

As desigualdades sociais

A França do século XVIII mantinha a estrutura social do feudalismo. A sociedade organizava-se em **três Estados**.

O Primeiro e o Segundo Estados eram isentos da maioria dos tributos. Além disso, tinham muitos privilégios sociais e direitos. Um deles era o de cobrar impostos do Terceiro Estado.

Os membros do Terceiro Estado não possuíam direitos políticos, muito menos privilégios. Eles eram obrigados a pagar uma série de impostos, alguns existentes desde a Idade Média.

Às vésperas da Revolução, a população da França somava mais de 25 milhões de habitantes. Observe como estava distribuída essa população entre os três Estados:

Primeiro Estado	População
Clero	130 000
Segundo Estado	**População**
Nobreza	350 000
Terceiro Estado	**População**
Alta burguesia (banqueiros, grandes negociantes)	500 000
Burguesia (profissionais liberais: empresários, professores, advogados)	500 000
Pequena burguesia (artesãos e pequenos comerciantes)	2 000 000
Camponeses	22 000 000
Total	**25 480 000**

Fonte de pesquisa: L. Mazoyer Brelingard. *História*: a era das revoluções. Citado por: Gustavo de Freitas. *900 textos e documentos de História*. Lisboa: Plátano, s/d. p. 72.

Além da enorme quantidade de tributos, a maioria da população tinha péssimas condições de vida. Artesãos, trabalhadores pobres e pequenos comerciantes das cidades não ganhavam o suficiente para se manter.

A situação no campo era ainda pior. Entre 1787 e 1789, a França sofreu três más colheitas seguidas. Milhões de camponeses passaram fome. Mesmo assim, eles não podiam deixar de cumprir suas obrigações com o Estado.

A alta burguesia e os profissionais liberais tinham uma situação econômica melhor, mas também questionavam a grande carga tributária e exigiam maior participação política.

Camponês carregando um nobre e um clérigo. Essa gravura, de 1789, representa a realidade degradante a que o Terceiro Estado era submetido.

••• A crise

Apesar da grande quantidade de tributos pagos, o Estado passava por uma grave crise financeira. Boa parte das despesas servia apenas para manter o luxo da corte. As guerras nas quais a França havia se envolvido também contribuíram para o esvaziamento dos cofres públicos.

O envolvimento militar francês na guerra da independência dos Estados Unidos piorou a situação. Porém, já não era possível aumentar os impostos, e o clero e a nobreza não estavam dispostos a ceder seus privilégios.

Tela de Charles Nicholas Cochin, c. 1745. *O baile de máscaras na Galeria dos Espelhos*, promovido pela corte francesa no Palácio de Versalhes, mostra o luxo da nobreza.

Apesar da riqueza, a economia francesa estava muito frágil. As indústrias eram afetadas pela concorrência britânica, e a dívida externa só aumentava. A burguesia industrial estava excluída das decisões políticas, o que dificultava a realização de possíveis reformas econômicas.

O povo sofria diretamente as consequências desses problemas. As más colheitas desencadearam a crise no abastecimento, colaborando para o aumento da inflação. Os reajustes salariais não acompanhavam o aumento dos preços dos produtos.

Houve um aumento do número de pessoas passando fome. Milhares de franceses saqueavam mercearias e lojas.

Em busca de uma solução

Em dez anos, Luís XVI nomeou três controladores gerais das finanças, cargo equivalente ao ministro da Fazenda no Brasil atual. Todas as medidas tomadas por eles fracassaram ou não foram postas em prática, pois interfeririam nos privilégios dos nobres e do clero.

A solução mais óbvia para deter a crise era aumentar a receita do país realizando uma reforma na arrecadação de impostos. Para discutir essa mudança, o rei convocou em Versalhes a **Assembleia dos Estados Gerais**, que reuniria representantes dos três Estados. Uma reunião como essa não acontecia desde 1614.

> **Rainha impopular**
>
> A rainha Maria Antonieta, esposa de Luís XVI, não era bem-vista pelos franceses. A vida luxuosa que levava na corte em Versalhes, promovendo caríssimas festas, em contraste com a pobreza da maioria da população, era o principal motivo de sua impopularidade.
>
> Maria Antonieta, retratada por Gautier d'Agoty, século XVIII. Óleo sobre tela.

••• A convocação dos Estados Gerais

Antes de começar as discussões, era necessário estabelecer os critérios de votação. Normalmente, a votação era feita por Estado, ou seja, cada Estado tinha direito a apenas um voto. Com isso, a nobreza e o clero se uniam, prejudicando o Terceiro Estado.

Os representantes do Terceiro Estado defendiam que cada pessoa tivesse direito a um voto, o chamado **voto por cabeça**. Dessa forma, as votações seriam mais democráticas, pois havia 578 membros do Terceiro Estado, 291 do clero e 270 da nobreza. Porém, o rei, o Primeiro e o Segundo Estados não aceitaram a proposta.

> **Verifique o que aprendeu** •••
> 1. Descreva a sociedade francesa às vésperas da Revolução.
> 2. Quais razões levaram à crise financeira na França?
> 3. O que foi a Assembleia dos Estados Gerais?
> 4. Por que o Terceiro Estado criou uma nova Assembleia?

A Assembleia Nacional Constituinte

Devido à resistência do Primeiro e do Segundo Estados, os representantes do Terceiro Estado se retiraram e formaram uma assembleia em outra sala. Lá, eles decidiram formular uma Constituição para o povo da França e juraram não sair enquanto a Carta não estivesse pronta.

A pressão contra a Coroa era tanta que Luís XVI obrigou os demais Estados a participar da nova assembleia.

Enquanto os constituintes discutiam as leis, os problemas do povo continuavam. Em 14 de julho de 1789, parisienses invadiram a fortaleza da Bastilha, acontecimento que marcou o início da Revolução Francesa. Essa revolta encorajou outros movimentos populares nas regiões francesas onde o povo sofria com a fome e o descaso do governo.

Os representantes do Terceiro Estado se reuniram na sala do jogo da pela, um esporte comum na época, que consistia em jogar uma bola com as mãos ou com uma raquete contra a parede de uma sala. Tela de Jacques-Louis David. *O juramento do jogo da pela*, 1791.

ATIVIDADES

1. Leia a mensagem divulgada em um folheto distribuído durante a Revolução.

   > O que é o Terceiro Estado? [...]
   > Tudo.
   > O que ele foi até agora na ordem política?
   > Nada.
   > Que quer ele?
   > Tornar-se alguma coisa.
   >
   > Guy Chaussinand-Nogaret. *A queda da Bastilha*: o começo da Revolução Francesa. Rio de Janeiro: Zahar, 1989. p. 35.

   a) Por que o texto diz que o Terceiro Estado é tudo?
   b) Qual é o significado da resposta dada à pergunta: "O que ele foi até agora na ordem política"?
   c) Para o Terceiro Estado, o que significava "tornar-se alguma coisa"?

2. Observe a gravura a seguir e responda às questões.

   Gravura francesa anônima, 1789.

   a) A imagem representa três homens em uma gangorra. A mulher em pé simboliza a Justiça. É possível identificar o que os homens representam? Quais elementos auxiliaram você na identificação?
   b) Por que a mulher está do lado da gangorra onde está o homem sozinho?
   c) Qual a mensagem que o gravurista quis transmitir?

3. O quadro abaixo é uma relação das despesas e da receita (dinheiro arrecadado) do Estado francês durante o ano de 1788.

   Orçamento do Estado francês – 1788

   Despesas (em libras)

Despesas civis (gastos com saúde, administração, serviços do governo, corte, etc.), pagamento da dívida e despesas militares	629 628 182

   Receitas (em libras)

Total de receitas (impostos arrecadados e outros ganhos)	503 646 049

   a) Segundo a tabela, o Estado francês teve lucro ou prejuízo?
   b) Segundo o que você aprendeu no capítulo, das despesas citadas, quais eram as mais criticadas pelos membros do Terceiro Estado?

4. Observe a imagem. Ela mostra quatro camponeses investindo contra símbolos do clero e da nobreza com batedores de trigo.

   Noite de 4 para 5 de agosto de 1789 ou *O delírio patriótico*. Gravura de 1789. Autor desconhecido.

   a) Indique a que Estado correspondem as personagens retratadas.
   b) Que símbolos do Primeiro e do Segundo Estados você consegue identificar?
   c) Que acontecimento ocorrido na Assembleia dos Estados Gerais está representado na ação dessas quatro personagens?

227

MÓDULO 2 — O processo revolucionário

A Assembleia Constituinte aprovou leis que acabavam com o Antigo Regime. Porém, isso não impediu que a França mergulhasse em uma revolução política e social.

A Assembleia Nacional e a Constituição (1789-1792)

Ainda em 1789, a Assembleia aprovou a abolição da servidão e dos privilégios feudais. Também determinou o confisco dos bens da Igreja, subordinando o clero à autoridade do governo.

O sistema de voto passou a ser **censitário**, ou seja, com base na renda do eleitor. Com isso, a alta burguesia garantia para si o direito à participação política, mas excluía dela grande parte da população. Os representantes da burguesia conseguiram, ainda, aprovar leis que estabeleciam a liberdade de comércio e de organização dos seus negócios.

A conquista mais importante da Assembleia foi a **Declaração dos Direitos do Homem e do Cidadão**, que afirmava que todos nascem livres e iguais, com direito à liberdade, à segurança e à propriedade.

Declaração dos Direitos do Homem e do Cidadão, 1789. Pintura sobre madeira.

Começa a Revolução

Com o início da Revolução, a nobreza passou a ser perseguida, e muitos nobres buscaram refúgio em países monarquistas. Luís XVI e sua família tentaram fugir para a Áustria, país de origem da rainha Maria Antonieta, mas foram reconhecidos no caminho e obrigados a retornar.

Os primeiros combates foram desfavoráveis para os revolucionários. O rei e os nobres franceses eram cúmplices dos contrarrevolucionários. Essa situação aumentou a revolta do povo contra o rei, o que fez crescer o movimento republicano. Em 1792, acusado de traição, Luís XVI foi preso no Palácio das Tulherias, em Paris.

Entre os revolucionários havia os que defendiam a Monarquia Constitucional e os que queriam executar o rei por traição e criar uma República. Julgados em audiências públicas, Luís XVI e Maria Antonieta foram condenados à morte na guilhotina.

A Áustria e a Prússia, defensores do Antigo Regime, organizaram um exército para depor o governo revolucionário e entraram em guerra contra a França, em 1792.

Luís XVI e sua família tentaram fugir da França, mas foram detidos em Varennes e levados de volta a Paris. Gravura anônima, século XVIII.

A Convenção Nacional

Acabava a monarquia e iniciava-se o período republicano chamado de **Convenção Nacional**. A Assembleia Nacional foi destituída, e os republicanos convocaram eleições com voto universal. Os deputados eleitos escreveram uma nova Constituição, aprovada em 1793.

O governo revolucionário enfrentou graves problemas. O povo ainda sofria a carestia de alimentos, e os conflitos externos continuavam. Devido à existência de diferentes grupos políticos, havia grandes divergências sobre os rumos que o governo deveria tomar. Nesse contexto de conflitos políticos, os jacobinos, representantes das camadas populares, tomaram o controle do governo.

O Terror Jacobino (1793-1794)

A instabilidade política levou a Convenção a criar o **Comitê de Salvação Pública**. Esse comitê era responsável por perseguir e punir pessoas que supostamente estariam agindo contra o governo jacobino. Entre 1793 e 1794, a França viveu o período mais radical e violento da Revolução, conhecido como **Terror Jacobino**.

Prisão de Robespierre ferido em 28 de julho de 1794. Gravura em metal desenhada por Jean Duplessi-Bertaux, gravada por Pierre Gabriel Berthault, 1798.

Todos os cidadãos considerados inimigos da Revolução eram presos, julgados e mortos na guilhotina. Só em Paris, cerca de 20 mil pessoas foram executadas nessa época. A violência era tamanha que Maximilien de **Robespierre**, um dos líderes do Comitê, chegou a aprovar a execução de colegas jacobinos, como Georges Jacques **Danton**, outro líder revolucionário.

Contraditoriamente, nesse período foi aprovado o maior número de medidas que beneficiavam diretamente o povo. Entre outras medidas destacam-se a inauguração de escolas públicas laicas, a criação de um teto máximo para os preços dos produtos e o fim da escravidão nas colônias francesas.

Grupos políticos da Convenção Nacional

Jacobinos: defendiam a República e a igualdade social. Lutaram pelo voto universal e pela abolição da escravidão nas colônias francesas. Representavam a pequena burguesia e os *sans-culottes*.

Girondinos: formavam a alta burguesia. Temiam o avanço dos movimentos populares, por isso muitos preferiam a Monarquia Constitucional.

Entre esses dois grupos, movimentava-se um grupo chamado de **Planície**, que apoiava as medidas dos jacobinos ou girondinos conforme sua conveniência.

Sans-culottes foi o nome dado aos representantes do povo, pois eles usavam calças compridas em vez do *culotte*, calça usada pelos nobres e ricos burgueses. Tela de Louis Leopold Boilly. *O cantor Chenard como sans-culotte*, 1792.

••• A Reação Termidoriana e o Diretório (1794-1799)

As rebeliões internas e externas foram vencidas. A Revolução parecia sair vitoriosa. Mas Robespierre não conseguiu se manter no poder por muito tempo.

A população começou a demonstrar insatisfação com os líderes da Convenção. Os moderados, liderados por girondinos e membros da Planície, assumiram o controle da Convenção e decretaram a prisão e a execução de Robespierre e de outros líderes jacobinos.

Esse golpe ficou conhecido como **Reação Termidoriana**, pois ocorreu no dia 9 Termidor do calendário revolucionário francês, correspondente ao dia 27 de julho do calendário cristão.

O novo governo passou a se preocupar mais com as questões externas. Grande parte dos benefícios populares concedidos pelos jacobinos foram eliminados.

O Diretório: última fase da Revolução

Ainda em 1793, foi aprovada uma nova Constituição, que acabou com o poder do Comitê de Salvação Pública e instituiu um governo chamado **Diretório**, formado por cinco diretores eleitos por cinco anos.

As medidas do novo governo deixavam claro o retorno da alta burguesia ao poder. O voto censitário e a escravidão nas colônias foram retomados, e o direito à insurreição foi suprimido.

O governo do Diretório enfrentou inúmeros problemas. Os anos de Revolução haviam desorganizado a produção. A forte crise econômica deixava a população descontente com o governo. Além disso, as guerras consumiam esforços financeiros e vidas humanas.

A verdadeira cidadania

Ao promover a Declaração dos Direitos do Homem e do Cidadão, a Revolução Francesa constituiu um evento fundamental para a difusão do valor da cidadania.

1. Discuta com seus colegas sobre o sentido desse valor atualmente e os obstáculos que ainda existem para que essa declaração se torne um direito exercido por todos.

Verifique o que aprendeu •••

1. Quais foram as principais determinações da Assembleia Nacional Constituinte de 1789?
2. Qual foi a reação internacional à Revolução Francesa?
3. Descreva os grupos políticos que compunham o governo francês durante a Convenção.
4. O que foi o Terror Jacobino?
5. Quais medidas foram tomadas durante o Diretório?

O CALENDÁRIO REVOLUCIONÁRIO

Em 1792, com o intuito de acabar com qualquer herança religiosa, os revolucionários instituíram um novo calendário, que substituía o cristão. Esse calendário, com base no clima e nas estações do ano da França, era dividido em doze meses, todos com trinta dias. Ao final do ano, sobravam cinco dias, chamados Dias *sans-culottes*. O mês de Termidor, por exemplo, correspondia ao período de 19 de julho a 17 de agosto.

Alegoria representando o mês de Termidor, gravado por Louis Lafitte, c. 1794.

ATIVIDADES

1. No caderno, faça um quadro comparativo entre jacobinos e girondinos. Observe aspectos como: a que classes sociais eram ligados e que sistema de voto defendiam.

2. Observe a imagem.

Na legenda em francês está escrito: "O tempo presente quer que cada um carregue o grande fardo". Ilustração de 1789.

   a) Descreva a imagem.
   b) Como cada personagem está caracterizada e o que isso representa?
   c) Com base no que você aprendeu no capítulo, qual o significado da legenda original da imagem?

3. Identifique as medidas tomadas pelo Comitê. De que forma essas medidas contradiziam a política adotada por ele?

4. Leia um trecho do livro *O espírito da Revolução e da Constituição na França*, escrito por Antoine de Saint-Just (1767-1794), revolucionário que lutou por uma República liderada pelo povo, e responda às questões que seguem.

   > A servidão consiste em depender de leis injustas; a liberdade, de leis sensatas [...].
   >
   > O espírito da igualdade consiste em que cada indivíduo seja uma porção igual da soberania [...].
   >
   > Um povo é livre quando não pode ser oprimido nem conquistado, goza de igualdade quando é soberano, é justo quando é dirigido por leis.
   >
   > Louis Antoine Léon de Saint-Just. *O espírito da Revolução e da Constituição na França*. São Paulo: Editora da Unesp, 1989. p. 37-38.

   a) Quais são as "leis injustas" que o autor menciona?
   b) Para Saint-Just, o que é a liberdade?
   c) É possível identificar a qual grupo político Saint-Just pertencia? Justifique.

5. Foi durante a Revolução Francesa que surgiram os termos políticos "direita", "esquerda" e "centro".
   Eles denominavam os grupos políticos (girondinos, jacobinos e planície) conforme o lado no qual eles se sentavam na Assembleia.
   Atualmente, esses termos são utilizados para definir qual é a orientação política que os partidos seguem.

   a) Pesquise o que significam essas denominações políticas.
   b) Com base em suas descobertas, como você definiria os grupos revolucionários franceses? Troque ideias com os colegas.

APRENDER A...

Interpretar charges e caricaturas

Observe a imagem ao lado e responda às questões.

1. Você reconhece a pessoa representada?
2. Quais elementos da imagem contribuem para a identificação dessa pessoa?

Imagens como essa são chamadas de **caricaturas**. De acordo com o dicionário Houaiss, uma caricatura "consiste em um desenho de pessoa ou de fato que, pelas deformações obtidas por um traço cheio de exageros, se apresenta como forma de expressão grotesca ou jocosa (engraçada, divertida)".

Caricatura feita pelo cartunista Lézio Júnior.

Agora, observe a imagem a seguir.

Charge do cartunista Angeli.

3. Descreva o que ocorre na imagem.
4. Qual a ideia central dessa imagem?
5. Explique quais são os elementos mais importantes na interpretação da imagem.

Essa imagem é uma **charge**. A charge é um desenho humorístico que pode vir acompanhado de uma legenda ou de um balão ou sem mensagem escrita. Em geral, as charges são veiculadas pela imprensa escrita e eletrônica. Elas podem criticar, homenagear ou ironizar acontecimentos ou personagens da atualidade. As pessoas são representadas por meio de caricaturas.

As charges e as caricaturas representam alguém ou um aspecto da realidade por meio de um desenho que pode ser facilmente reconhecido, porque exagera nos traços físicos da pessoa ou apresenta uma situação engraçada.

- **Identificação de elementos de uma charge da Revolução Francesa**

As primeiras caricaturas e charges foram produzidas na Antiguidade, mas elas só se tornaram mais conhecidas com a invenção da imprensa, no século XV. Durante a Revolução Francesa, as charges e caricaturas assumiram um papel importante na divulgação das ideias, tanto revolucionárias quanto antirrevolucionárias.

Elas eram divulgadas em cartazes afixados pela cidade ou como ilustrações de textos escritos.

Em uma época de altos níveis de analfabetismo, as charges e caricaturas cumpriam uma função essencial na comunicação com a maioria do povo.

Observe a charge abaixo, publicada no início do século XIX, na França. Trata-se de uma representação do inferno.

Charge francesa do século XIX. *O tormento de um radical no inferno.*

- **Descrição da imagem**

6. Descreva as personagens que você vê no primeiro plano (à frente).
7. Descreva as personagens que estão ao fundo da imagem.
8. Descreva quais as ações ou atitudes mais importantes da cena.

- **Interpretação da imagem**

O homem sentado e acorrentado é um político conservador (visível pela veste e pelo objeto sobre sua cabeça). Ele morreu e, no inferno, o seu castigo é ler "eternamente" o primeiro artigo da Constituição pregado na parede. Ele sofre esse castigo porque defendeu em vida o retorno aos direitos feudais e a velha ordem destruída pela Revolução Francesa (os papéis rasgados pelo diabo ao fundo representam os interesses do político conservador).

Com base nessas informações, responda às questões a seguir.

9. Você considera que o autor dessa charge pode ser taxado de revolucionário ou contrarrevolucionário? Justifique.
10. Na charge, qual é o papel das personagens diabólicas? Você pode dizer que elas eram revolucionárias? Justifique.

MÓDULO 3
A Era Napoleônica

O processo revolucionário não foi capaz de acabar com a crise econômica francesa. O país já estava desgastado após dez anos de conflitos e necessitava de estabilidade. Em 1799, um golpe daria fim à Revolução.

●●● O Golpe do 18 Brumário

O governo do Diretório perseguiu seus opositores e conseguiu retirar os jacobinos e os monarquistas (chamados **realistas**) do cenário político. Enquanto isso, continuavam os conflitos entre a França e os países contrários à Revolução.

O militar **Napoleão Bonaparte** se destacou nas batalhas e em poucos anos se tornou general. Devido aos êxitos obtidos, ele passou a ser conhecido como o grande líder da vitória sobre os opositores da Revolução.

Além das suas vitórias externas, Napoleão foi responsável pelo esmagamento de conspirações internas de jacobinos e realistas.

Para se fortalecer politicamente, Bonaparte aproveitou-se de seu prestígio e da fraqueza dos grupos políticos que atuavam na França. Com o apoio do exército, tomou o poder no dia 18 Brumário.

> **GLOSSÁRIO**
>
> **Brumário:** mês das Brumas no calendário revolucionário francês. O 18 Brumário corresponde ao dia 9 de novembro do calendário cristão.

O Consulado (1799-1804)

Napoleão assumiu o governo da França com dois aliados, Sieyès e Ducos. Os três assumiram como cônsules, mas Napoleão foi nomeado primeiro-cônsul. Não demorou para que os outros renunciassem, deixando plenos poderes a Napoleão.

O Consulado foi apoiado pela burguesia. Banqueiros, industriais e comerciantes ficaram satisfeitos com o general que conseguia acalmar as guerras internas e externas. A França entrou em uma fase de recuperação econômica e administrativa. Centralizando as decisões em suas mãos, Napoleão tomou importantes medidas.

Em 1800, foi criado o Banco da França, que, ao controlar a emissão de moeda, provocou a queda da inflação. Foi estimulado o financiamento para a agricultura e a indústria, o que permitiu a reorganização e o aumento da produção. Além disso, empregos foram criados graças às obras públicas da gestão napoleônica.

O governo napoleônico deveria consolidar o que a burguesia conquistou durante a Revolução. Para isso, em 1804, foi aprovado o **Código Civil**. Esse conjunto de leis reafirmava o casamento civil, a igualdade perante a lei e o direito à liberdade e à propriedade individual.

Napoleão retratado por A. J. Gross, 1799. Óleo sobre tela.

O Império (1804-1814)

A popularidade de Napoleão cresceu por causa das medidas que estabilizaram a economia e possibilitaram a criação de empregos. Essa imagem positiva se devia também à censura aos opositores e à intensa propaganda de seu governo.

Em 1804, Napoleão se sentiu ameaçado pelos monarquistas, que queriam a volta da família de Luís XVI ao poder, e promoveu um plebiscito para decidir se ele se tornaria imperador da França. A maioria esmagadora do povo votou pela sua coroação.

Os conflitos externos

Após o fim do processo revolucionário, vários países da Europa assinaram acordos de paz com a França, mediante ajustes comerciais e territoriais. Porém, Inglaterra, Prússia, Rússia e Áustria, que temiam a expansão napoleônica, declararam guerra à França em 1803.

A Inglaterra, principal concorrente da França no mercado internacional, era a grande inimiga a ser derrotada. Os dois países tinham, no início do século XIX, indústrias poderosas.

Vencer a Inglaterra não era tarefa fácil. O país possuía uma forte marinha e estava protegido pelo mar, que o isolava do continente. Os franceses foram derrotados pela marinha britânica na **batalha de Trafalgar**, em 1805.

Nas batalhas terrestres, porém, Napoleão teve inúmeras vitórias. Ele dominou grande parte do continente, alterando o mapa da Europa. O pretexto usado por Napoleão para invadir outros países era libertar os servos e instaurar governos constitucionais segundo os princípios burgueses.

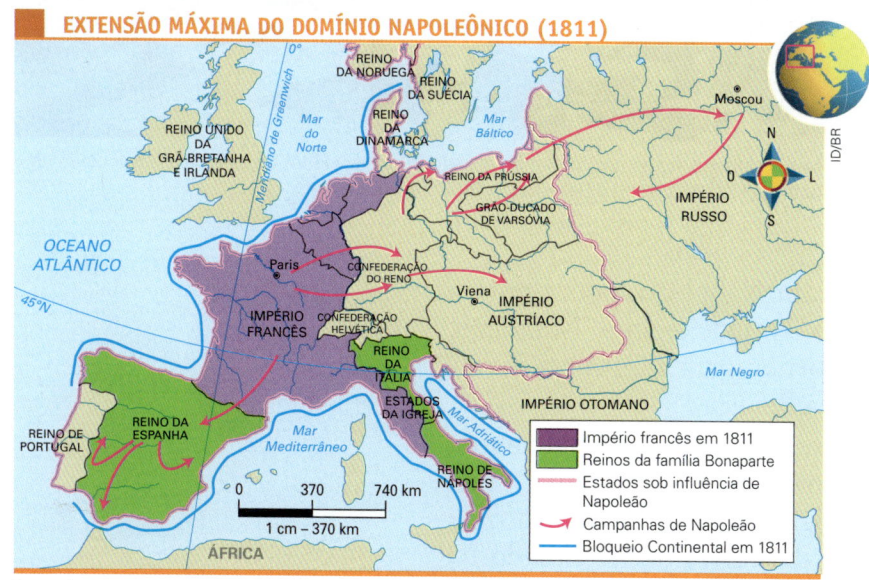

Jacques-Louis David. *Sagração do imperador Napoleão e coroação da imperatriz Josefina na catedral de Notre-Dame de Paris, 2 dezembro de 1804.* Óleo sobre tela, de 1806-1807. (detalhe). A nova Constituição do Império se iniciava com a seguinte frase: "O governo da República é confiado ao imperador Napoleão".

EXTENSÃO MÁXIMA DO DOMÍNIO NAPOLEÔNICO (1811)

Fonte de pesquisa: *Atlas historique*. Paris: Hachette, 2000. p. 37.

O Bloqueio Continental

Sem conseguir derrotar militarmente a Inglaterra, Napoleão encontrou outro meio de enfraquecê-la. Em 1806, proibiu os países europeus de comercializar com os ingleses. A desobediência implicava invasão pelos exércitos napoleônicos. Essa proibição ficou conhecida como **Bloqueio Continental**.

Mas o Bloqueio não surtiu o efeito esperado. A indústria francesa não foi capaz de substituir a produção inglesa e abastecer o resto do continente. Os ingleses, por sua vez, incentivavam o contrabando, além de buscar novos mercados fora da Europa, como, por exemplo, o Brasil.

Os problemas de abastecimento na Europa se agravaram. Países como a Rússia ameaçavam acabar com o Bloqueio.

Napoleão ordenou a seu exército que invadisse a Rússia. Em 1812, seus soldados avançaram pelo território russo, mas não encontraram nada pelo caminho, nem sequer plantações ou pastos para abastecer as tropas.

O rigoroso inverno fez que Napoleão e o exército francês retornassem. Apenas 10% dos soldados chegaram à França. Outras derrotas se sucederam e, em 1814, Napoleão assinou sua rendição. Ele foi exilado na ilha de Elba, localizada no mar Mediterrâneo. O poder foi entregue a Luís XVIII, irmão de Luís XVI.

> **Verifique o que aprendeu**
> 1. Como Napoleão chegou ao poder?
> 2. Quais foram as principais medidas tomadas por Napoleão durante o Consulado?
> 3. Como Napoleão se tornou imperador?
> 4. O que foi o Bloqueio Continental?
> 5. Como ocorreu a derrota definitiva de Napoleão?

O frio, a fome e o cansaço acabaram vitimando quase 400 mil soldados do exército de Napoleão na Rússia. Suchodolsky. *Atravessando o Beresina*, c. 1859. Óleo sobre tela.

Os cem dias (1815)

O povo e a burguesia apoiavam Napoleão, pois temiam que o país voltasse à situação do Antigo Regime. Napoleão, então, fugiu da ilha de Elba e retornou para assumir o governo francês. Luís XVIII fugiu para a Bélgica.

Entretanto, os inimigos externos de Napoleão eram agora mais poderosos. Seu governo durou apenas cem dias. Derrotado na batalha de Waterloo, na Bélgica, por uma coalizão dos exércitos inimigos, Napoleão foi definitivamente exilado na ilha de Santa Helena, onde faleceu em 1821.

ATIVIDADES

1. Observe a imagem e responda às questões.
   a) Descreva a imagem.
   b) Como a França está representada no globo terrestre?
   c) Que ideia a respeito de Napoleão o gravurista quis transmitir?

   Gravura de Laurent Dabos. *Napoleão em majestade*, 1810.

2. O exército napoleônico era bem armado e organizado, e Napoleão era um grande estrategista militar. Considere a localização geográfica da Inglaterra e responda: por que os franceses não conseguiram derrotar aquele país?

3. O texto a seguir é um trecho do romance *Guerra e paz*, escrito pelo russo Leon Tolstói.

   > A notícia de que os russos atacavam seu flanco [lado] esquerdo produziu em Napoleão [...] [uma] espécie de terror. [...]
   >
   > Por toda a estrada que percorreu, em meio da fumaça que se dissipava lentamente, jaziam em poças de sangue homens e cavalos, isolados ou aos montões. Jamais nem Napoleão nem seus lugares-tenentes tinham visto semelhante horror, tão grande número de cadáveres reunidos num tão pequeno espaço.

   Leon Tolstói. *Guerra e paz*. Belo Horizonte: Villa Rica, 1991. v. 2. p. 203-204.

   a) A qual episódio do período napoleônico o autor se refere?
   b) Por que o autor diz que Napoleão nunca tinha visto "semelhante horror"?

4. Observe a imagem ao lado e resolva as questões.
   a) Faça uma descrição dos elementos que compõem a imagem.
   b) Como Napoleão aparece representado?
   c) O que aconteceu a Napoleão após esse episódio?

   Tela de Wasily Sternberg. *Retorno da ilha de Elba*, século XIX. Óleo sobre tela.

MÓDULO 4
A organização do país

Em relação aos ideais revolucionários, Napoleão Bonaparte agiu contraditoriamente. Ao mesmo tempo que consolidou conquistas burguesas, criou uma nova aristocracia. Além disso, impôs uma ditadura a um país que havia lutado pela liberdade.

Liberdade limitada

Apesar da luta dos revolucionários franceses pela liberdade, Napoleão criou um rígido esquema de repressão e censura.

Os meios de comunicação foram monopolizados pelo governo, dificultando qualquer manifestação pública contra o imperador. As primeiras críticas impressas foram publicadas na Inglaterra e, depois, em outros países inimigos de Napoleão.

A propaganda

Napoleão não precisava apenas calar a oposição. Precisava também criar uma imagem positiva em torno de si e de seu governo. Por isso, ainda como general, preocupou-se em assumir um papel paternalista em relação a seus subordinados, distribuindo prêmios e recompensas a todos os que se mostrassem fiéis a ele.

Durante seu governo, como parte de sua estratégia de divulgação de uma imagem de força e poder, encomendou uma série de obras de arte que retratavam as batalhas vitoriosas ou o trabalho administrativo. Somado a isso, oferecia, a líderes de outros países, presentes luxuosos, com símbolos do seu governo estampados.

A propaganda se intensificou a partir da criação do Império. Em 1806, Napoleão criou o catecismo imperial, uma espécie de manual de deveres que deveria ser seguido pelos súditos. No mesmo ano, decretou o dia 15 de agosto, data de seu aniversário, como o Dia de São Napoleão. As duas medidas foram desaprovadas pela Igreja católica.

Contudo, todo esse esforço propagandístico não se mostrou muito eficiente. Grupos de oposição resistiram, e Napoleão precisou reforçar a censura, para impedir que críticas fossem feitas a ele e ao seu governo.

Joseph Fouché (1759-1820)

Ministro da Polícia de Napoleão Bonaparte, a principal função de Fouché era fiscalizar as atividades políticas dos cidadãos franceses.

Ele buscava descobrir possíveis conspirações contra o governo e saber como as ações políticas de Napoleão eram interpretadas pela população. Os funcionários do Ministério estavam autorizados a utilizar métodos violentos para conseguir informações e reprimir movimentos populares.

Jean-Baptiste Sambat. *Joseph Fouché*, 1800. Óleo sobre tela.

Após a vitoriosa *Batalha de Marengo* (1800) contra os austríacos, Napoleão homenageia seus soldados. Antoine Jean Gros, 1802-1803. Óleo sobre tela.

O Código Civil

O Código Civil francês, promulgado em 1804, estabeleceu regras para a sociedade segundo os padrões burgueses.

Ninguém mais poderia requerer privilégios de nascimento, pois todos os homens passaram a ser considerados iguais perante a lei. O casamento passou a ser definido pelas leis civis, e não mais pela Igreja.

Essa nova sociedade, na qual era estabelecido um contrato entre governantes e governados obrigados a seguir leis, substituía definitivamente a sociedade de privilégios do Antigo Regime.

Mas essa igualdade não se aplicava a todos os membros da sociedade. As mulheres, por exemplo, não possuíam os mesmos direitos dos homens. O Código Civil definiu o homem como responsável pela família, e a mulher continuou em situação subalterna.

O Código foi instituído em todo o Império napoleônico, à medida que as conquistas avançavam, alterando profundamente algumas estruturas sociais e políticas que existiam desde a Idade Média. Em algumas regiões da atual Alemanha, o Código Civil só foi substituído em 1900.

Detalhe da alegoria que representa Napoleão escrevendo o Código Civil. François-Anne David. *Código de Napoleão,* 1807. Gravura em metal.

A resistência a Napoleão

As mudanças propostas pelo Código Civil nem sempre eram bem recebidas pelos povos conquistados. Os italianos, por exemplo, resistiram à instituição do divórcio. Algumas regiões questionaram o fim do sistema feudal, alegando que ele era uma tradição da localidade.

O Bloqueio Continental foi uma das medidas do imperador que mais causaram revolta no continente europeu. Portugal, por exemplo, recusou-se a cumprir o bloqueio. O exército napoleônico invadiu o país, e a família real portuguesa se viu obrigada a mudar-se para o Brasil.

Entre 1808 e 1814, os espanhóis combateram o exército napoleônico em seu território. A luta espanhola acabou encorajando outros movimentos nacionalistas pela Europa.

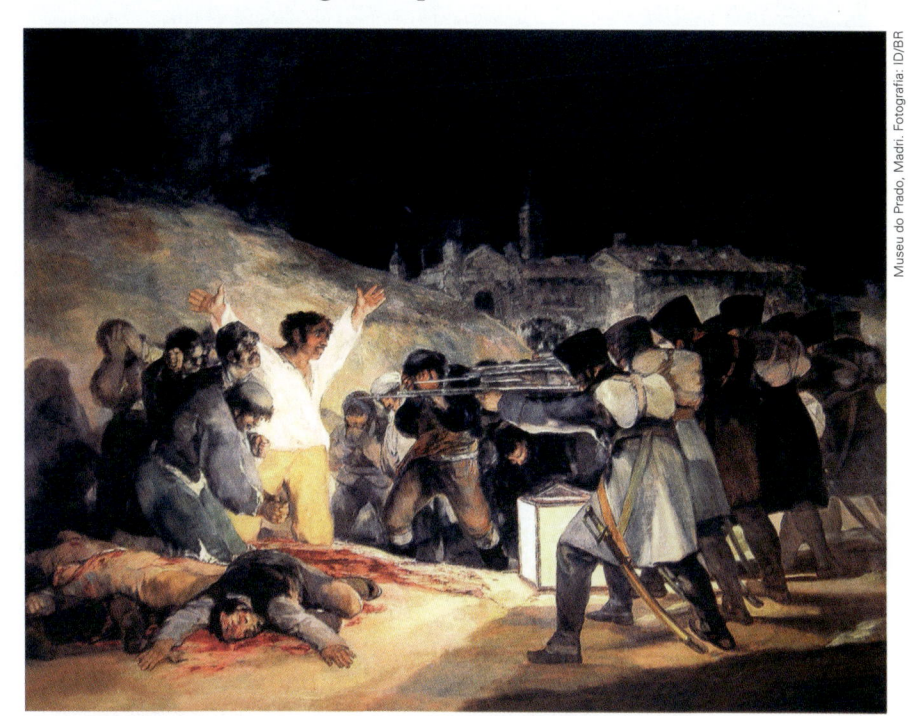

O exército napoleônico fuzilando espanhóis. Francisco Goya. *O Três de Maio de 1808.* Óleo sobre tela de 1814.

As contradições

O mesmo governo que se dizia responsável por defender as conquistas da Revolução Francesa criou uma nova nobreza e colocou familiares nos altos postos administrativos.

Quando começou a formar seu império, Napoleão anexou alguns territórios à França, cuja administração foi entregue a parentes próximos. Napoleão mantinha sua autoridade, controlando a administração de seus familiares.

Jean-Baptiste Regnault. *A família imperial no Palácio das Tulherias em 1807*, obra de 1810. Membros da família Bonaparte: 1. Napoleão. 2. Josefina de Beauharnais, primeira esposa de Napoleão. 3. Letízia, mãe. 4. José, irmão, rei de Nápoles e depois da Espanha. 5. Luís, irmão, rei da Holanda. 6. Jerônimo, irmão, rei da Westfália.

Em 1807, Napoleão concedeu títulos de nobreza a funcionários do governo e membros do clero. Além de receber títulos de barão, duque, entre outros, a nova nobreza recebia pensões do governo. Essa nova corte manteve os costumes e a etiqueta da nobreza do Antigo Regime.

Relações com a Igreja

Após anos de conflito entre o Estado e o clero, Napoleão conseguiu entrar em acordo com a Igreja católica ainda em 1801. O papa Pio VII aceitou o confisco dos bens do clero realizado em 1789, desde que os clérigos recebessem uma pensão do Estado.

Com esse acordo, a Igreja se subordinava ao Estado francês. Napoleão também pretendia agradar à população francesa de maioria católica. Mesmo assim, o imperador foi tolerante com as demais religiões, sobretudo com o protestantismo.

Verifique o que aprendeu

1. Quais métodos Napoleão utilizou para impedir as manifestações contrárias ao seu governo?
2. Descreva as medidas que Napoleão tomou para intensificar a propaganda de seu governo após o estabelecimento do Império.
3. O Código Civil foi bem recebido por todo o Império napoleônico? Justifique.
4. Quais medidas de Napoleão contradiziam os ideais burgueses?

ATIVIDADES

1. Leia o texto a seguir.

> No que [diz respeito] à família e à condição da mulher, o Código Civil significou retrocesso. [...] As mulheres representavam importante parcela de trabalhadores dedicados a atividades produtivas urbanas e rurais. No meio urbano, viam-se obrigadas a garantir em grande parte a sobrevivência da família [...].
>
> A significativa participação feminina no processo revolucionário produziu [...] uma aspiração específica da mulher à liberdade e à igualdade [...]. Todavia, essa destacada presença, na sociedade, não conseguiu superar a comodidade e o privilégio masculino [...].
>
> Silvio Costa. *Revolução e contrarrevolução na França*. São Paulo: Anita Garibaldi, 1999. p. 159-160.

a) Qual era o papel da mulher na sociedade francesa?
b) Segundo o texto, a luta das mulheres durante a Revolução foi recompensada?
c) Aponte outras medidas tomadas por Napoleão que podem ser consideradas um retrocesso em relação à Revolução Francesa.

2. O texto a seguir trata da questão da propaganda política promovida por Napoleão.

> Napoleão Bonaparte tinha um serviço de imprensa chamado Bureau de Opinião Pública. Sua função era fabricar tendências políticas e ajudar a fortalecer a imagem de Bonaparte.
>
> Em 1800 o pintor Jacques-Louis David (1748-1825) pintou uma imagem heroica: "O Retrato Equestre de Bonaparte no Monte Saint-Bernard". O quadro faz referências ao general cartaginês Aníbal e a Carlos Magno. Seus nomes estão inscritos nas pedras, em primeiro plano. Napoleão estaria refazendo seus percursos e tornando-se também um "grande vulto da história da humanidade".
>
> Napoleão adorou o quadro como símbolo de sua travessia pelos Alpes rumo à Itália. Ele desejava ser visto como um herói nacional e internacional. Na verdade, o trajeto havia sido feito sobre uma mula, mas ele gostou de ser pintado sobre um fogoso cavalo.
>
> Renan Garcia Miranda. Revista *Desvendando a História*. São Paulo, Escala Educacional, n. 5, p. 13.

a) Qual foi a estratégia de Napoleão para construir a sua imagem?
b) Por que Napoleão gostou da tela pintada por David?
c) O texto diz que, na realidade, Napoleão fez o trajeto montado em uma mula. Se a cena fosse representada de uma maneira realista, ela causaria o impacto esperado por Napoleão? Discuta com seus colegas.
d) Atualmente, como os governantes fazem para construir sua imagem? Discuta com seus colegas.

3. A tela ao lado é a citada no texto da atividade 2.
   a) Que recursos David usou para criar essa imagem heroica de Napoleão?
   b) Essa tela refere-se a uma campanha militar de Napoleão. Conhecendo-se as situações reais de uma campanha militar (conflitos com o outro exército, dias de caminhada, entre outras), imagine como seria representar essa cena de uma maneira mais próxima da realidade. Discuta suas ideias com um colega e, com base nelas, desenhe a sua interpretação dessa cena.

Jacques-Louis David. *Napoleão atravessando os Alpes*, 1799. Óleo sobre tela.

ARTE e CULTURA

Arte e política

No fim do século XVIII e início do XIX, muitos artistas estavam diretamente ligados aos movimentos políticos ou se inspiraram neles para compor suas obras.

As manifestações artísticas se tornaram mais acessíveis, sobretudo a literatura e a música. A literatura só não se expandiu mais porque era grande o número de analfabetos.

Os anos da Revolução Francesa são uma transição entre o Neoclassicismo e um novo movimento artístico chamado Romantismo. Inspirado nas mudanças políticas que ocorriam pelo continente, o Romantismo buscou romper com os padrões artísticos existentes.

As gravuras, que eram muito mais baratas e, portanto, de fácil divulgação, não se preocupavam com padrões estéticos. Os artistas registravam momentos importantes, criticavam ou homenageavam personagens da época.

Marat, um jornalista jacobino, foi assassinado por uma militante moderada, Charlotte Corday. A Convenção encomendou a David uma tela representando a morte de Marat. Jacques-Louis David, *A morte de Marat*, 1793. Óleo sobre tela.

Muitos acontecimentos importantes ou simples cenas do cotidiano foram registrados por gravuristas durante a Revolução Francesa. Gravura anônima. *A execução de Robespierre*, 1794.

A imagem ironiza a política expansionista de Napoleão. Conforme Napoleão expandia seu Império e criava medidas como o Bloqueio Continental, artistas ironizavam e criticavam seu governo por meio de representações caricatas. Charge anônima alemã de 1814. *Napoleão, o monarca universal*.

A batalha de Waterloo ocorreu em 18 de junho de 1815, na Bélgica, e foi a derrota definitiva de Napoleão. A tela representa Napoleão depois da batalha. Após suas derrotas, artistas passaram a retratar um Napoleão mais realista. A obra acima é de autoria do artista John Lewis Brown, 1869.

■ Atividades

1. Observe as imagens desta página e da anterior e indique em qual delas um governante está sendo ironizado e em qual um político está sendo homenageado.

2. Com base na imagem que reproduz a execução de Robespierre, na página 242, como você acha que era uma cerimônia de execução na guilhotina?

DOSSIÊ

A guilhotina: um símbolo contraditório

A Revolução Francesa criou uma série de símbolos, muitos dos quais estavam associados à liberdade, ao amor pela França e à igualdade. Porém, um desses símbolos parecia contradizer os princípios revolucionários: a guilhotina.

A guilhotina consiste em uma grande armação que possui de três a quatro metros de altura. Nessa armação, uma lâmina de aproximadamente 40 quilos é suspensa por uma corda. Na extremidade de baixo, há uma barra que possui um orifício para a cabeça. A pessoa condenada à morte é colocada nessa base. Quando a corda se solta, a lâmina desce rapidamente, decapitando o condenado.

Essa máquina hoje pode nos parecer cruel, porém era vista como humanitária e democrática nos tempos da Revolução.

Até então, as execuções variavam conforme o grupo social do condenado. Os nobres eram executados em ambientes privados. Eles eram decapitados por um machado, o que era visto como uma morte limpa e discreta. Porém, membros do Terceiro Estado eram mortos em praça pública, e as execuções atraíam um grande número de pessoas, incluindo mulheres e crianças.

O método mais comum de se matar um condenado era enforcá-lo. Entretanto, havia meios mais dolorosos e lentos, que incluíam rituais de tortura.

Réplica de guilhotina utilizada na França no século XVIII.

Uma morte democrática

Os revolucionários questionaram os métodos de se executar a pena de morte. Em tempos de "Liberdade, igualdade e fraternidade", não foi questionado o ato de condenar pessoas à morte, mas sim a forma de executá-las.

Em 1789, um médico e deputado do Terceiro Estado, Dr. Guillotin, propôs uma execução igualitária e que causasse menos sofrimento ao condenado. O instrumento proposto por ele, que acabou recebendo seu nome, já existia desde a Idade Média, mas foi adaptado segundo as inovações tecnológicas da época.

A proposta era que todos os condenados, independentemente de sua condição social, fossem guilhotinados. A agilidade da lâmina proporcionava sofrimento mínimo, pois acreditava-se que a pessoa morria instantaneamente.

Retrato de Joseph-Ignace Guillotin, em pintura do século XVIII. Autor desconhecido.

Instrumento de terror

A primeira execução pública com a guilhotina ocorreu em 25 de abril de 1792. A vítima foi Pelletier, um condenado por roubo e assassinato. A imprensa elogiou esse instrumento de execução.

A execução de Luís XVI, em janeiro de 1793. Autor desconhecido.

A impressão positiva do jornal logo se tornaria uma opinião isolada. Em pouco tempo, a Revolução Francesa abandonou suas belas palavras de ordem e entrou no período chamado de Terror, em que qualquer suspeito de se opor ao regime podia acabar sem cabeça. No início de 1794, apenas em Paris, cerca de 20 mil condenados foram decapitados – entre eles estava Georges Danton, que havia sido um dos líderes da Revolução.

Posta a serviço do Terror, a guilhotina entrou para a história como símbolo de crueldade e opressão. [...]

Em 3 de maio, o deputado Louis-Michel Le Peletier de Saint-Fargeau [...] propôs a abolição da pena de morte. "Não é no século 18 que devemos consagrar um erro de séculos precedentes" [...]. Sua proposta foi rejeitada, mas acabou dando novo impulso à discussão sobre a crueldade das execuções.

Fernando Eichenberg. Doutor Guilhotina. Revista *Aventuras da História*. São Paulo, Abril, n. 47, jul. 2007, p. 56 e 58.

■ Discussão sobre o texto

1. Como explicar que os revolucionários que defendiam o direito à liberdade e à igualdade continuassem aplicando a pena de morte?
2. O texto menciona como nobres e membros do Terceiro Estado eram executados antes da Revolução. Por que havia essas diferenças?
3. A pena de morte continua sendo usada em vários países. Você sabe se na história recente do nosso país ela foi permitida? Procure informar-se sobre esse tema. Discutam em classe se o Estado tem o direito de aplicar a pena capital.

FAZENDO HISTÓRIA

A *Marselhesa*

O texto abaixo é uma versão em português da letra da *Marselhesa*, hino nacional da França. Ela foi composta em 1792 por um oficial chamado Rouget de Lisle. Seu nome inicialmente era *Canto de Guerra para o Exército do Reno*. Como foi cantado várias vezes pelo batalhão de Marselha, o hino recebeu o nome de *Marselhesa*. O sucesso foi tão grande que o canto foi oficializado como hino francês em 1795. Leia alguns trechos de sua letra.

Isidore Pils. *Rouget de Lisle cantando a Marselhesa na casa de Dietrich, major de Estrasburgo,* c. 1880.

Avante, filhos da Pátria,
O dia da Glória chegou.
O estandarte ensanguentado da tirania
Contra nós se levanta.
Ouvis nos campos rugirem
Esses ferozes soldados?
Vêm eles até nós
Degolar nossos filhos, nossas mulheres.
Às armas, cidadãos!
Formai vossos batalhões!
Marchemos, marchemos!
Nossa terra do sangue impuro se saciará!

O que deseja essa horda de escravos
de traidores, de reis conjurados?
[...]
Franceses! Para vocês, ah! que ultraje!
[...]
Somos nós que se ousa criticar
sobre voltar à antiga escravidão!

Que! essas multidões estrangeiras
Fariam a lei em nossos lares!
Que! as falanges mercenárias
Arrasariam nossos fiéis guerreiros
Grande Deus! por mãos acorrentadas
Nossas frontes sob o jugo se curvariam
E déspotas vis tornar-se-iam
Mestres de nossos destinos!

Estremeçam, tiranos! e vocês, pérfidos,
Injúria de todos os partidos,
Tremei! seus projetos parricidas
Vão enfim receber seu preço!
Somos todos soldados para combatê-los,
Se nossos jovens heróis caem,
A França outros produz
Contra vocês, totalmente prontos para combatê-los!
[...]

Disponível em: <http://www.ambafrance-br.org/spip.php?article422>. Acesso em: 12 ago. 2014.

1. A letra do hino chama o povo francês a lutar contra exércitos estrangeiros e faz uma série de ameaças aos invasores. Quem são esses invasores?
2. Por que o autor chama os invasores de "escravos de traidores"?
3. Quem são os tiranos mencionados?
4. Em sua opinião, por que atualmente alguns franceses pacifistas criticam a *Marselhesa*?

LENDO HISTÓRIA

Antes de ler

- Leia o título do texto. Você sabe qual é o significado da palavra *secularismo*?
- Observe a foto que acompanha o texto. Você sabe por que as mulheres muçulmanas usam o *hijab* (véu)?

"Secularismo: Para Vivermos Melhor Juntos"

O partido governista francês deu seguimento [...] a um debate polêmico sobre a natureza do secularismo e a respeito dos desafios representados pelo islamismo. [...]

Iniciado pelo presidente Nicolas Sarkozy, o debate foi organizado por Jean-Francois Cope, o líder do partido de Sarkozy, a União por um Movimento Popular. Mas o primeiro-ministro, François Fillon, recusou-se discretamente a participar, temendo que isso empurrasse o partido demasiadamente para a direita e pudesse levar a uma "estigmatização dos muçulmanos", disse ele, o que levou Cope a acusá-lo de "não ser um jogador de equipe".

A ideia, segundo ele, é ajudar a promover uma versão ocidentalizada do islamismo que se coadune com as normas comportamentais e culturais francesas, que aceite a igualdade entre os sexos e a natureza privada da crença religiosa.

Cope disse que o debate foi "polêmico, mas necessário", e afirmou que "os valores da França são como os Três Mosqueteiros: liberdade, igualdade, fraternidade". Ele disse que acrescentaria um quarto valor: o secularismo. [...]

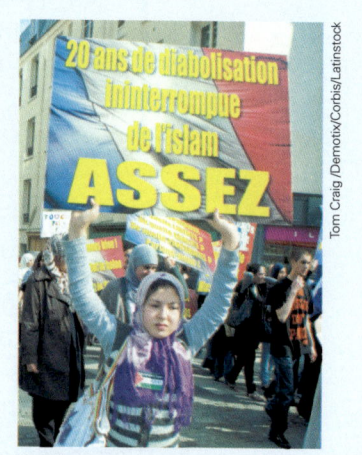

Garota muçulmana carrega cartaz contra o ódio ao islamismo. Fotografia de 2011.

Existem entre cinco e seis milhões de muçulmanos na França, o que representa cerca de 10% da população do país, o que faz do islamismo a segunda maior religião após o catolicismo.

Yazid Sabeg, um assessor de Sarkozy, também se opôs ao debate, tendo afirmado que os problemas reais para os imigrantes e as suas famílias são o desemprego que atinge a juventude, a formação de guetos e o acesso justo à educação, e não o islamismo. [...]

As pesquisas revelam que até dois terços dos franceses acreditam que o "multiculturalismo" e a integração dos muçulmanos à sociedade francesa fracassaram, e esse é um dos principais temas abordados pela Frente Nacional. [...]

GLOSSÁRIO

Coadunar: incorporar, pôr em harmonia.

Argumentando que certas práticas religiosas estão desafiando o secularismo – a neutralidade religiosa do Estado e a vida pública na França –, Sarkozy também introduziu e garantiu a aprovação de uma lei, que entrará em vigor na próxima segunda-feira, proibindo o uso de véus que cobrem a face inteira em espaços públicos.

Entre as questões debatidas está a possibilidade de incluir o islamismo no texto de uma lei de 1905 que separa igreja e Estado, mas que permite subsídios indiretos a igrejas e a sinagogas, que são mantidas por fundos estatais. As mesquitas não contam com tais benefícios, e alguns líderes muçulmanos desejam ajuda governamental para construírem novas mesquitas.

Partido de Sarkozy discute papel dos muçulmanos na França. Disponível em: <http://m.noticias.uol.com.br/midiaglobal/nytimes/2011/04/06/partido-de-sarkozy-discute-papel-dos-muculmanos-na-franca.htm>. Acesso em: 12 ago. 2014.

De olho no texto

1. Por quais motivos se questiona o uso do véu entre as mulheres muçulmanas?
2. Você concorda com a proibição da utilização de símbolos religiosos em público? Discuta com seus colegas.
3. Os tradicionalistas franceses consideram o véu utilizado pelas mulheres muçulmanas um símbolo da intolerância e da opressão do Islã. Você concorda com essa ideia? Discuta com seus colegas.

QUESTÕES GLOBAIS

1. O texto abaixo reproduz trechos da Declaração dos Direitos do Homem e do Cidadão.

   > Art. 3º O princípio de toda a soberania reside, essencialmente, na nação. Nenhuma operação, nenhum indivíduo pode exercer autoridade que dela não emane expressamente. [...]
   >
   > Art. 6º A lei é a expressão da vontade geral. [...] Ela deve ser a mesma para todos, seja para proteger, seja para punir. [...]
   >
   > Art. 11º A livre comunicação das ideias e das opiniões é um dos mais preciosos direitos do homem. Todo cidadão pode, portanto, falar, escrever, imprimir livremente, respondendo, todavia, pelos abusos desta liberdade nos termos previstos na lei.
   >
   > Biblioteca virtual de direitos humanos. Universidade de São Paulo. Disponível em: <http://www.direitoshumanos.usp.br>. Acesso em: 12 ago. 2014.

   a) Identifique características iluministas no documento.
   b) O que significa dizer que o cidadão deve responder "pelos abusos desta liberdade"?

2. O documento da atividade anterior foi elaborado em 1789, durante o processo revolucionário francês. Dez anos depois, Napoleão assumiu o poder prometendo manter as conquistas da Revolução. Durante seu governo, houve cumprimento dos artigos citados? Argumente citando três trechos do texto.

3. Leia o texto e responda às questões.

   > O novo governo decretou a Lei do Máximo, fixando preços máximos para todos os produtos e regulamentando os salários. Quem desrespeitasse a lei seria duramente punido. Foi também a Convenção que criou escolas públicas e não religiosas, decretou liberdade dos escravos nas colônias francesas e a partilha dos bens dos nobres exilados entre a população pobre, além de realizar uma reforma agrária que beneficiou 3 milhões de pessoas.
   >
   > Com essas medidas, o Comitê conquistou a simpatia popular, recrutando mais de 300 000 pessoas, em geral pobres, para combater a contrarrevolução e os inimigos externos.
   >
   > Ken Hills. *A Revolução Francesa*. São Paulo: Ática, 1994. p. 23.

   a) Por que a Convenção criou tantas medidas populares?
   b) Segundo o texto, a Convenção jacobina era democrática ou repressora? Justifique.
   c) Quem são os contrarrevolucionários e os inimigos externos mencionados no texto?
   d) Com o fim da Convenção jacobina, as medidas que beneficiavam diretamente o povo foram mantidas?

PARA SABER MAIS

Livros

A Revolução Francesa, de Andre Diniz. São Paulo: Escala Educacional, 2008.
  Quadrinhos com as principais personagens da revolução que tinha por lema liberdade, igualdade e fraternidade.

Revolução Francesa, de Carlos Guilherme Mota. São Paulo: Ática, 2004.
  Narrativa ficcional sobre os principais eventos ocorridos em Paris nos momentos iniciais da Revolução Francesa.

Peter Tchaikovsky, de Mike Venezia. São Paulo: Moderna, 1999.
  Biografia do compositor russo, aborda também a música erudita do período romântico e desenvolve o contexto histórico de outros países na mesma época da Revolução Francesa.

••• Síntese

O caminho para a Revolução
- A sociedade no Antigo Regime na França
- A crise econômica
- Assembleia dos Estados Gerais
- Assembleia Nacional Constituinte

O processo revolucionário
- A Constituição de 1789
- Começa a Revolução
- A Convenção Nacional
- O Terror Jacobino
- A reação termidoriana
- A instauração do Diretório

A Era Napoleônica
- O Golpe de 18 Brumário
- O Consulado
- O Império
- As guerras napoleônicas
- O Bloqueio Continental
- Os cem dias

A organização do país
- A censura e a repressão
- A propaganda governamental
- O Código Civil
- Medidas contraditórias do governo napoleônico
- O relacionamento com a Igreja católica

Louis Leopold Boilly. *O cantor Chenard como Sans-Culotte*, óleo sobre painel. Museu Carnavalet, Paris. Fotografia: ID/BR

Jacques-Louis David. *A morte de Marat*, 1793, óleo sobre tela. Museu Real de Belas Artes, Bruxelas. Fotografia: ID/BR

Jacques-Louis David. *Napoleão I em trajes imperiais*, 1805, óleo sobre painel. Museu de Belas Artes, Lille. Fotografia: ID/BR

▪ Linha do tempo

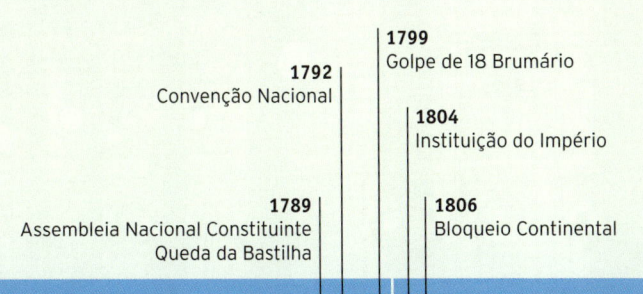

SÉCULO XVIII
- 1789 — Assembleia Nacional Constituinte / Queda da Bastilha
- 1792 — Convenção Nacional
- 1793 — Terror Jacobino
- 1794 — Reação termidoriana / Instituição do Diretório
- 1799 — Golpe de 18 Brumário

SÉCULO XIX
- 1804 — Instituição do Império
- 1806 — Bloqueio Continental
- 1812 — Derrota napoleônica na Rússia
- 1815 — Governo dos Cem Dias / Derrota definitiva de Napoleão

1701 — 1801 — 1901

O Ocidente passou por uma série de mudanças durante o século XIX. Politicamente, ocorreu um grande embate entre aqueles que queriam restabelecer a ordem anterior à da Revolução Francesa e os que pretendiam conservar os ideais revolucionários. Na Inglaterra, teve início um processo irreversível que iria transformar o mundo: a Revolução Industrial.

Ciência e tecnologia ganharam um novo impulso. Artistas e intelectuais acompanhavam essas mudanças, criando novos olhares para se entender e transformar a sociedade.

Ideias, tecnologia e revolução

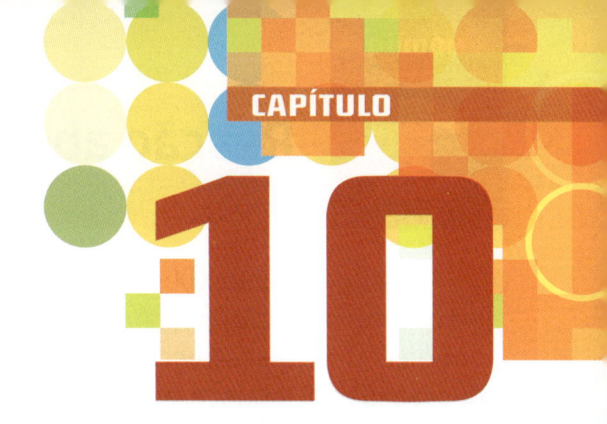

CAPÍTULO 10

O QUE VOCÊ VAI APRENDER

- Política e cultura na Europa no século XIX
- A Revolução Industrial e suas consequências
- A formação e as lutas da classe operária
- Desenvolvimento tecnológico e urbanização

CONVERSE COM OS COLEGAS

1. Você já andou de trem? Se já andou, descreva a experiência e compare a sensação de viajar num trem com a de se deslocar usando outros meios de transporte (automóvel, ônibus, cavalo, barco).

2. Quais diferenças e semelhanças você pode apontar entre o trem e outros meios de transporte, levando em conta os seguintes aspectos: velocidade, duração da viagem, quantidade de pessoas e carga, etc.?

3. A imagem ao lado é uma gravura do século XIX e mostra duas locomotivas na estação central de Munique, na Alemanha. Observe o trem que aparece em primeiro plano na imagem.
   a) Esse trem se parece com outros que você já tenha visto? Explique.
   b) Com base na figura, você é capaz de dizer o que faz esse trem se mover?

4. Observe a estação.
   a) Qual é o material que sustenta o teto da estação aonde a locomotiva está chegando?
   b) Note que a estação é um espaço bastante amplo. Por que deve ter essa característica?

Vista da Estação Central, Munique, século XIX, gravura colorida.

MÓDULO 1

Reação absolutista e resistência

Durante o século XIX, as ideias liberais da Revolução Francesa ainda ecoavam pelo continente europeu. Após a queda de Napoleão Bonaparte, em 1815, as antigas monarquias buscaram defender seu poder, reagindo contra a propagação dessas ideias. Intelectuais e artistas resistiram, questionando a iminência de um retrocesso político.

●●● Os ideais revolucionários

No início do século XIX, os ideais revolucionários eram difundidos por toda a Europa. A centralização do poder político pela aristocracia e o caráter absoluto do Estado eram questionados pela população de vários países europeus. Os ideais da *Declaração dos Direitos do Homem*, como a defesa da dignidade e da liberdade dos indivíduos, ganhavam cada vez mais adeptos.

Porém, se esses ideais liberais foram vitoriosos na França, onde o rei foi deposto e executado, em muitos Estados europeus ainda imperavam as práticas e ideias absolutistas – por exemplo, o direito divino dos reis.

Liberais e absolutistas enfrentaram-se em vários Estados, da Europa central à península Ibérica. Os reis absolutistas uniram-se para derrotar Napoleão e mantiveram essa união como forma de barrar os revolucionários liberais e preservar a supremacia aristocrática.

Os homens retratados são liberais que foram amordaçados para simbolizar a repressão política sofrida pelo grupo. *Clube dos pensadores*, caricatura alemã de 1819.

●●● O Congresso de Viena

Após a derrota de Napoleão Bonaparte, representantes das monarquias vitoriosas reuniram-se em Viena, na Áustria, para discutir a reorganização das fronteiras europeias. A reunião aconteceu entre outubro de 1814 e junho de 1815 e foi chamada de **Congresso de Viena**. O encontro foi conduzido por Áustria, Prússia, Rússia e Grã-Bretanha, com a participação da França derrotada.

As discussões em Viena se basearam em dois princípios: restauração e legitimidade. O primeiro defendia que a situação política das monarquias europeias deveria ser restaurada, ou seja, tudo voltaria a ser como era antes da Revolução Francesa. O segundo princípio tratava da legitimidade dos governos: ficava estabelecido que as fronteiras e os governos anteriores às invasões napoleônicas seriam respeitados.

A Santa Aliança

Para garantir que as decisões estabelecidas pelo Congresso seriam cumpridas, a Áustria, a Prússia e a Rússia fizeram um pacto militar, a chamada **Santa Aliança**. Caso houvesse alguma ameaça a uma das monarquias, as outras agiriam em defesa da Coroa que estivesse enfrentando dificuldades ou movimentos de contestação.

A aliança era denominada "santa" porque se fundamentava na unidade cristã europeia. Mais tarde, a Grã-Bretanha, que não era absolutista como os demais Estados da Aliança militar, também aderiu ao sistema. A aliança passou a ser chamada de **Quádrupla Aliança**.

A Grã-Bretanha e os absolutistas

A Grã-Bretanha, desde o século XVII, era uma monarquia parlamentarista de maioria protestante. Portanto, não defendia os mesmos valores políticos e religiosos que austríacos, prussianos e russos. Mesmo assim, ela estabeleceu uma aliança com esses países. O objetivo era manobrar a política europeia segundo seus interesses e evitar que um novo líder, como Napoleão, ameaçasse o poderio inglês.

GLOSSÁRIO

Prússia: Estado de língua alemã situado no leste da Europa. Sua capital era Berlim. Atualmente, grande parte de seu território integra a Alemanha.

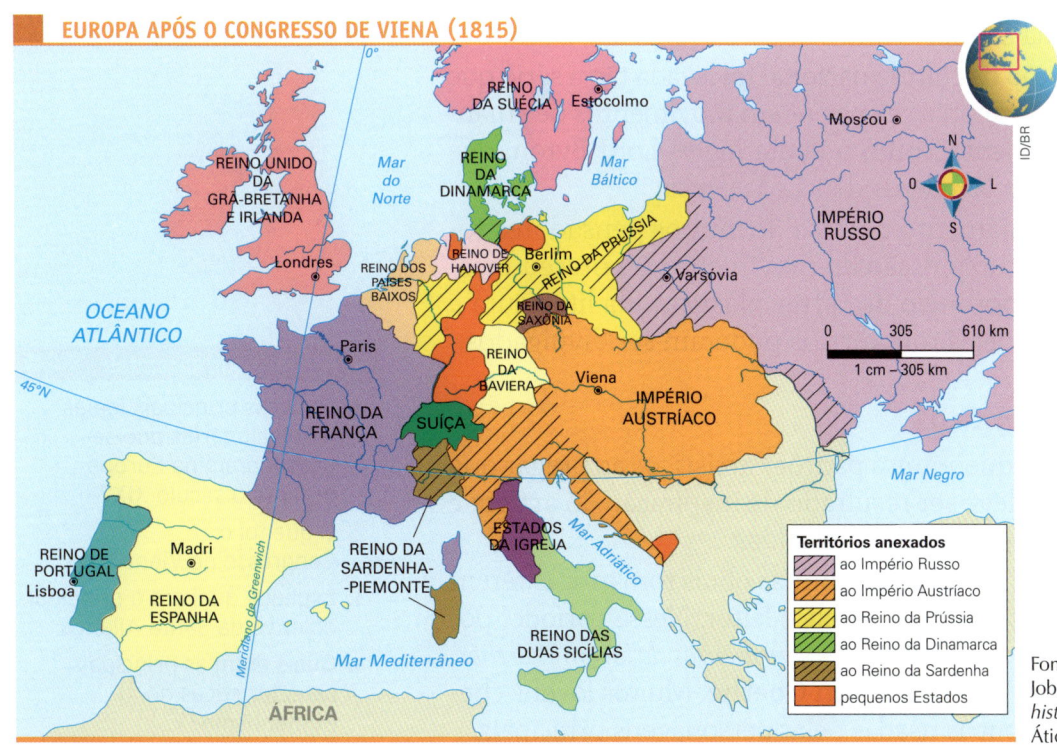

EUROPA APÓS O CONGRESSO DE VIENA (1815)

Fonte de pesquisa: José Jobson de A. Arruda. *Atlas histórico básico*. São Paulo: Ática, 1995. p. 25.

●●● O Romantismo

As transformações políticas e sociais ocorridas na Europa no fim do século XVIII foram responsáveis por uma mudança no pensamento de artistas e intelectuais, o que resultou em um movimento chamado **Romantismo**.

Nesse período, a Europa encontrava-se tomada por revoluções. Conviviam, de maneira pouco pacífica, ideais progressistas (imbuídos do desejo de mudanças radicais) e pensamentos tradicionalistas (defensores do restabelecimento da ordem conservadora).

Muitos intelectuais e artistas negaram os preceitos iluministas, como a valorização da razão como método único para alcançar o conhecimento, por acreditar que o sentimento era o ponto de partida para o entendimento do indivíduo e do mundo.

O escritor alemão Johann Wolfgang von Goethe, por Joseph Karl Stieler, 1828. Óleo sobre tela.

Arte e nacionalismo

Os românticos acreditavam que a base para a construção de uma nação estava na distinção cultural entre os povos. Desse modo, o Estado deveria agregar pessoas que compartilhassem a mesma língua, os mesmos costumes e valores. Esse ideal nacionalista – somado ao descontentamento com o Congresso de Viena – acabou inspirando vários movimentos de independência na Europa durante o século XIX e estimulou muitos pensadores a pesquisar a origem dos povos europeus. Foi nesse período que muitas histórias folclóricas e lendas foram compiladas e publicadas pela primeira vez. Grande parte da produção dos **irmãos Grimm** – autores de histórias como *Cinderela* e *Branca de Neve* – deve-se à pesquisa que eles fizeram sobre o folclore e a língua alemã.

Essa valorização da cultura nacional foi levada tão a sério que alguns artistas chegaram a se engajar em movimentos de emancipação pelo continente, como o poeta inglês Lord Byron, que participou da luta pela independência da Grécia.

Apesar do engajamento político de muitos pensadores românticos, a grande expressão do movimento aconteceu mesmo nas artes. Foi por meio das artes plásticas, da literatura e da música que os ideais românticos puderam ser divulgados.

Os artistas românticos

Os românticos quebraram padrões artísticos ao pregar que toda obra de arte deve ser resultado da inspiração do artista e não pode seguir regras preestabelecidas.

Outra novidade era o fato de muitas obras românticas terem tido maior divulgação entre o público leitor. Nesse período, popularizavam-se romances como *Os sofrimentos do jovem Werther*, do alemão **Johann Wolfgang von Goethe**. Muitos jovens chegaram a imitar as roupas usadas pelas personagens principais.

Verifique o que aprendeu ●●●

1. Quais as principais ideias revolucionárias que se propagaram na Europa durante o século XIX?
2. O que foi o Congresso de Viena?
3. Explique qual era o principal objetivo da Santa Aliança.
4. Quais eram as principais características do Romantismo?

ATIVIDADES

1. O texto a seguir comenta o Congresso de Viena.

   > Após mais de 20 anos de guerras e revoluções quase ininterruptas, os velhos regimes vitoriosos enfrentaram os problemas do estabelecimento e da preservação da paz [...]. [...] era evidente para todos os estadistas inteligentes que não se toleraria daí por diante outra guerra de grandes proporções na Europa, pois esse tipo de guerra quase que certamente significaria uma nova revolução e a consequente destruição dos velhos regimes. [...]
   >
   > O mapa da Europa foi redelineado sem se levar em conta as aspirações dos povos ou os direitos dos inúmeros príncipes destituídos pelos franceses, mas com considerável atenção para o equilíbrio das cinco grandes potências que emergiam das guerras: a Rússia, a Grã--Bretanha, a França, a Áustria e a Prússia.
   >
   > Eric J. Hobsbawm. *A era das revoluções*: Europa 1789-1848. Rio de Janeiro: Paz e Terra, 1977. p. 117-119.

   a) A quais guerras e revoluções ocorridas na Europa o autor se refere?
   b) Por que os estadistas temiam novas revoluções?
   c) Sobre o trecho "o mapa da Europa foi redelineado sem se levar em conta as aspirações dos povos", é possível associar essa informação ao crescimento dos movimentos nacionalistas no continente?
   d) A Grã-Bretanha possuía características políticas e religiosas diferentes das demais potências europeias. Por qual razão ela participou do acordo?

2. O texto abaixo fala sobre os irmãos Grimm, escritores alemães que criaram obras famosas como *Chapeuzinho Vermelho*, *João e Maria* e *A Bela Adormecida*.

   > Os irmãos Jakob (1785-1863) e Wilhelm Grimm (1786-1859) foram os primeiros a dedicar os contos de fada às crianças [...]. Na tradição oral, esses contos eram para o público adulto.
   >
   > [...] Os irmãos Grimm iniciaram suas pesquisas dentro do quadro de resistência alemã à ocupação francesa pelas tropas de Napoleão. Para isso, eles vão recolher as histórias populares – narrativas, sagas ou lendas – de tradição oral. [...] os pesquisadores alemães tinham dois objetivos: o primeiro era o "levantamento de elementos linguísticos para fundamento de uma língua alemã"; o segundo, a preservação da cultura alemã por meio da fixação dos textos folclóricos.
   >
   > Esse material, contudo, não foi publicado em sua forma original. [...] quase todos os contos sofreram ao menos duas revisões, entre a primeira e a sétima edições. [...] no manuscrito de 1810, as histórias mais cruéis ou imorais foram retiradas. [...] com o romantismo houve tendência à humanização das histórias. Como exemplo, [a professora Cristiane de Oliveira] cita a diferença dos finais de *Chapeuzinho Vermelho* de Perrault e dos irmãos Grimm: na primeira, o lobo come a avó e a neta; na segunda, os caçadores tiram a avó da barriga do lobo e [...] enchem de pedras [a barriga dele].
   >
   > O exemplo dos irmãos Grimm levou a iniciativas semelhantes em outros países. [...]
   >
   > Leonardo Soares Quirino da Silva. Romantismo, nacionalismo e *folklore*. Disponível em: <http://www.educacaopublica.rj.gov.br/biblioteca/literatura/0031_07.html>. Acesso em: 22 set. 2011.

   a) O que estava acontecendo na Alemanha quando os irmãos Grimm recolheram as histórias populares de tradição oral?
   b) Qual era o objetivo dos irmãos Grimm ao registrar as histórias da tradição oral alemã?
   c) Por que os irmãos Grimm mudaram as histórias que recolheram?
   d) Você conhece alguma história dos irmãos Grimm? Troque informações com os colegas e verifique as principais características das histórias.

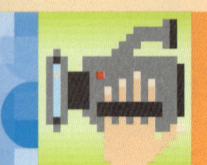

ARTE e CULTURA

A arte romântica

O estilo romântico valorizava o individualismo e o nacionalismo, por isso apresentava características diferentes dependendo do contexto histórico, político e cultural dos lugares onde se manifestou.

Enquanto o Neoclassicismo estava associado à cultura da Antiguidade, os românticos estavam interessados na expressão da emoção que tecnicamente era representada pela dramaticidade da cor, da liberdade de gestos e escolha de temas exóticos e emotivos. O Romantismo admitia aspectos naturais como o "feio" e o grotesco, o que era incompatível com a norma neoclássica das noções de beleza e harmonia. O artista do estilo romântico se sentia dilacerado e impactado pelos acontecimentos e revoluções de seu tempo.

O artista criou uma alegoria (representação simbólica) para um movimento revolucionário que ocorreu na França em 1830. A mulher à frente simboliza a Liberdade; o homem à esquerda, de cartola, é o próprio pintor, que havia participado do levante. Tela de Eugène Delacroix. *A Liberdade guiando o povo*, 1830.

O artista usava a técnica de cor e sombra, que serviria de inspiração anos depois para artistas de um movimento chamado Impressionismo. Tela do inglês Joseph Mallord William Turner. *O grande canal de Veneza*, 1835.

Muitos artistas românticos foram retratados em telas ou gravuras. O alemão Joseph Karl Stieler especializou-se em retratos e visitou vários locais da Europa para pintar personalidades famosas e autoridades. A obra ao lado, composta em 1819, é a representação mais famosa feita do músico Ludwig van Beethoven.

Dois homens contemplando a Lua, 1819-1820, do alemão Caspar David Friedrich, que retratou paisagens nas quais a natureza é sempre grandiosa e repleta de símbolos. Nessa pintura, o ser humano é um coadjuvante, pequeno, sem identidade, e está contemplando a paisagem, simbolizando a inferioridade e a impotência das pessoas em relação à natureza.

■ Atividades

1. Em sua opinião, qual ou quais imagens apresentam um cenário impactante? Justifique.
2. Observe e descreva a expressão facial do músico Ludwig van Beethoven.

ARTE e CULTURA

A criação de Adão, 1795, do inglês William Blake. Ele foi pintor, ilustrador de livros e poeta. Retratou temas religiosos, mitológicos, literários e fantásticos. As personagens e suas ações representam intensidade e fortes sentimentos.

Galeria Tate, Londres. Fotografia: ID/BR

A tela ao lado, denominada *O colosso* (1808-1812), retrata um gigante que surge na fronteira entre a Espanha e a França para proteger os espanhóis contra o exército de Napoleão Bonaparte. De autoria duvidosa (antes atribuída ao pintor espanhol Francisco José de Goya y Lucientes, acredita-se que na verdade tenha sido feita por um discípulo de Goya, o também espanhol Ansensio Julia), a obra baseou-se no poema espanhol *Profecia do Pireneu*, de Juan Bautista Arriaza, de 1808.

Museu do Prado, Madri. Fotografia: ID/BR

Construção de barco, 1814, do inglês John Constable. Ao lado de William Turner, ele foi considerado o maior paisagista inglês das artes plásticas do século XIX.

Museu Victoria e Albert, Londres. Fotografia: ID/BR

Do francês Théodore Géricault. *A barca da medusa*, 1819. A tela retrata um naufrágio ocorrido na França em 1816. O tema "naufrágio" é recorrente na arte romântica, pois os artistas podiam explorar os sentimentos provocados pela dimensão da tragédia e da força da natureza.

Museu do Louvre, Paris. Fotografia: ID/BR

■ Atividades

1. Algumas nomenclaturas existem para auxiliar o estudo da história da arte. Assim a expressão "arte romântica" foi criada para delimitar um estilo artístico de determinado período. No entanto, é comum que alguns artistas apresentem mais de uma maneira de pintura. Observe a tela de John Constable e tente relacioná-la com as características do Neoclassicismo.

2. Observe a tela de William Blake e descreva os detalhes que indicam intensidade e fortes sentimentos.

MÓDULO 2
A Revolução Industrial na Inglaterra

Em meados do século XVIII, a economia inglesa entrava numa fase de mudanças. A invenção e o aperfeiçoamento das máquinas a vapor e a existência de uma grande marinha mercante transformaram a Inglaterra na "oficina da Europa".

••• As transformações da economia inglesa

A expansão colonial do século XVII trouxe prosperidade aos comerciantes ingleses, que passaram a vender na Europa os produtos obtidos em suas viagens pelos domínios europeus na Ásia e na América, como o chá chinês e indiano, o açúcar das Antilhas e a porcelana da China.

Mas não foram apenas os produtos coloniais que chegaram à Europa. A grande frota naval criada em função da expansão colonial também levou para outros continentes os produtos fabricados no Velho Continente. A principal mercadoria, capaz de interessar compradores ao redor do mundo, eram os **tecidos de lã** ingleses, considerados de excelente qualidade. Abria-se assim um grande mercado para o consumo das manufaturas feitas na Inglaterra.

A manufatura de tecidos

O esforço para aumentar a produção de lã estimulou os proprietários de terra ingleses a trocar o cultivo de alimentos em suas fazendas pela criação de ovelhas. A substituição das terras agrícolas por áreas de pastagem para os animais já não exigia grande contingente de trabalhadores no campo. Assim, a maioria dos camponeses, que havia séculos trabalhavam nas terras senhoriais, já não tinha lugar nem função no campo.

Sem trabalho nem moradia, os camponeses rumaram para as cidades para trabalhar nas **manufaturas de tecidos**, que também necessitavam de mais gente para produzir mais lã.

Essa mão de obra numerosa foi fundamental para o desenvolvimento do sistema fabril.

> **Panos em troca de vinhos**
>
> O crescente sistema manufatureiro inglês necessitava de mais mercados consumidores para vender seus tecidos. Foi por isso que em 1703 a Inglaterra firmou com o rei de Portugal o Tratado de Methuen. O acordo estabelecia que os tecidos ingleses poderiam ser vendidos em todo o Império português, sem pagar nenhum imposto. Em contrapartida, os vinhos portugueses não seriam taxados pelos ingleses.

Desembarque de mercadorias nas docas de Londres. Gravura de John Bowles, 1757.

●●● O sistema fabril

No início da Idade Moderna, os tecidos ingleses eram produzidos no **sistema artesanal** por pessoas que trabalhavam em suas casas. Desse modo, os artesãos eram os donos das suas ferramentas, conheciam as técnicas do trabalho e dominavam todo o processo de produção das manufaturas.

Mas, com o surgimento das **fábricas**, a partir de meados do século XVIII, essa situação se alterou muito rapidamente. Desde então, os trabalhadores já não eram mais donos do seu tempo e das ferramentas e passaram a dividir o mesmo espaço com as máquinas.

A fábrica

Na fábrica, cada trabalhador executava apenas uma etapa do trabalho. Como cada um se especializava numa única função, havia grande economia de tempo. Os trabalhadores também passaram a trabalhar sob a vigilância de feitores e, com isso, produziam mais. Exigia-se dedicação total ao longo de muitas horas, e as ferramentas pertenciam ao dono da fábrica, o capitalista. Em troca de pagamento, os trabalhadores entregavam ao capitalista a sua força de trabalho: de artesãos passaram a ser **operários**.

O sistema fabril alterou completamente as relações de trabalho, o que também se refletiu no preço final dos tecidos, que ficou menor. Com o crescimento do consumo e lucros bem maiores, aumentava a pressão para a abertura de mais fábricas.

A maquinofatura

A consolidação do sistema fabril ocorreu quando as novas **máquinas a vapor**, inventadas no século XVIII, passaram a ser utilizadas na produção industrial.

Oficina doméstica de tecelagem. Gravura de George Walker, 1814.

Operárias de fábrica inglesa de tecidos de algodão. Gravura de J. Cart, c. 1840.

●●● O desenvolvimento tecnológico

Os motores a vapor foram fundamentais para o desenvolvimento das fábricas na Inglaterra. Eles funcionavam com a utilização do vapor comprimido, produzido pela ebulição da água, como força para mover rodas e engrenagens.

O desenvolvimento de técnicas metalúrgicas mais eficientes permitiu a construção de ferramentas e caldeiras de ferro muito resistentes e levou à adoção de máquinas a vapor cada vez mais potentes na produção industrial.

Na Inglaterra, a existência de grandes jazidas de minério de ferro e carvão facilitou a obtenção de matéria-prima para a indústria.

As primeiras máquinas a vapor surgiram na segunda metade do século XVII. Elas moviam bombas que sugavam a água acumulada no fundo das minas de carvão.

Durante o século XVIII, os motores a vapor passaram a ser usados para pôr em movimento as máquinas industriais, executando tarefas com maior velocidade e de forma constante.

Novos meios de transporte

A criação das **locomotivas** a vapor, em 1804, e a expansão das ferrovias tornaram mais veloz e seguro o transporte de pessoas e cargas. Caminhos antes difíceis de serem percorridos, cheios de montanhas e pântanos, agora podiam ser transpostos.

A mesma transformação ocorreu no transporte marítimo. Com a instalação de motores a vapor nos **navios**, a partir do início do século XIX, as viagens marítimas passaram a ser previsíveis, pois o deslocamento das embarcações não dependia mais apenas da ação dos ventos. A partir de então, pessoas e mercadorias passaram a percorrer o mundo com maior rapidez.

> **Verifique o que aprendeu** ●●●
> 1. Qual era o sistema de produção de tecidos no início da Idade Moderna?
> 2. No sistema fabril, quem possuía as ferramentas de trabalho?
> 3. Quais eram os dois principais meios de transporte movidos a vapor?

Fragata a vapor com velas no Porto Taulon, França. Autor desconhecido, século XIX.

ATIVIDADES

1. O texto a seguir comenta a situação dos artesãos durante a Revolução Industrial.

   > [...] a cidade já não precisava deles. Tudo o que tinham aprendido ao longo de muitos anos se tornava inútil. A máquina fazia o mesmo trabalho mais depressa e melhor e, ainda por cima, por um custo muito menor. Evidentemente, uma máquina não precisa comer nem dormir como um ser humano. Ela não precisa descansar. Graças à máquina, o fabricante economizava o que cem tecelões poderiam pretender para ter uma vida feliz e agradável. Era ele que tirava maior proveito da máquina.
   >
   > Ernst Hans Gombrich. *Breve história do mundo*. São Paulo: Martins Fontes, 2001. p. 287.

   a) Que vantagens as máquinas ofereciam em relação aos artesãos?
   b) Quem se beneficiava com a introdução das máquinas no processo de produção? Por quê?
   c) Qual foi o efeito do uso de máquinas nas indústrias na vida dos artesãos?
   d) Em sua opinião, quais prejuízos e benefícios ocorreram com o desenvolvimento da tecnologia industrial?

2. Observe a tabela abaixo.

Produtividade dos operários da indústria inglesa de tecidos (século XIX)		
Anos	Nº de horas de trabalho	Produção por operário (unidades)
1829-1831	100	100
1844-1846	87	372
1859-1861	87	708
1880-1882	82	948

   Fonte de pesquisa: *Histoire*. Paris: Hachette, 2001.

   a) O que aconteceu com a produtividade dos operários durante o século XIX?
   b) Como você explica as mudanças indicadas na tabela?
   c) Por quais razões houve mudança na produtividade?

3. Leia o texto a seguir.

   > Um outro fator significativo para a Revolução Industrial foi a denominada Revolução nos Transportes. Garantiu à Inglaterra interligação entre regiões produtoras de matéria-prima, centros manufatureiros e centros de consumo.
   >
   > [...] Havia uma rede regular de rodovias por onde passavam carruagens de passageiros e de mercadorias; a grande vantagem foi o fato de ser insular e estreita, fazendo com que nenhuma parte distasse mais de 100 quilômetros do mar.
   >
   > Rogério Forastieri da Silva. *A Revolução Industrial*. São Paulo: Núcleo, 1992. p. 37

   a) O que foi a Revolução nos Transportes?
   b) Quais características geográficas da Inglaterra facilitaram o sistema de transporte?
   c) Qual a importância da Revolução nos Transportes para a Revolução Industrial?

263

MÓDULO 3

A sociedade industrial

A industrialização provocou grande transformação na vida das pessoas. As cidades cresceram, a burguesia tornou-se muito mais poderosa e surgiu uma nova classe social: o proletariado.

●●● O crescimento urbano

Com o desenvolvimento das fábricas, a partir do final do século XVIII, muitas pessoas abandonaram as vilas rurais onde viviam, mudando para as **cidades**. Isso aconteceu principalmente porque as máquinas passaram a ser utilizadas também na agricultura, o que fez diminuir a necessidade de mão de obra no campo.

Equipamentos como a segadora e a debulhadora a vapor aumentaram a produtividade nas áreas rurais e diminuíram a necessidade de braços para semear, colher e debulhar os produtos agrícolas. Assim, os trabalhadores rurais ficavam sem trabalho e migravam para as cidades em busca de emprego nas indústrias, onde se tornaram **proletários**, isto é, pessoas que vendem sua força de trabalho para sobreviver.

> **GLOSSÁRIO**
>
> **Cortiço:** habitação coletiva muito pobre, com pouca ou nenhuma infraestrutura.
>
> **Debulhadora:** máquina que retira principalmente os grãos (ervilhas, feijões, etc.) de suas cascas.
>
> **Insalubridade:** situação que faz mal à saúde, causadora de doenças.
>
> **Segadora:** máquina que colhe vegetais, colheitadeira.

A cidade industrial

A cidade industrial da primeira metade do século XIX misturava riqueza e miséria, conforto e insalubridade. As máquinas a vapor que moviam as fábricas, as locomotivas, as bombas de água e os aquecedores dos edifícios utilizavam o carvão como combustível. Nas grandes cidades, toneladas de carvão eram queimadas, produzindo nuvens de fuligem que poluíam o ar, causavam doenças e espalhavam sujeira.

O abastecimento de água limpa era precário, os esgotos industriais e domésticos eram despejados nos rios e córregos sem nenhum tratamento, poluindo as águas e também provocando doenças.

A miséria dos pobres urbanos no século XIX. Ilustração publicada em livro de Charles Dickens.

As famílias que migravam do campo não encontravam moradia. Amontoavam-se em cortiços e vilas operárias, situados nas proximidades das fábricas, onde não havia serviços essenciais como escolas, hospitais, etc.

A cidade industrial, assolada por epidemias, tornou-se um problema tão sério que os governos resolveram promover grandes reformas urbanas.

●●● O operariado em ação

O proletariado compunha a nova classe social que surgiu com a Revolução Industrial. Esses trabalhadores pobres eram explorados pelos donos das fábricas e necessitavam lutar para que seus interesses fossem atendidos em meio à próspera economia industrial.

Na Inglaterra do início do século XIX, não existia uma **legislação trabalhista** que definisse a duração da jornada de trabalho, os dias de descanso e a proteção contra acidentes. O uso de mão de obra infantil era também muito comum. As crianças trabalhavam 14 ou 16 horas diárias e não podiam parar para descansar.

Homens, mulheres e crianças trabalhavam em salas com condições precárias de ventilação e luminosidade. O ruído do maquinário era ensurdecedor. Não havia aposentadoria, férias remuneradas ou seguro-desemprego.

Os ludistas quebram as máquinas

Diante dos problemas que o sistema fabril trazia aos trabalhadores, iniciaram-se as lutas por melhores condições de vida e trabalho. A princípio, alguns grupos de trabalhadores, acostumados ao sistema artesanal, rebelaram-se, destruindo as máquinas que disputavam com os braços humanos os postos de empregos. Em 1779, um operário chamado Ned Ludd destruiu a marteladas as máquinas da fábrica onde trabalhava, dando início ao movimento que passou a ser conhecido como **ludismo**.

As autoridades inglesas reprimiram severamente o ludismo, punindo com a pena de morte alguns de seus líderes. Com isso, o movimento acabou sendo extinto.

Operários em luta por seus direitos

O caminho encontrado pelos trabalhadores para melhorar suas condições de vida e de trabalho foi criar associações que defendessem seus direitos. As primeiras organizações operárias (*Trade Unions*) surgiram na Inglaterra e foram os primeiros **sindicatos**. Em 1824, o Parlamento inglês autorizou oficialmente a sua existência, mas continuou a repressão às greves e campanhas por direitos. Vários líderes sindicais foram presos e executados.

Embora a maioria das propostas de reforma trabalhista não tenha sido aceita de início, ao longo do século XIX os trabalhadores conseguiram aprovar leis que melhoraram sua condição de trabalho.

O direito ao repouso

Leia a seguir o artigo XXIV da *Declaração Universal dos Direitos Humanos*, de 1948: "Toda pessoa tem direito a repouso e lazer, inclusive a limitação razoável das horas de trabalho e férias periódicas remuneradas".

I. Por que a Organização das Nações Unidas (ONU) se preocupou em incluir o repouso e o lazer como direitos universais da humanidade?

II. Quais são as consequências para as pessoas que não têm tempo para descansar adequadamente?

Gravura anônima do século XIX fazendo referência aos ludistas.

●●● A difusão da Revolução Industrial

O ferro, o carvão e as máquinas a vapor foram responsáveis pela primeira fase do processo de industrialização, conhecida como **Primeira Revolução Industrial**, que teve início na Inglaterra.

Porém, outras regiões europeias, com tradição manufatureira e reservas de minério de ferro e carvão, também instalaram indústrias em seus territórios. Foi o caso do vale do Ruhr, na Prússia, da Bélgica e do norte da França. Esses locais sofreram grandes transformações desde as primeiras décadas do século XIX: usinas de produção de ferro, ferrovias, fábricas e o surgimento da classe proletária.

Cidades como Paris (França) e Berlim (Prússia), atual Alemanha, passaram por processos semelhantes aos das cidades inglesas de Londres, Liverpool e Manchester. Receberam grande número de migrantes vindos do campo e cresceram em população, desenvolvimento tecnológico, miséria e poluição.

Países industrializados e não industrializados

A eficiência da produção industrial, que oferecia grande quantidade de mercadorias a preços muito baixos, provocou a crise do sistema artesanal em todo o mundo. Os teares manuais indianos praticamente desapareceram por causa da concorrência dos tecidos ingleses. Países como Portugal e Espanha acompanharam a falência de suas pequenas manufaturas, mais uma consequência da implantação das grandes indústrias no norte da Europa.

Sem condições de estabelecer indústrias que pudessem concorrer com os países já industrializados da Europa, os demais países europeus especializaram-se na produção de **matérias-primas** e gêneros agrícolas; com a venda dessas mercadorias, obtinham recursos para a compra de produtos industrializados.

> **Verifique o que aprendeu** ●●●
> 1. O que é um proletário?
> 2. O que os ludistas faziam para protestar contra a industrialização?
> 3. O que foi a Primeira Revolução Industrial?
> 4. Que outras regiões, além da Inglaterra, se industrializaram nas primeiras décadas do século XIX?

Obra de Ignace François Bonhomme. *Fábricas em Le Creusot em 1848*. Óleo sobre papel de 1855.

ATIVIDADES

1. Observe o mapa.

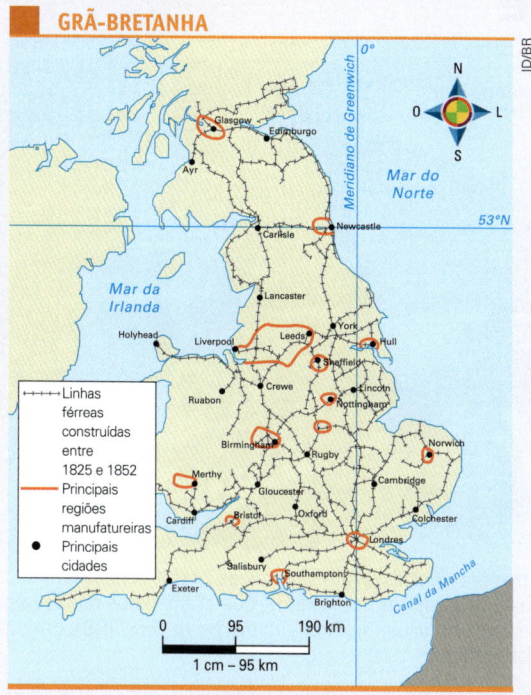

   GRÃ-BRETANHA

   Fonte de pesquisa: *Atlas histórico*. Madri: SM, 2005. p. 106.

   a) Observe as linhas férreas construídas na ilha. Por onde elas passam?
   b) Muitas dessas linhas alcançavam o litoral. Em sua opinião, por que isso acontecia?
   c) Qual era a relação entre as áreas de grande concentração populacional e a presença de indústrias?

2. Em 1842, um relatório britânico elaborado para estudar o trabalho infantil na Inglaterra publicou a gravura ao lado.

   a) As crianças da gravura estão trabalhando em uma mina de carvão. Descreva suas condições de trabalho.

   Gravura de relatório parlamentar, autor desconhecido. *The Illustrated London News*, século XIX.

   b) Por qual razão houve a preocupação em se elaborar um relatório sobre o trabalho infantil na Inglaterra?
   c) Atualmente, existem muitas leis que proíbem o trabalho infantil e garantem o direito ao estudo e à diversão. Porém, em muitos lugares do mundo e também do Brasil, esse tipo de trabalho ainda não foi erradicado. Por que o trabalho infantil ainda existe? Em sua opinião, por que no Brasil ainda persiste o trabalho infantil?

3. Em 1842, um encontro de mineiros ingleses em greve foi descrito em um artigo do jornal *Wolverhamton*.

   > [...] um dos maiores encontros que aconteceram desde que a greve começou ocorreu na tarde de quinta-feira em um descampado de Wednesbury. Homens [...] marcharam através da cidade de Dudley, uns 10 mil deles carregando faixas que diziam [...] "nove horas de trabalho por dia". Disseram que havia 20 mil pessoas no encontro.
   >
   > Dorothy Thompson. The chartists. Em: Edgar de Decca e Cristina Meneguello. *Fábricas e homens:* a Revolução Industrial e o cotidiano dos trabalhadores. São Paulo: Atual, 1999. p. 65.

   a) De acordo com o que você estudou neste módulo, como se explica a ação dos mineiros ingleses? O que eles reivindicavam?
   b) Como foi possível reunir tantas pessoas em um único movimento?

DOSSIÊ

Entre a doença e a saúde

O crescimento descontrolado das cidades europeias durante os séculos XVIII e XIX foi acompanhado de sérios problemas de saúde pública. As epidemias de cólera, varíola, difteria e tuberculose, entre outras doenças, tornaram-se frequentes, causando preocupação às autoridades. Ao mesmo tempo, a medicina passava por grandes transformações, buscando entender os mecanismos pelos quais as doenças se disseminavam e como poderiam ser evitadas.

Mesmo as classes ricas estavam sujeitas às pestilências, muitas transmitidas por parasitas como ratos, que eram vistos por toda parte nos grandes centros urbanos. Rua Ludlow, Nova York, 1881, gravura de autor desconhecido.

Sujeira e epidemia

A multiplicação de instalações fabris em cidades como Londres e Paris atraía um grande número de trabalhadores pobres, em busca de uma oportunidade de emprego. Com salários muito baixos, esses operários viviam em casebres escuros e mal ventilados, habitados por famílias numerosas.

Como na época as moradias não tinham banheiros e não havia sistema de coleta de esgoto, as fezes e a urina de seus habitantes eram recolhidas em baldes e penicos e despejadas no meio das ruas, onde se juntavam a outros resíduos. Em algumas regiões, havia carroças que de tempo em tempo recolhiam a sujeira, mas em muitos lugares o lixo se acumulava, chegando a atingir até 5 metros de altura! O lixo decomposto penetrava o chão de terra e infectava as águas subterrâneas que alimentavam poços e rios.

Além disso, um grande número de pulgas, percevejos, baratas, ratos, moscas e mosquitos infestavam o ambiente.

Contudo, isso não preocupava os moradores das cidades. Afinal, ninguém sabia exatamente como os fatores ambientais influenciavam na saúde das pessoas nem como as doenças eram transmitidas.

O ar da cidade era carregado da fuligem proveniente da queima de carvão das fábricas, formando um manto negro que cobria o céu. Alfred Rethel. *Fábrica de Harkort em Burg Wetter*, c. 1834. Óleo sobre tela.

A teoria dos miasmas

Em meados do século XVIII, explicava-se que a difusão das doenças era causada por vapores venenosos, chamados **miasmas**, que infectavam o ar.

Para eliminar os "ares maléficos", foram tomadas medidas como construção de casas mais arejadas e iluminadas, coleta de lixo e uso de substâncias antissépticas em ambientes onde se concentrava muita gente. Embora desconhecessem as verdadeiras causas das doenças, os médicos evitavam a contaminação por vírus e bactérias.

Representação da epidemia de cólera. Para os médicos, suas causas estavam nos maus ares, impregnados com o cheiro das coisas podres e estragadas. Autor desconhecido. Litografia de 1858. Inglaterra.

O médico que ousou lavar as mãos

As medidas para "limpar o ar" não foram suficientes para pôr fim às infecções, que ainda eram a principal causa das mortes nos hospitais.

O obstetra húngaro Ignaz Phillip Semmelweiss (1818-1865) foi um dos primeiros a colocar em xeque a teoria dos miasmas.

Depois de testar várias hipóteses, concluiu que as doenças eram transmitidas pelos próprios médicos e enfermeiros de sua ala, que antes de tratar as parturientes dedicavam-se à autópsia de cadáveres. A partir dessa conclusão, ele determinou que todos os profissionais de saúde lavassem as mãos antes de realizar qualquer atendimento e que as enfermarias fossem limpas com cloreto de cálcio, uma substância com propriedades desinfetantes.

Apesar de ter conseguido reduzir as mortes no hospital, seus colegas não gostaram de ser apontados como responsáveis pela disseminação de doenças, e ele foi demitido.

Somente a partir da segunda metade do século, com a evolução da microbiologia e a descoberta de que os grandes vilões da saúde eram criaturas microscópicas, a teoria dos miasmas começou a ser abandonada. Entretanto, mesmo com medidas profiláticas melhores, ainda seria preciso esperar até a entrada do século XX para que a descoberta da penicilina permitisse combater a maioria dos agentes que faziam o corpo adoecer.

▪ Discussão sobre o texto

1. Pesquise no dicionário o significado das palavras desconhecidas e anote as definições.
2. Até o século XIX, a medicina ainda não conseguia explicar por que as contaminações ocorriam. Procure relacionar essa informação com as transformações do pensamento científico entre a Idade Moderna e a época atual.
3. Pergunte às pessoas bem mais velhas que você como se evitavam as doenças na época em que elas eram pequenas. Em sua opinião, a maneira de preservar a saúde melhorou ou piorou com o tempo? Por quê?

FAZENDO HISTÓRIA

A sociedade inglesa na visão de Charles Dickens

Charles Dickens (1812-1870) foi um famoso romancista inglês. De origem burguesa, viu sua família arruinar-se financeiramente. Aos 11 anos, foi obrigado a trabalhar em uma fábrica para escapar da miséria. Foi nessa fase da vida que teve contato com o mundo da pobreza londrina, de onde tiraria grande parte das personagens de suas histórias.

Adulto, tornou-se jornalista e escritor; em seus livros denunciava as injustiças sociais e fazia duras críticas à sociedade inglesa do século XIX. No Brasil, suas obras mais conhecidas são *Oliver Twist*, *David Copperfield* e *A pequena Dorryt*.

Charles Dickens em gravura de John Jabes E. P. Mayall, século XIX.

1. Os trechos a seguir foram extraídos do livro *Assim são Dombey e Filho*, de 1847. Leia-os e responda às questões.

    > **Trecho 1**
    > O lamentável terreno baldio, onde antigamente o lixo era despejado, foi engolido e desapareceu; e em lugar daquela sujeira viam-se fileiras de armazéns, cheios de produtos nobres e mercadorias dispendiosas.
    >
    > **Trecho 2**
    > Pontes que antes não levavam a parte alguma agora davam acesso a solares, jardins, igrejas, salubres alamedas. Os esqueletos de casas e inícios de novas avenidas haviam brotado ao longo da ferrovia, com a velocidade do vapor, e disparavam em direção ao campo, num trem monstruoso.
    >
    > Quanto ao bairro que de início relutara em aceitar a ferrovia, ele tornara-se ajuizado e penitente, como o faria qualquer cristão em tais circunstâncias, e agora gabava-se daquela sua parenta próspera e poderosa. Havia tecidos com estampas que imitavam trilhos nas lojas de fancaria, e periódicos ferroviários nas vitrines dos jornaleiros.
    >
    > **Trecho 3**
    > Dia e noite, sem parar, correntes humanas palpitantes iam e vinham do coração desta grande transformação, incessantemente, como sangue vital. Multidões de gente e montanhas de mercadorias, partindo e chegando dezenas e dezenas de vezes a cada 24 horas, produziam numa fermentação naquele lugar sempre em atividade. Mesmo as casas pareciam prestes a fazer suas malas e viajar.
    >
    > Charles Dickens. *Assim são Dombey e Filho*. Citado por: Raymond Williams. *O campo e a cidade*: na história e na literatura. São Paulo: Companhia das Letras, 2011. p. 274-275.

    a) O texto de Dickens descreve uma série de transformações ocorridas na cidade. Qual foi a causa dessas transformações?

    b) Em que aspectos a cidade se transformava?

    c) Os habitantes da cidade aceitaram prontamente as novidades que o século XIX trazia? Justifique.

    d) Por que Dickens compara as multidões ao "sangue vital"?

    e) Explique a expressão: "mesmo as casas pareciam prestes a fazer suas malas e viajar".

    f) Em sua opinião, qual é a sensação que Charles Dickens experimenta diante das transformações percebidas na cidade?

LENDO HISTÓRIA

Antes de ler

- Leia a fonte do texto. Qual o título do livro de onde ele foi retirado?
- Agora, leia o título do texto e observe a figura que o acompanha. Considerando essas informações e o que você estudou no capítulo, levante hipóteses para o conteúdo do texto que irá ler.

Crime e os desajustados

As fábricas enriqueceram muitos e empobreceram milhares de outros. A pobreza era mais dolorosa nas cidades. O povo do campo sofria com os maus-tratos dos senhores de terras e com os períodos de escassez de alimentos – numa dessas ocasiões os camponeses italianos chegaram a comer feno. Mas os camponeses podiam caçar às escondidas, pegar lenha e comer frutas silvestres; os moradores das cidades não podiam. Quando não eram mais necessários, os operários eram demitidos sumariamente. Não havia seguro social para ajudar os desempregados, os sem-moradia ou os doentes. Muitas pessoas pensavam que a pobreza era resultado de "preguiça". Achavam também que a classe trabalhadora devia ser "mantida no seu lugar", para evitar que "se julgasse melhor do que era" e interrompesse o funcionamento disciplinado e constante das fábricas.

Muitos viviam honestamente, embora alguns fizessem coisas humilhantes para ganhar dinheiro, como juntar fezes de cachorros para vender aos curtumes. Mas alguns tornavam-se criminosos. Para substituir o exército e os vigilantes noturnos, em 1829, Londres criou a primeira força policial do mundo e foi logo imitada pela Europa. As punições eram severas. Em 1800, a Grã-Bretanha teve mais de duzentas condenações à forca por delitos como roubo em lojas, roubo de pão, queima de medas de milho ou a destruição de uma das novas máquinas numa fábrica – os governos temiam que os trabalhadores se revoltassem contra as novas fábricas.

E. R. Chamberlin. *O cotidiano europeu no século XIX*. São Paulo: Melhoramentos, 1994. p. 34.

Crianças em situação de pobreza. Gravura anônima, 1871.

GLOSSÁRIO

Curtume: lugar onde se curte couro.

Meda: amontoado de feixes de trigo, palha, etc.

De olho no texto

1. Como o autor compara a vida dos camponeses e dos operários europeus no século XIX?
2. Como as autoridades inglesas procuraram solucionar os problemas sociais decorrentes da pobreza?
3. Elabore sugestões para solucionar os problemas gerados pela pobreza numa grande cidade. Discuta suas ideias com os colegas.
4. Por que as autoridades temiam que os trabalhadores depredassem as máquinas das fábricas?

QUESTÕES GLOBAIS

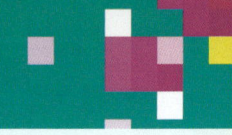

1. Em 1842, os operários londrinos eram descritos da seguinte forma:

   > Um operário [...] pode ser facilmente reconhecido quando caminha pelas ruas. Algumas das suas juntas muito provavelmente estarão afetadas. Se suas pernas não forem tortas, terá tornozelos inchados, ou um ombro mais baixo que o outro, ou os ombros projetados para a frente, [...] ou qualquer outra deformação.
   >
   > Edward P. Thompson. *A formação da classe operária inglesa II*. Rio de Janeiro: Paz e Terra, 1987. p. 197-198.

   a) Como era possível reconhecer um operário andando nas ruas de Londres, mesmo sem falar com ele?
   b) Por que os operários apresentavam as características físicas descritas pelo autor?

2. Leia o texto a seguir.

   > ### Os resultados humanos da Revolução Industrial
   >
   > Nossa tendência ainda é perguntar: ela [a Revolução Industrial] deixou as pessoas em melhor ou em pior situação? E até que ponto? [...] em suas fases iniciais ela destruiu seus antigos estilos de vida, deixando-os livres para descobrir ou criar outros novos, se soubessem ou pudessem.
   >
   > Existe, na verdade, uma relação entre a Revolução Industrial como provedora de conforto e como transformadora social. As classes cujas vidas sofreram menor transformação foram também, normalmente, aquelas que se beneficiaram de maneira mais óbvia em termos materiais [...].
   >
   > Assim, salvo para melhor, a aristocracia e os proprietários de terra britânicos foram pouquíssimo afetados pela industrialização. Suas rendas inflaram com a procura de produtos agrícolas, com a expansão das cidades (em solos de sua propriedade) e com o desenvolvimento de minas, forjas e estradas de ferro [...].
   >
   > Eric J. Hobsbawm. *Da Revolução Industrial inglesa ao Imperialismo*. Em: Adhemar Marques e outros. *História Contemporânea através de textos*. São Paulo: Contexto, 1994. p. 34-35.

   a) Por que o autor afirma que a Revolução Industrial destruiu o antigo estilo de vida das pessoas?
   b) Qual grupo social foi menos atingido pelas mudanças da Revolução? Em contrapartida, o que ocorreu com ele?
   c) A partir do que você estudou neste capítulo, é possível identificar qual classe social sofreu mais com a Revolução? Aponte algumas mudanças.

PARA SABER MAIS

Livros

Irmãos pretos, de Lisa Tetzner e Hannes Binder. São Paulo: SM, 2006.
A narrativa ficcional desenvolvida por meio de texto e imagens se passa em 1838 e conta a desventura do menino Giorgio. Em decorrência da miséria familiar, o garoto é vendido para trabalhar em Milão como limpador de chaminés.

Revolução Industrial, de Francisco M. P. Teixeira. São Paulo: Ática, 2004.
Londres, 1840. A capital da Inglaterra despontava como a mais importante cidade da Europa. É nessa época que se passa a história das personagens deste livro, que vão mostrar o cotidiano de um período de muitas transformações.

O cotidiano europeu no século XIX, de E. R. Chamberlin. São Paulo: Melhoramentos, 1983.
O enredo permite conhecer o cotidiano dos moradores de Londres em meados do século XIX – a cidade naquela época contava com cerca de dois milhões de habitantes.

Site

<http://www.ipmuseus.pt>. *Site* do Instituto dos Museus e da Conservação.
Apresenta diversos museus e palácios de Portugal, permitindo o acesso a acervos com obras exemplares da arte neoclássica e romântica da Europa. Acesso em: 13 ago. 2014.

Síntese

Reação absolutista e resistência
- O Congresso de Viena
- A Santa Aliança
- Romantismo e nacionalismo

A Revolução Industrial na Inglaterra
- As transformações na economia inglesa
- O desenvolvimento do sistema fabril e a mecanização das indústrias
- O desenvolvimento tecnológico

A sociedade industrial
- O crescimento urbano e a cidade industrial
- A reação operária: o ludismo e o nascimento dos primeiros sindicatos
- A difusão da Revolução Industrial

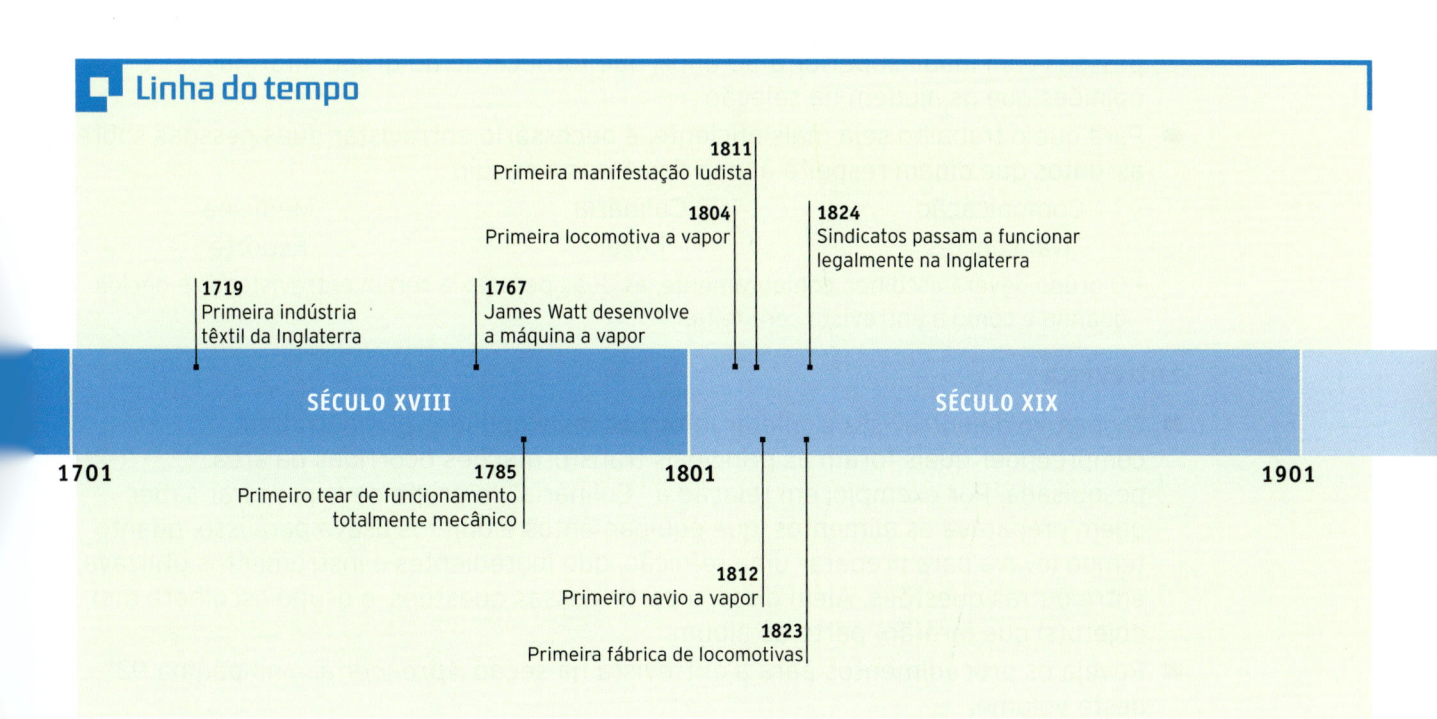

Linha do tempo

- 1719 — Primeira indústria têxtil da Inglaterra
- 1767 — James Watt desenvolve a máquina a vapor
- 1785 — Primeiro tear de funcionamento totalmente mecânico
- 1804 — Primeira locomotiva a vapor
- 1811 — Primeira manifestação ludista
- 1812 — Primeiro navio a vapor
- 1823 — Primeira fábrica de locomotivas
- 1824 — Sindicatos passam a funcionar legalmente na Inglaterra

SÉCULO XVIII — SÉCULO XIX

1701 — 1801 — 1901

PROJETO

A história contada pelos objetos

Objetivos

Parte das mudanças observadas em nosso cotidiano é provocada pelas inovações tecnológicas. E, no decorrer desse processo, muitos objetos se transformam ou deixam de ser usados.

Nesta atividade, você e seus colegas vão produzir um álbum ilustrado descrevendo, para um leitor do futuro, equipamentos ou tecnologias que fizeram parte do cotidiano dos nossos pais ou que ainda fazem parte de nosso dia a dia, mas que vêm sendo gradativamente substituídos ou modificados.

Organização

- Para encaminhar este trabalho, será necessário formar grupos.
- A escolha do(s) objeto(s) será feita a partir de duas entrevistas, de preferência com pessoas com idade superior a 50 anos, que fornecerão ao grupo informações e opiniões que os ajudem na seleção.
- Para que o trabalho seja mais eficiente, é necessário entrevistar duas pessoas sobre assuntos que digam respeito a uma das áreas a seguir.

| Comunicação | Culinária | Medicina |
| Transportes | Lazer | Esporte |

• O grupo deverá escolher, conjuntamente, as duas pessoas a serem entrevistadas e decidir quando e como a entrevista será feita.

Entrevista

- O objetivo da entrevista é coletar informações e opiniões que permitam compreender quais foram as principais transformações ocorridas na área pesquisada. Por exemplo, em relação à "Culinária", o grupo deve procurar saber quem preparava os alimentos, que equipamentos e objetos usava para isso, quanto tempo levava para preparar uma refeição, que ingredientes e instrumentos utilizava, entre outras questões. Além disso, a partir dessas questões, o grupo escolherá o(s) objeto(s) que fará(ão) parte do álbum.
- Reveja os procedimentos para a entrevista na seção *Aprender a...*, na página 92 deste volume.

Pesquisa

- Depois de realizadas as entrevistas, o grupo deverá se reunir e ler as anotações com o objetivo de escolher o(s) objeto(s) que fará(ão) parte do álbum.
- Pesquisem informações que digam respeito aos objetos escolhidos: sua utilidade, formas de uso, curiosidades sobre o funcionamento de determinados equipamentos ou máquinas, mudanças ocorridas ao longo das décadas. Para isso, podem ser consultadas enciclopédias e sites da internet.
- Ao longo da pesquisa, é importante buscar imagens. O grupo pode produzir desenhos e esboços para fazer parte do álbum a ser confeccionado.

SITES (acessos em: 12 ago. 2014)
- Museu do telefone: <http://www.fundacaotelefonica.org.br/Arte_e_Tecnologia/Memoria_Telefonica_Apresentacao.aspx/>
- Museu da televisão brasileira: <http://www.museudatv.com.br/>
- Museu do transporte: <http://sptrans.com.br/museu/>
- Museu da energia – núcleo Itu: <http://www.itu.com.br/hotsite/default.asp?id=45>
- Memória da propaganda: <http://www.memoriadapropaganda.org.br/>
- Museu aeroespacial: <http://www.musal.aer.mil.br/>
- Museu da Faculdade de Medicina da Universidade Federal do Rio de Janeiro (UFRJ): <http://www.museuvirtual.medicina.ufrj.br/>

REVISTAS E LIVROS
- *Revista de História* da Biblioteca Nacional.
- *Enciclopédia Nosso Século*. São Paulo: Abril Cultural, 1985.
- Biesty, Stephen. *Conhecer por dentro*. São Paulo: Martins Fontes, 1992.
- Delf, Brian. *No princípio*: a mais nova história de todas as coisas. São Paulo: Martins Fontes, 1996.

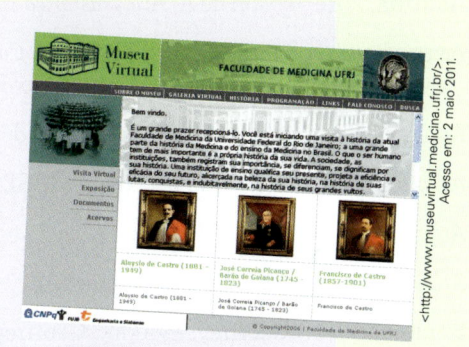

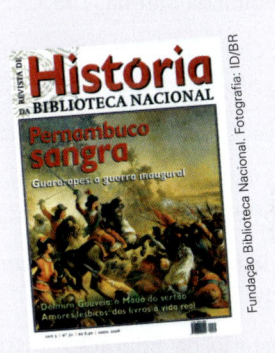

Montagem e apresentação do álbum

A confecção do álbum pode ser feita em etapas e deverá conter **quatro partes**.

- **Apresentação**: informações para o leitor sobre como e por que o trabalho foi feito; o que o grupo escolheu para estudar e o motivo da escolha; o que será apresentado no álbum.
- **Depoimentos**: trechos das entrevistas selecionados pelo grupo. Os depoimentos devem ser corretamente registrados, e posteriormente podem ser "editados", isto é, o grupo pode selecionar os principais trechos das entrevistas para reproduzir no álbum.
- **Dados pesquisados**: informações sobre como o objeto foi desenvolvido, por quem, onde, que mudanças sofreu, quando deixou de ser usado, ilustrações ou fotografias do objeto.
- **Conclusões**: um parágrafo escrito pelo grupo que relacione as transformações sofridas pelo objeto e as mudanças na vida cotidiana.

O trabalho poderá ser apresentado numa pasta-fichário que permita aos leitores consultá-la.

Referências bibliográficas

ALENCASTRO, Luis F. *O trato dos viventes*: formação do Brasil no Atlântico Sul. São Paulo: Companhia das Letras, 2000.

ANCHIETA, José de. *Cartas*: correspondência ativa e passiva. São Paulo: Loyola, 1980.

ANTONIL, André João. *Cultura e opulência do Brasil*. Belo Horizonte: Itatiaia, 1997.

ARRUDA, José Jobson de A. *Atlas histórico básico*. 17. ed. São Paulo: Ática, 2007.

ASTURIANO, Poliana; MATIAS, Rodval. *A Carta de Pero Vaz de Caminha*: versão ilustrada em linguagem atual. São Paulo: FTD, 1999.

Atlas de l'Histoire du Monde. Bagneux: Reader's Digest, 2005.

Atlas geográfico escolar: Rio de Janeiro: IBGE, 2009.

Atlas histórico. Madri: SM, 2005.

Atlas histórico escolar. Rio de Janeiro: FAE, 1991.

BARRACLOUGH, Geoffrey; PARKER, Geoffrey. *Atlas da história do mundo*. 4. ed. São Paulo: Folha da Manhã, 1995.

BLOCH, Marc. *Os reis taumaturgos*: o caráter sobrenatural do poder régio – França e Inglaterra. São Paulo: Companhia das Letras, 1993.

BOXER, Charles R. *A idade do ouro no Brasil*. Rio de Janeiro: Nova Fronteira, 2000.

BRAGA-PINTO. *Promessas da história*: discursos proféticos e assimilação no Brasil Colonial (1500-1700). São Paulo: Edusp, 2003.

BRANDÃO, Adelino. *Os direitos humanos*: antologia de textos históricos. São Paulo: Landy, 2001.

BRASIL. Ministério da Educação. Instituto Nacional de Estudos e Pesquisas Educacionais. *Matrizes curriculares de referência para o Saeb*. Brasília: MEC/SEF, 1999.

_____. Ministério da Educação. Instituto Nacional de Estudos e Pesquisas Educacionais Anísio Teixeira. *Enem*: documento básico. Brasília: MEC/SEF, 2002.

_____. Ministério da Educação. Secretaria de Educação Básica. *Orientações curriculares para o Ensino Médio*. Ciências Humanas e suas tecnologias. Brasília: MEC/SEF, 2006.

_____. Ministério da Educação e Cultura. Secretaria de Educação Básica. Departamento de Políticas de Educação Infantil e Ensino Fundamental. *Ensino Fundamental de nove anos*: orientações gerais. Brasília: MEC/SEF, 2004 (versão eletrônica).

Brasil. Ministério da Educação e do Desporto. Secretaria da Educação Fundamental. *Parâmetros curriculares nacionais*: 5ª a 8ª séries do Ensino Fundamental. Brasília: MEC/SEF, 1998.

Campos, Flavio de; Dolhnikoff, Miriam. *Atlas – História do Brasil*. São Paulo: Scipione, 2006.

Chamberlin, E. R. *O cotidiano europeu no século XIX*. São Paulo: Melhoramentos, 1994.

Comissão Nacional para as Comemorações dos Descobrimentos Portugueses. *Brasil – brasis*: cousas notáveis e espantosas (A construção do Brasil: 1500-1825). Lisboa: Comissão Nacional para as Comemorações dos Descobrimentos Portugueses, 2000.

Costa, Emília V. da. *Da senzala à colônia*. 4. ed. São Paulo: Ed. da Unesp, 1998.

Costa e Silva, Alberto. *A enxada e a lança*: a África antes dos portugueses. Rio de Janeiro: Nova Fronteira, 2011.

_____. *A manilha e o libambo*: a África e a escravidão de 1500 a 1700. Rio de Janeiro: Nova Fronteira, 2011.

Cunha, Manuela C. (Org.). *História dos índios no Brasil*. São Paulo: Companhia das Letras-SMC-Fapesp, 1992.

Darnton, Robert. Mal do século. *Folha de S.Paulo*, São Paulo, 11 jul. 1999. Caderno Mais!

Decca, Edgar de; Meneguello, Cristina. *Fábricas e homens*: a Revolução Industrial e o cotidiano dos trabalhadores. São Paulo: Atual, 2006.

Diderot, Denis; D'Alambert, Jean Le Rond. *Verbetes políticos da Enciclopédia*. São Paulo: Unesp, 2006.

Duby, Georges. *Grand Atlas Historique*. Paris: Larousse, 2006.

Fausto, Boris. *História do Brasil*. 13. ed. São Paulo: Edusp, 2008.

Ferlini, Vera Lúcia Amaral. *A civilização do açúcar (séculos XVI a XVIII)*. 11. ed. São Paulo: Brasiliense, 1994 (Coleção Tudo é História, 88).

Fragoso, João; Florentino, Manolo; Farias, Scheila. *A economia colonial brasileira (séculos XVI a XIX)*. 4. ed. São Paulo: Atual, 2009.

Freitas, Gustavo de. *900 textos e documentos de história*. Lisboa: Plátano, 1978.

Freyre, Gilberto. *Casa-grande e senzala*. São Paulo: Global, 2006.

Funari, Pedro Paulo A.; Pelegrini, Sandra. *Patrimônio histórico e cultural*. Rio de Janeiro: Zahar, 2006.

Referências bibliográficas

FUNDAÇÃO Bienal de São Paulo. *Mostra do Redescobrimento*: negro de corpo e alma. São Paulo: Associação Brasil 500 anos de Artes Visuais, 2000.

FURTADO, Celso. *Formação econômica do Brasil*. São Paulo: Companhia das Letras, 2007.

GOMBRICH, Ernst H. *Breve história do mundo*. São Paulo: Martins Fontes, 2001.

GRUZINSKI, Serge. *A colonização do imaginário*: sociedades indígenas e ocidentalização no México espanhol, séculos XVI e XVIII. São Paulo: Companhia das Letras, 2003.

HERNANDEZ, Leila M. G. L. *A África na sala de aula*: visita à história contemporânea. 3. ed. São Paulo: Selo Negro, 2008.

HILGEMANN, Werner; KINDER, Hermann. *Atlas historique*. Paris: Perrin, 2006.

HILLS, Ken. *A Revolução Francesa*. São Paulo: Ática, 1998.

HOLANDA, Sérgio Buarque de (Org.). *História geral da civilização brasileira*. Rio de Janeiro: Bertrand Brasil, 2007. v. 1.

_____. *Monções*. São Paulo: Brasiliense, 1990.

_____. *Raízes do Brasil*. São Paulo: Companhia das Letras, 1999.

_____. *Visão do paraíso*. São Paulo: Companhia das Letras, 2010.

HUBERMAN, Leo. *História da riqueza dos Estados Unidos* (Nós, o povo). São Paulo: Brasiliense, 1978.

KARNAL, Leandro et al. *História dos Estados Unidos*: das origens ao século XXI. 2. ed. São Paulo: Contexto, 2007.

LAGO, Pedro C. do; LAGO, Bia C. do (Orgs.). *Frans Post* (1612-1680): obra completa. 2. ed. Rio de Janeiro: Capivara, 2009.

LAS CASAS, Bartolomeu. *O paraíso destruído*. Porto Alegre: L&PM, 2001.

LEBRUN, François (Org.). *Atlas historique*. Paris: Hachette, 2000.

LERY, Jean de. *Viagem à terra do Brasil*. Belo Horizonte: Itatiaia, 2007.

MAQUIAVEL, Nicolau. *O príncipe*: escritos políticos. São Paulo: Nova Cultural, 1999.

MAXWELL, Kenneth. *A devassa da devassa*: a Inconfidência mineira: Brasil e Portugal (1750-1808). São Paulo: Paz e Terra, 2009.

MELLO, Evaldo C. *Olinda restaurada*. Guerra e açúcar no Nordeste, 1630-1654. São Paulo: Editora 34, 2007.

MENDES JÚNIOR, Antonio; RONCARI, Luiz; MARANHÃO, Ricardo. *Brasil história, texto e consulta*. São Paulo: Brasiliense, 1976. v. 1.

MINISTÉRIO da Educação e Cultura. *Atlas histórico escolar*. 6. ed. Rio de Janeiro: Fename, 1973.

MONTEIRO, John. *Negros da terra*: índios e bandeirantes nas origens de São Paulo. São Paulo: Companhia das Letras, 1994.

MORSE, Richard. *Formação histórica de São Paulo*. São Paulo: Difel, 1970.

MOURA, Clóvis. *Dicionário da escravidão negra no Brasil*. São Paulo: Edusp, 2005.

MUNANGA, Kabengele; MOURA, Clóvis; PEREIRA, Rubens. *História e cultura ilustrada da África e sua diáspora brasileira*. São Paulo: MinC, s/d.

MUSEU Bordalo Pinheiro. Lisboa: Maiadouro, 2005.

NOGARET, Guy Chaussinand. *A queda da Bastilha*. Rio de Janeiro: Zahar, 1989.

NOVAIS, Fernando A.; SOUZA, Laura M. (Orgs.). *História da vida privada no Brasil*: cotidiano e vida privada na América portuguesa. São Paulo: Companhia das Letras, 1997. v. 1.

NÓVOA, Antônio (Org.). *Os professores e sua formação*. Lisboa: Dom Quixote, 1992.

PARKER, Geoffrey. *Atlas Verbo de história universal*. Lisboa-São Paulo: Verbo, 1997.

PERRENOUD, Philippe. *Construir as competências desde a escola*. Porto Alegre: Artmed, 1999.

_____ et al. *As competências para ensinar no século XXI*. Porto Alegre: Artmed, 2002.

PINTO, Virgílio Noya. *O ouro brasileiro e o comércio anglo-português*. São Paulo: Nacional-MEC, 1979.

PRADO JÚNIOR, Caio. *Formação do Brasil contemporâneo*. 23. ed. São Paulo: Brasiliense, 1996.

PREZIA, Benedito; HOORNAERT, Eduardo. *Brasil indígena*: 500 anos de resistência. São Paulo: FTD, 2000.

ROMANO, Ruggiero. *Mecanismos da conquista colonial*. São Paulo: Perspectiva, 1973.

SAINT-JUST, Antoine de. *O espírito da Revolução e da Constituição na França*. São Paulo: Unesp, 1989.

SCHWARTZ, Stuart B. *Segredos internos*: engenhos e escravos na sociedade colonial (1550-1835). São Paulo: Companhia das Letras, 1988.

_____; LOCKHART, James. *A América Latina na época colonial*. Rio de Janeiro: Civilização Brasileira, 2002.

Referências bibliográficas

SILVA, Aracy L.; GRUPIONI, Luís D. B. (Orgs.). *A temática indígena na escola*: novos subsídios para professores de 1º e 2º graus. 2. ed. São Paulo: Global; Brasília: MEC/Mari/Unesco, 1998.

SILVA, Luiz G. *O Brasil dos holandeses*. 4. ed. São Paulo: Atual, 2003.

SOUSA, Gabriel Soares de. *Tratado descritivo do Brasil em 1587*. São Paulo: Hedra, 2010.

SOUZA, Laura M.; BICALHO, Maria Fernanda B. *1680-1720 – O Império deste mundo*. São Paulo: Companhia das Letras, 2000.

SOUZA, Marina M. *África e Brasil africano*. São Paulo: Ática, 2007.

STADEN, Hans. *Duas viagens ao Brasil*. Porto Alegre: L&PM Editores, 2008.

THEODORO, Janice. *Descobrimentos e renascimento*. São Paulo: Contexto, 1997.

THOMPSON, Edward P. *A formação da classe operária inglesa II*. Rio de Janeiro: Paz e Terra, 1987.

TODOROV, Tzvetan. *A conquista da América*. São Paulo: WMF Martins Fontes, 2010.

VAINFAS, Ronaldo (Org.). *Dicionário do Brasil Colonial* (1500-1808). Rio de Janeiro: Objetiva, 2000.

_____. *Economia e sociedade na América espanhola*. Rio de Janeiro: Graal, 1984.

VYGOTSKY, Lev S. *A formação social da mente*. São Paulo: Martins Fontes, 2007.

_____. *Pensamento e linguagem*. São Paulo: Martins Fontes, 2008.

ZABALA, Antoni. *A prática educativa*. Porto Alegre: Artmed, 1998.

_____. (Org.). *Como trabalhar os conteúdos procedimentais em aula*. 2. ed. Porto Alegre: Artmed, 1999.

Para Viver Juntos

HISTÓRIA
ENSINO FUNDAMENTAL 7º ANO

7

**Brasil indígena
(séculos XVI e XXI)**

Este suplemento é parte integrante da obra **História – Para Viver Juntos** – 3ª edição. Não pode ser vendido separadamente.

sm

Para Viver Juntos

Ana Lúcia Lana Nemi
Muryatan Santana Barbosa

Brasil indígena (séculos XVI e XXI)

HISTÓRIA

ENSINO FUNDAMENTAL 7º ANO

7

sm